令和時代を切り拓く!

日本のリーディングカンパニー

【関西・中国・四国編】

日刊工業新聞特別取材班 編

日刊工業新聞社

刊行にあたって

いずれの業界においても、企業規模や業績、他社に負けないブランド力、明確なビジョンなど業界をけん引するにふさわしい条件を備える企業が存在します。われわれは、このような企業に対し、尊敬の念を込め「リーディングカンパニー（Leading Company）」と表現しています。

リーディングカンパニーといえば、例えば、経済産業省が選定するグローバルニッチトップ（GNT）企業を思い起こす方がいることでしょう。GNTは、大企業では過去3年以内において1年でも20％以上の世界シェアを確保した企業を、中堅・中小企業では10％の世界シェアを確保した企業を対象に選ばれています。また、マーケティングや技術開発を通じた差別化戦略により、個々の市場規模は小さいものの市場シェアが高い製品やサービスを保有し、サプライチェーンなどにおいて不可欠な存在となっていることも条件に選定されています。

わが国にはGNTに相当する、個々の市場で突出する企業が多数存在します。これらを取り上げたのが本書であり、いずれの企業も高度な技術・サービス・人財に加え、経営トップの強いリーダーシップと明確なビジョンを有しています。また業界に一石を投じる、挑戦的な取り組みを展開しています。業界をけん引するにふさわしい条件を備え、いまも成長を続ける、これらの企業はまさしく「リーディングカンパニー（Leading Company）」であり、その源泉となる「強み（コア技術・コア事業）」とそれによる成長の要因を、経営トップへのインタビューを通じて掘り下げました。

デジタル経済の進展や世界の政治経済情勢の変動、少子高齢化のような社会構造変化に加え、2020年は新型コロナウイルス感染症（COVID-19）の拡大により、日本企業を取り巻く事業環境は大きく変化しています。特にCOVID-19の拡大は企業活動を著しく制限し、新たな試みを難しくしています。

このような環境だからこそ、各業界をけん引する掲載企業を通じて今後の事業戦略や企業経営のあり方の一端を感じていただき、ともに令和時代を切り拓いていく活力を得られることを願い、巻頭の言葉とさせていただきます。

日刊工業新聞特別取材班

C O N T E N T S

令和時代を切り拓く!

日本のリーディングカンパニー【関西・中国・四国編】

関西のリーディングカンパニー

福井・中国・四国のリーディングカンパニー

関西の リーディングカンパニー

LEADING COMPANY of KANSAI REGION

001 株式会社アースインフィニティ
002 アルインコ株式会社
003 株式会社 ACN 不動産
004 株式会社エーディエフ
005 株式会社 N‘studio
006 株式会社エムズコーポレーション
007 応用電機株式会社
008 株式会社オクジュー
009 株式会社オフテクス
010 協和株式会社
011 株式会社光栄プロテック
012 株式会社工進
013 株式会社光明製作所
014 三和化工紙株式会社
015 三和鋼業株式会社
016 昭和化工株式会社
017 スケーター株式会社
018 株式会社創発システム研究所
019 株式会社ソフト 99 コーポレーション
020 株式会社大近
021 ダイキン MR エンジニアリング株式会社
022 大日通信工業株式会社
023 田岡化学工業株式会社
024 株式会社坪田測器
025 株式会社テクノフローワン
026 東亜機械工業株式会社
027 株式会社トモエシステム
028 株式会社中北製作所
029 株式会社ピカソ美化学研究所
030 株式会社ヒラノテクシード
031 松浪硝子工業株式会社
032 株式会社マルイ
033 株式会社毛髪クリニック リーブ 21
034 株式会社モリモト医薬
035 株式会社ヤマト銘板製作所
036 雄飛産業株式会社
037 ユニプラス株式会社
038 株式会社ワイエムシィ

▲2020 年 10 月 16 日、東京証券取引所・ジャスダック市場に上場
2016 年電力小売全面自由化後の株式公開は同社が初となった

CASE.001
Leading company

株式会社アースインフィニティ

電力小売全面自由化後、初のＩＰＯ新電力会社

小規模工場や商店などに特化した新電力会社

アースインフィニティは２０年10月16日、東京証券取引所・ジャスダック市場に上場した。「全国に６７０社ほどある新電力会社の中でも、２０１６年電力小売全面自由化後株式を公開したのは当社が初めてです」と、濵田幸一社長は胸を張る。株式公開の狙いの１つは知名度の向上。「営業の拡大が図れるとともに、社員の新規募集もかけやすくなります」。新電力のリーディングカンパニーの地位を確立したいと意気込む。

業績は好調だ。20年７月期の売上高は前期に比べ５・７％増の36億６３００万円、経常利益は同１３９％増の５億４８００万円を達成。21年７月期は売上高40億円、経常利益６億２０００万円を見込んでいる。電力供給契約件数は19年末現在ですでに２万４０００件を超えるという同社。競争激化などで苦戦する新電力会社が多い中、成長を続ける要因は何か——。

濵田社長によると、同社の強みはターゲットを絞った営業にある。電力契約は特別高圧（２０００ｋＷ以上）、高圧（50ｋ

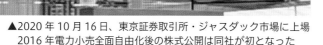

▲上場した際の記念画像

W以上２０００ｋＷ未満）。低圧（50kW未満）に分類されるが、最も利益率が高いのは低圧。大規模工場向けなどが多い特別高圧は、単価が低く利幅が薄いという。

同社は特別高圧を扱っておらず、高圧電力の供給もＢｔｏＧ（官公庁向け）に絞っている。大半は低圧電力で、それも小規模の工場や、商店、飲食店、美容室などのＢｔｏＢ（企業・事業所向け）が中心。利幅の薄い大企業向けが同業他社の苦戦の原因になっているのとは対照的だ。

困っている人の助けに

この供給先の絞り込みは、「電力を安い料金で提供することで、光熱費負担の重さに困っている人たちの支えになる」を事業の目的としてスタートした結果でもある。同社が電力小売り事業に進出したのは２０１６年。電力自由化と同時の参入だったが、もともとは濵田社長が脱サラして２００２年に立ち上げたブレーカーの会社である。04年には濵田社長自身が開発した、コンピューター内蔵の電子ブレーカーの製造販売を始めている。電子ブレーカーでは、後に特許も取得した。

起業する前は写真の現像を事業とする企業で働いていたという濵田社長。ブレーカーというまったく違う事業を始めたのは、「何か困っている人の助けになる仕事がしたいと考えていたところ、高い電力料金の支払いに苦しんでいる中小企業主が非常に多いことがわかったため」と説明する。コンピューター制御で電力使用を効率化する製品を提供して、その中小企業主を救う道を選んだのだ。工業高校在学中に得た技術や知識が生きた。

電力の供給先の絞り込みも同じ考えに基づいている。本当に困っているのは大企業でも個人でもなく、電力・ガスをよく使う中小企業や飲食店、美容室などの商店の経営者だということを、濵田社長は知っている。

祖業のブレーカー事業は現在、リプレイスを中心におこなっており、売上高に占める比率は７％ほどになっている。

▲サロン顔負けの美しい内装も同社の特徴の１つ

90％以上は電力小売りである。大手電力会社の発電所を、電力の安定調達先として確保しているのも強み。19年には民間ガス会社と契約して、電力とガスのセット販売も始めている。

電力営業のスタイルは、電子ブレーカーで培ってきた「対面営業」。これも同社の大きな武器だ。電話営業ではなく直接面談での営業なので、クレームが少ない。テレホンアポインターを採用する必要がないので、少人数で営業ができ、人件費を節減できるなどのメリットがある。成果を上げるのが難しいスタイルにも思えるが、「工事が不要で、電力会社の切り替え自体には一切費用がかからない。新電力のメリットをきちんと説明すれば、新規の契約を獲得するのは難しくありません」と濱田社長はいう。

また、ビジネスや生活を支えるインフラだけに、対面で初めて会った人に信頼感を持ってもらうのが何より大切だが、同社はテレビコマーシャルや電飾看板などを使った広告に力を入れている。「アース電力」という名前を目にしたことがあるという人から、「知っている会社だから安心」といってもらえるケースも多いという。

成果上げれば昼の帰宅も可能

営業担当者は、完全な成果中心主義で働いている。その日の目標さえ達成すれば、昼間でも帰宅できる。実際に、目標を達成して早く帰る社員は多い。この働き方は、夕方の時間を有効に使いたい若手だけでなく、子育て中の女性にとっても、ありがたい仕組みである。

端末を持ち歩く担当者は、居場所を本社で把握できる仕組みにもなっている。これも、特に女性社員にとっては、会社に見守られているという安心感につながっているという。

女性は社員全体の半分ほどを占めており、1名の取締役を含めて役職者も数名いる。能力や実績があれば、若い女性でも重要なポストで活躍できる会社ということで、同社は大阪市から2018年に「女性活躍リーディングカンパニー」の認証を

「人や仲間が集まり続け求められ応え続ける会社」

濱田幸一

▲年間売上高100億円到達を目標に掲げる濱田社長

受けている。「女性が活躍できる場をつくりたい」と、かつてはネイルサロンの事業を手がけていた時期もあった同社。女性が働きやすい雰囲気の会社である。「性別や年齢に関係なく、自由に意見をいうことができ、仕事も評価してもらえる会社」。女性幹部社員からはこういう声が上がる。

女性幹部登用をさらに進める

上場を機に、今後は社員の募集に力を入れ、前期末時点で17名ほどの営業社員を、当面50名を目標に増やす方針だ。女性の幹部への登用も積極的に進めていく。また、上場で全国的な知名度が高まるため、関西が中心となっている低圧電力の供給先を、全国に広げていく計画である。

さしあたっては、ガスとのセット販売を軸に、市場規模の大きい中部、関東の開拓に注力。2021年中には東京、名古屋に営業所を出すことも検討している。中期経営計画では、23年7月期の売上高60億円、経常利益10億円達成を目指すとしており、早期の年間売上高100億円到達が1つの大目標になる。

「会社は山登りと一緒だ。会社の山登りをしてみないか」。濱田社長は、起業前にある人から言われたこの言葉が忘れられないという。「山登りは頂上に立ったとき、最高の景色が味わえる。会社も上に立ったときにこそ、会社の素晴らしさがわかるという事です。私もその素晴らしさを味わってみたいと、経営者の道を歩む決意をしました」。

上場を果たしたことで、1つの峰は極めることができた。しかし、本当の頂上はまだ先にある。新電力会社として社会インフラの整備に貢献する同社の株式は、ESG（環境・社会・企業統治）投資の対象として、今後、折に触れ人気になる可能性が強い。社員の8割は同社の株主でもあり、株価が上がれば、社員のモチベーションがさらに上がることが期待できよう。

COMPANY HISTORY

2002年	設立、電気工事業 登録
2010年	電子ブレーカ特許取得
2014年	高度管理医療機器販売業取得
2015年	化粧品製造販売業許可証取得
2016年	登録小売電気事業者
2018年	大阪市女性活躍リーディングカンパニーに認証
2019年	登録ガス小売事業者
2020年	東京証券取引所JASDAQスタンダード市場上場、日本経済団体連合会入会

COMPANY PROFILE

●代 表 者　代表取締役社長　濱田　幸一
●住　　所　〒530-0004
大阪府大阪市北区堂島浜2-2-28
堂島アクシスビル2F
●設　　立　2002年7月
●資 本 金　2億1,529万円（資本準備金含む）
●事業内容
小売電気事業、ガス小売事業、電子機器の製造・販売・卸業
● URL：https://www.earth-infinity.co.jp/

▲建設現場の仮設足場では全国シェア約20%を誇る
落下養生機材の美観や安全性を向上させた「アルミ朝顔」の敷設の様子

CASE.002
Leading company

アルインコ株式会社

建設現場の仮設足場でシェアNO.1
ニッチマーケットでトップ目指す

「安全・安心」が成長のキーワード

アルインコ――。この社名を聞いて、「テレビショッピングの会社」というイメージを思い起こす人は少なくないはずだ。1980年代に同社が展開した、DIY商品などの輸入商品のテレビ通信販売事業は、それほど多くの人にインパクトを与えた。「当社の知名度アップに貢献したことは間違いありません」と、同社の小林宣夫社長は話す。ところが、この事業からはすでに撤退している。アルインコの主力事業は建設現場の仮設足場を中心とした建設機材関連事業と、その機材のレンタル事業である。これらのコア事業で連結売上高の67%を占める。仮設足場では全国シェア約20%のトップ企業だ。またコア事業のほかに、家庭用はしご・脚立やフィットネス機器などの住宅機器関連事業と、無線機器を扱う電子機器関連事業を展開しており、これらの事業でもトップ企業を目指している。

「ニッチマーケットでトップ企業に」。これが同社の経営方針。小林社長は「トップにならないと情報がなかなか集まって

▲「ニッチマーケットでトップ企業に」を経営方針に掲げる小林社長

▲兵庫県丹波市にある主力工場

こない。商品開発がスムーズに行かないし、価格設定でも主導権を握れません」と、トップを目指す理由を説明する。

売上高は10年で1・9倍に

そのアルインコの業績はきわめて好調だ。2010年3月期から2020年3月期までの10年間で、連結売上高は286億円から1・9倍の556億円に伸びた。10年連続の増収である。経常利益も6億2200万円から、5・6倍の34億6100万円に増加した。

この間に東日本大震災からの復興や、政府の国土強靭化計画などによって、建設需要が高まったことが、業績好調の背景の1つとしてあげられる。ただ、ここまで短期間で急成長を遂げた理由はそれだけではない。

「14年12月の東証1部への昇格を機に、投資を積極化して成長へのアクセルを踏みました」。その積極投資の効果が出ているのだと小林社長はいう。

15年3月期から19年3月期までの5年間の投資額は、その前の5年間に比べ2・8倍に急増している。おもな投資の内容はレンタル資産への投資、海外市場の展開強化、M&A（合併・買収）、生産能力の増強などだが、特に主力製品の足場を新型足場に切り替えるための生産能力増強投資などの効果が業績に大きく寄与している。

「アルバトロス」という製品名を付けた新型足場（くさび緊結式足場）は、従来の枠組み足場に比べ安全性に優れ、かつ施工時間の短縮、コストの軽減も図れることから急速に普及しているという。建設現場用の足場に関しては、これを使用する建設・住宅会社が購入先を変更することはほとんどない。使用に際しての不安があってはならないからだ。シェアがトップで信頼が持てるアルインコの新型足場が、買い替えやレンタルの需要を集めるのは当然といえよう。

同社の創業は1938年。初代社長の井上芳蔵氏が大阪市港区に立ち上げた井上鉄工所が始まりである。70年には株式会社組織となった。2020年はちょうど会社設立50周年に当た

▲ロングセラーアマチュア無線機「DJ-S42」

▲グッドデザイン賞受賞のランニングマシン「フラットジョグ（AFR1619）」

▲プロ用専用脚立「JAGUAR（JAG-B）」

▲幅広い分野で様々な製品を送り出している

る。当初は自転車部品を製造していたが、高度経済成長に伴う建設需要の急増を受け、建設機材の製造事業に乗り出した。仮設足場をつくる部材の製造は、自転車部品製造の技術が応用できた。その後、鉄とは異なる特徴を持ち、産業素材として注目されたアルミ製品の製造にも取り組み、これが後に第二の柱として成長を遂げることとなった。社名のアルインコ（ALINCO）は、アルミ（AL）と創業時社名「井上鉄工所」の頭文字（IN）、それにカンパニー（CO）を組み合わせた造語だ。

早くから事業多角化を進める

同社の強みは長年培ってきた製造技術力と製品開発力にある。高速道路の高架工事などで使用する吊り足場を初めてユニット化、施工性を向上させた「SKパネル」や、アルミなどの複合素材を使うことで工事現場からの落下物を受け止めて歩行者などの安全を守る落下養生機材の美観や安全性を向上させた「アルミ朝顔」など市場シェアの高い製品を次々生み出した。「アルバトロス」も技術力、開発力の強みを生かした成果だ。

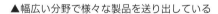

また、足場などのレンタル事業を販売と並行して進めてきたことも同社の強みとなっている。季節などで繁閑がある建設業界にとっては、繁忙期だけ大量に必要になる足場は、期間限定のレンタルを利用した方が効率的だからだ。販売とレンタルを組み合わせれば、得意先との接触の機会が増え、情報交換が密になる。これも他社に差をつける要因の1つだろう。ただし、足場などの建設機材は、どうしても季節や経済情勢により業績の変動が大きい。このため同社は早くから、業績平準化のために事業の多角化を進めてきた。テレビショッピングも多角化の一環で始めた事業である。

現在の多角化事業の柱は住宅機器関連事業と電子機器関連事業の2つ。住宅機器関連で最近伸びているのはフィットネス機器。コロナ禍にあっても家庭内で簡単に運動ができるバイクなどのフィットネス・トレーニングマシンや、小型のマッサージ

「トップ企業でないと情報は集まらない」

小林宣夫

機器などの新商品を、次々と世に送り出している。住宅機器では、長年の事業活動により築いた、広範かつ強固な販売網を活かし、M&Aで傘下に収めた企業が製造する高所作業台、測量機器やアルミ製ブリッジ等製品の拡販を図っている。一方、電子機器関連事業で扱う無線機器は、製造は子会社のアルインコ富山が担当。ホビー用のアマチュア無線機から、ビジネス用無線機、さらには消防無線などの特殊無線機まで幅広く扱っている。

またM&Aにより子会社化した双福鋼機㈱ではECビジネスの拡大により、物流施設で使われるラックの販売が好調に推移、今後も大きな成長が見込まれる。

地域防災無線などを強化

コア事業の建設機材の販売・レンタルは、今後も順調な伸びが続く見通しだ。2021年の東京オリンピック・パラリンピック後も、東京や大阪などの都市部を中心に大規模再開発の案件が目白押しだからだ。社会インフラの老朽化対策や、安全な新型足場への切り替えが続くと見られることも同社にとっては追い風となるだろう。

国内でのブランド力の強さを生かし、海外展開も積極化させる。現在は中国、タイ、インドネシア、ベトナムに計9社の海外子会社を持つ。成長著しいアジアの国・地域では、今後も建設需要が高まる見通しで、特に販売とレンタルを組み合わせる同社の事業展開の方式が、有利に働くことは間違いない。

もう1つの今後の方向性は多角化事業の強化。フィットネス機器やDIY商品は現在、コロナ禍での「巣ごもり消費」により好調に推移しているが、同時に、アフターコロナを見すえた展開の準備も進めている。

特に、まだ売上規模の小さい電子機器関連事業の強化が課題。ネットワーク通信機器やIoTでも活躍する無線モジュール機器が今後の成長商品と見て、販売開拓に力を入れる。

「今後も経営安定化のために、各事業部門に幅広く目配りをしていきたい」。元バンカーらしい小林社長の言葉だ。建設機材、住宅機器、電子機器など、各部門は何のつながりもないように思えるが、共通のキーワードは健康の維持を含めた、人々の「安全・安心」である。この共通意識を全社員が持つ限り、同社は成長を続けるだろう。

COMPANY HISTORY

1938年	井上鉄工所として創業（大阪市）
1954年	有限会社井上鉄工所を設立、仮設機材の製造を開始
1970年	井上鉄工株式会社設立（本店：大阪府高槻市）
1972年	アルミ製品の製造を開始
1983年	アルミ製品販売部門のアルメイト㈱を合併、社名をアルインコ㈱に変更
1990年	兵庫県丹波市に兵庫工場（現兵庫物流センター）竣工
1991年	小杉電子㈱（現アルインコ富山）を子会社化
1993年	大阪証券取引所市場第二部に上場
1997年	東京仮設ビルト㈱（埼玉県川口市）設立 兵庫第二工場（現兵庫工場）竣工
2003年	中華人民共和国に蘇州アルインコ金属製品有限公司設立
2006年	東京証券取引所市場第二部に上場
2007年	㈱光モール（大阪府藤井寺市）を子会社化 中央ビルト工業㈱（東京都中央区）と業務提携
2008年	オリエンタル機材㈱（沖縄県中頭郡）を子会社化
2012年	タイ王国にALINCO（THAILAND）CO., LTD. 設立、中華人民共和国に瀋陽アルインコ電子有限公司設立
2013年	タイ王国にALINCO OCT SYSTEM SCAFFOLDING CO.,LTD.（現ALINCO SCAFFOLDING（THAILAND）CO.,LTD.）設立
2014年	東京証券取引所市場第一部に上場 インドネシア共和国にPT.ALINCO RENTAL INDONESIA設立 インドネシア共和国のPT.KAPU RINDO SENTANA BAJAに出資
2016年	ベトナム社会主義共和国にALINCO ELECTRONICS VIETNAM CO., LTD. 設立、㈱エス・ティ・エス（愛知県名古屋市）を子会社化
2017年	双福鋼器㈱（三重県伊賀市）を子会社化
2018年	昭和ブリッジ販売㈱（静岡県掛川市）を子会社化、中華人民共和国に阿禄因康健康科技（蘇州）有限公司を設立

COMPANY PROFILE

◉代表者　代表取締役会長　井上　雄策
　　　　　代表取締役社長　小林　宣夫
◉住　所　〒541-0043
　　　　　大阪市中央区高麗橋4-4-9
◉設　立　1970年7月
◉資本金　63億6159万6901円
◉事業内容　仮設機材の開発・製造・販売、仮設足場の総合レンタルサービス、各種DIY関連製品の開発・製造・販売、アルミ型材の加工・販売など
◉URL：https://www.alinco.co.jp/

CASE.003
Leading company

株式会社ACN不動産
独自の分譲オフィスソリューションを展開

▲ACN 不動産はオフィス機器の導入や内装のリニューアルも手がける

ACN グループのオフィス機器納入実績を生かす

「日本の企業の99％は中小企業です。その中小企業の経営者が高齢化しており、事業承継の問題で悩んでいる会社は少なくありません。このままでは日本の経済成長を支えてきた中小企業がどんどん減ってしまいます。この問題を解決するために、私たちはお役に立ちたいと思っています」。ＡＣＮ不動産の田積毅社長は、こう熱っぽく語る。

ＡＣＮ不動産は、デジタル複合機をはじめとするＯＡ機器や空調機器などのオフィス機器を販売・保守する株式会社ＡＣＮのグループ企業だ。２０１６年に株式会社プロコとして設立され、翌年に現在のＡＣＮ不動産に社名を変えた、ＢｔｏＢの不動産事業の会社である。

都心の一等地にあるオフィスビルを同社が購入し、それを企業に販売する。同社から物件を買った企業は、オーナーとして他の企業に賃貸しテナント収入を得る。これがＢｔｏＢ不動産事業の仕組みだ。ただ、ＡＣＮ不動産の事業は１棟丸ごと販売するのではなく、１フロアごとに販売し区分所有してもらうと

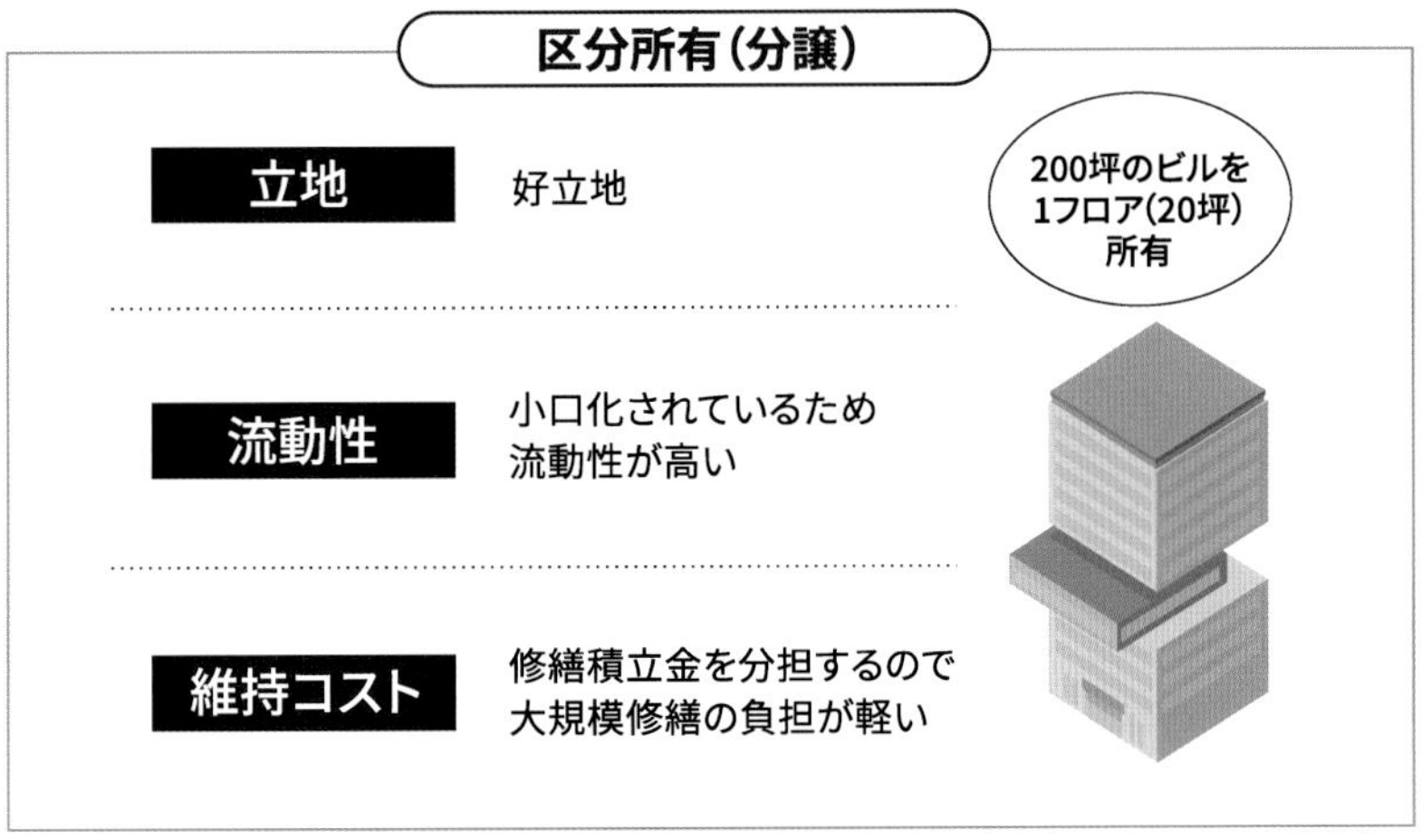

立地	好立地

流動性	小口化されているため流動性が高い

維持コスト	修繕積立金を分担するので大規模修繕の負担が軽い

▲分譲オフィスソリューション® をお勧めする理由

▲1 フロアごとに販売し区分所有してもらうのが特徴

いう、マンションのような分譲方式を取っているのが特徴である。

このオフィスビルの分譲を手がけている不動産会社はほかにもあるが、同社は分譲先企業の不動産運用戦略の策定および資金計画づくりから、購入後の管理やテナントとの賃料交渉、他の企業への売却までトータルでサポートする。さらに、ＡＣＮのオフィス機器ビジネスのノウハウを生かし、テナントのオフィスづくりのサポートまでしている。1社でここまで手がけている企業はＡＣＮ不動産以外にはない。まさにＢｔｏＢ不動産事業のリーディングカンパニーである。同社はこの事業を「分譲オフィスソリューション」と名付けている。

大都市の一等地のビルに限定

オフィス機器ビジネスのＡＣＮの創業は１９９６年。それまで複写機の販売会社に勤めていた、ＡＣＮ現社長の藤岡義久氏と田積氏が事業を立ち上げた。会社組織にしたのは翌年である。現在では複合機やパソコン、空調機器などの販売からメンテナンス、ネットワークセキュリティシステムの構築に至るまで、顧客のオフィスづくりをトータルにサポートするオフィスソリューション企業に成長している。顧客は全国の中小企業。業容の拡大とともに顧客数も増え、現在その数は2万社を超える。

これだけの数の中小企業を顧客に持つと、様々な相談が経営者から寄せられる。中でも多いのが「節税対策で不動産を持ちたい」というものだ。その要望に応えるかたちで設立した会社が「分譲オフィスソリューション」事業のＡＣＮ不動産である。

分譲物件はオフィス需要が多い大都市の一等地のビルに限定している。稼働率が高く賃料も高値で安定するため、分譲先の中小企業にとってのメリットが大きいからだ。ただ、中小企業の負担を大きくしないようフロアごとの小口分譲のかたちをとっている。小口分譲で単価が下がれば流動性も高まり、売却も比較的楽になる。また、テナントとの賃料交渉や修繕計画の策定など、運営・管理もＡＣＮ

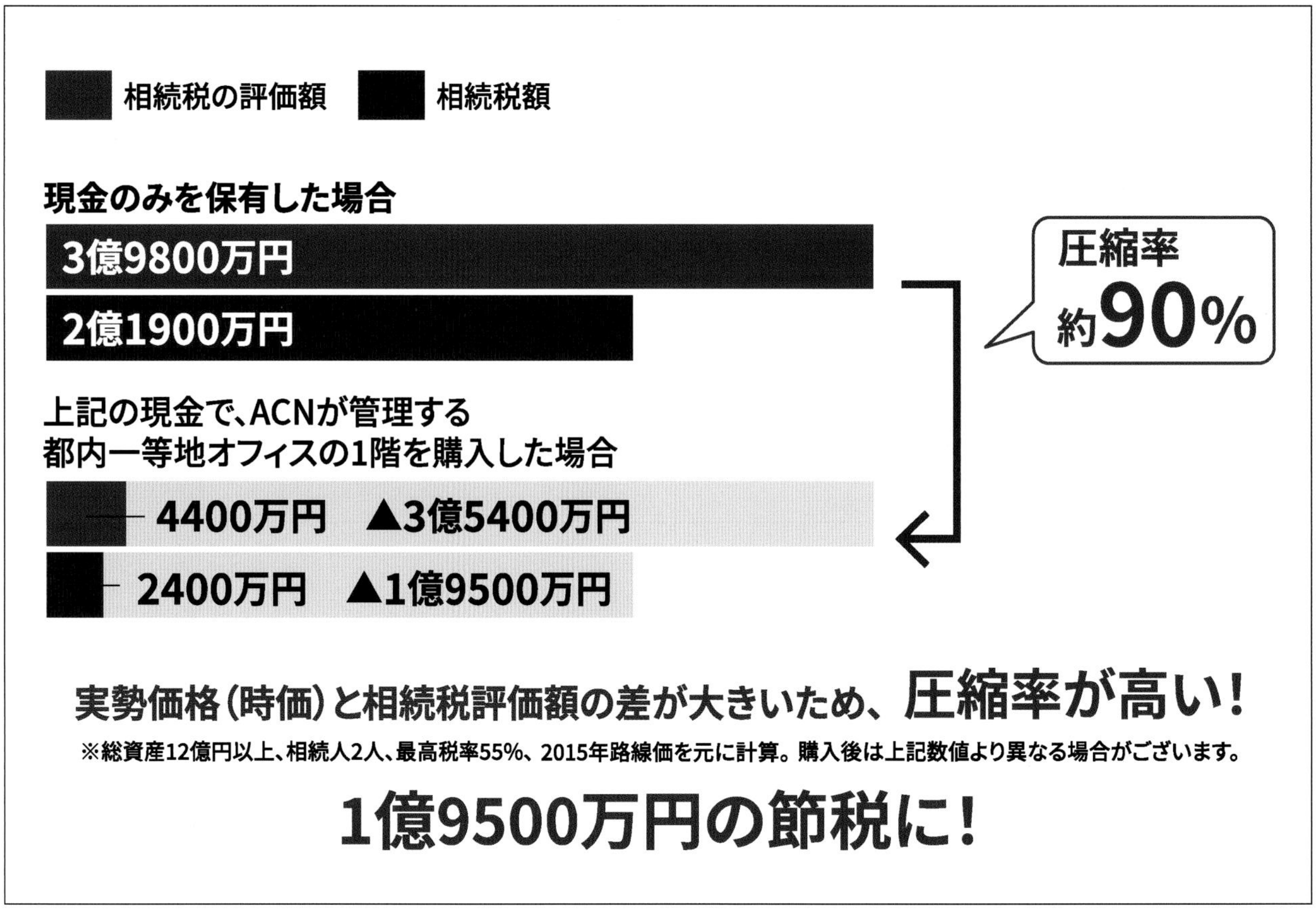

▲1 フロア所有（区分所有）による税額の圧縮効果イメージ

不動産が受け持つかたちになるため、オーナーとなる中小企業にとっては負担が少なくなる。

テナント側にとっても、オフィス機器の導入や内装のリニューアルまで、オフィスづくりをACN不動産にサポートしてもらえるメリットは大きい。

ACN不動産、区分オーナー、そしてテナントの3者すべてにメリットがある、WIN・WIN・WINの関係が築けるビジネスモデルである。「コロナ禍という逆風下にあっても、当社の売上は落ちていません」と田積社長は言う。その理由がこのビジネスモデルにある。

事業承継問題の解決手段に

ACN不動産が販売・管理しているオフィスビルはおよそ70棟。このうち9割ほどはすでにテナントが入った状態の中古物件だったが、残りの新築物件に関しては、同社がテナントを新規開拓した。また、販売した顧客への開拓も進め、これまでに多くの結果を残している。

分譲先の開拓の仕方は次の3通り。①信用情報会社の中小企業データから優良企業を抽出して新規開拓する、②ACNの2万社を超える顧客においてオフィスソリューションのサービス担当者から情報を上げてもらう、③金融機関や税理士からの紹介、である。

ACNから情報を上げてもらうケースが多いため、ACNとACN不動産がどれだけ連携できるかがカギとなるが、両社間の人事交流を頻繁に実施しており、また、双方の業務に精通している社員が多いため連携は強固である。迅速で正確な情報が上がってくるようだ。

分譲を希望する中小企業が「不動産を持ちたい」と考えるに至った理由は様々である。会社を存続させるために、本業以外にもう1つ事業の柱を立てリスク分散を図りたいという中小企業が多いが、最近増えているのが相続税対策で不動産の取得を希望する企業である。不動産は実勢価格（時価）と相続税評価額との差が大きいため、現金を持つより不動産を持った方が、相続税を大幅に圧縮するこ

「社名に込めた創業時の思いを大事にしたい」

田積毅

ACN 株式会社ACN不動産

▲同社をB to B不動産事業のリーディングカンパニーに育て上げた田積社長

▲グループ会社であるACNにおいて全8項目で高い満足度を達成し、『5年連続お客様満足度No.1』獲得（マイボイスコム調べ）

COMPANY HISTORY

2016年	プロコとして設立
2017年	首都圏支社を開設
2017年	プロコからACN不動産に商号変更
2018年	東京都千代田区のミレーネ神田PREXにACN不動産の首都圏支社を移転
	ACN不動産の本社機能を首都圏支社に移行
	ACN不動産の旧本社を西日本支社として名称変更
2020年	ツイン21 MIDタワー34FにACN不動産 西日本支社を増床移転

COMPANY PROFILE

◉代表者　代表取締役社長　田積　毅
◉住　所　〒101-0048
東京都千代田区神田司町2丁目7番2号ミレーネ神田PREX7階
◉設　立　2016年4月
◉資本金　5,000万円
◉事業内容
不動産の売買・賃貸・仲介・管理、不動産に関する企画・立案・コンサルティング、不動産ファンドの運用事業
◉URL：https://www.acn-fudosan.co.jp/

とができる。相続税負担の大きさを考えると事業承継は難しいと悩む中小企業主にとっては、その悩みを解決する手段となる。田積社長がいう通り、国力を衰退させかねない問題の解決にもつながる事業である。

今後の展望も明るい。働き方が多様化して職場が分散し、規模が小さいオフィス空間の需要が高まると見られるからだ。首都圏や関西圏などの都市部では、大規模再開発案件が目白押しで、オフィスビルの供給が増えることも追い風になるだろう。

東京中心の事業展開は変えず

ただ、田積社長は「基本的に東京を中心に事業を進めていく方針は変わりません」と話す。これまでに東京、大阪、福岡の3都市の物件で実績を積んでいるが、販売・管理しているオフィスビル70棟のうち、約60棟は東京の都心部の物件である。この比重のかけ方は変えない。例えば大阪では、今後JR大阪駅周辺を中心に大規模再開発が進む予定になっているが、それでも「再開発の規模は圧倒的に東京の方が勝っています」。これが東京中心の戦略を変えない理由である。

事業規模の拡大に伴い、今後は人材の育成が課題になる。トータルソリューション企業として、社員は顧客の多種多様な要望に応えていかなければならないからだ。ACNグループとしては、ACNのオフィスソリューションのサービス部門を増強し、そこで社員にマンツーマンで基本を学ばせる方針だ。そのため、2020年にACNグループに入社した新入社員の大半は、ACNのサービス部門の配属になった。「顧客のオフィスという現場に行かないと仕事はおぼえられない」。田積社長の持論である。

ACNとは「アクティブ、コミュニケーション、ネットワーク」という3つの言葉の頭文字だ。創業時から大切にしてきた言葉である。今後も「社名に込めた創業時の思いを大事にしたい」と話す田積社長。コミュニケーション、ネットワークとは顧客とのつながりであり、社員同士のつながりでもある。

CASE.004
Leading company

株式会社エーディエフ
デザイン力が強みのアルミ製品メーカー

▲独自のアルミシステム材「Alframe（アルフレーム）」は様々な組合せが可能
写真は、飛沫感染防止用ビニールパーテーション「パテンジャー」としての設置例

創意工夫で顧客の「あったらいいな」を実現

「私たちは特定の業界にこだわらず、時代の変化にいち早く反応し、様々なものを製作してきました」。アルミニウムフレームメーカー、エーディエフ（ＡＤＦ）の島本敏社長はこう切り出す。２０２０年８月に発売した、飲食店向けの新型コロナウイルス飛沫感染防止用ビニールパーテーション「パテンジャー」も、そういった製品の１つだろう。高さ１４０㎝のアルミニウム製支柱を軸に、４方向に自由に横バーを取り付けることができ、パーテーション部分となるビニールは横バーに差し込むだけで済む。ビニールはバーに巻き付ければ長さも変えられる。カウンター席にもテーブル席にも掘りごたつ席にも対応できる自在性が特徴だ。飛沫感染防止策が不要になったときは、ビニールを取り外して看板やメニュースタンドなどパーテーション用途以外でも利用することができ、アフターコロナまでを見すえた商品と評判が良い。

　実はこの製品は、ある天ぷら料理店からの相談を受けて開発した。「飛沫感染防止のためパー

▲島本社長は、あらゆる業界にアンテナを張り、世の中の動向よりも少し先の提案を心がけるという

▲様々な角度に対応できる卓上パネルパーテーション「足動くん」

テーションを検討したいが席が3つのタイプに分かれている。パーテーションの形状を変えなければならず、予算がどれくらいかかるか不安」といった内容だ。1種類の商品で形状を自在に変えられるため、コストパフォーマンスが高い。

アルミの特性を生かす

このように「こんなものがあったらいいな」を形にするのがエーディエフの特徴だ。1999年の会社設立以来、オーダーメイドを主軸にアルミニウムフレームから派生する製品をつくり続けてきた。エーディエフの社名は、アルミニウム・デザイン・ファクトリー（工房）の略。その名の通りアルミフレームを軸に、世の中にないものを企画・開発して、顧客の「あったらいいな」を形にし、困りごとを解決している。

「他社と同じものはつくらない。常識に捉われない発想力で、世界をあっと驚かせるものをつくる」が島本社長の信条。最近では、社員が自ら「あったらいいな」を発案して顧客に提案する、「発信型」のモノづくりにも力を入れている。例えば、同社は飲食店向けのパーテーションを発売する前に、病院や役所などの待ち合い用ベンチに使う、バーが2本のパーテーションを開発している。これはソーシャルディスタンスを保つため席を1人分飛ばして使っている病院のベンチに、不便さを感じた社員が自ら発案した製品だ。

エーディエフの実質的な創業者は、島本社長の父親である。アルミ加工業を営んでいた父親が「加工業ではなくメーカーになる」と同社を立ち上げた。といっても「経営は私にさせようと立ち上げた会社なので、父自身は社長にはなっていません。2年ほど他の人に社長になってもらい、その後、私が社長職を引き継いで、いまに至っています」と島本社長はいう。父親が実質的な創業者というのは、そういう意味である。

その父親が強調していたのは、「型材断面のデザイン次第で、いくらでも工夫することができる」という、アルミニウム

▲2104年開発の折り畳み式物流ボックス「Dan Cargo」

▲「アルフレーム」を用いた棚

▲天井クレーン走行ぎりぎりの高さで設置できる

▲ダクトを室内に設置することで空気の流れを均一にできる

▲キャスター付きの簡易クリーンルーム「E-Room+」

ならではの特性だ。「私たちは溶接などの熟練を要する技術がなくても、フレームを軸に多種多様な製品を自在に組み立てることができます」と話す島本社長。技術力よりも創意工夫の力こそ生命線というわけだ。

切磋琢磨で発想力高める

自社のオリジナルフレームにはない形状でも、イチから新しいフレームをデザインして提供できるという強みがあれば、顧客は既存の部材だけにこだわらず、ニーズを伝えてきてくれるだけで、新製品を開発することができる。「折りたためる通い箱をつくってくれないか」「独立した仕事部屋が欲しい」。そんな要望に応えて開発したのが、折り畳み式の物流ボックス「Dan Cargo(ダンカーゴ)」であり、工事の必要がないワークルームの「簡易ルーム」である。この2つが主力製品となり、同社を象徴するブランドともなっている。

Dan Cargoは、組立が簡単、段積みできない物が段積みでき運搬効率が上がる、軽くて丈夫、段積みしてもつぶれない強度がある、といった特徴を持つ。これらの特徴を求める食品・医薬品・化粧品メーカーなどへの納入実績が多いが、特にセキュリティ強化のために開発した「鍵付きDan Cargo」が商品の管理責任が大きい医薬品・化粧品メーカー向けに伸びている。

「簡易ルーム」も簡単に組み立てができるという、アルミフレームを使った製品ならではの特徴を持つ製品。密閉した空間がつくれるため、これに精密空調機器などを取り付けた派生製品の簡易クリーンルーム「E-Room+(イールームプラス)」が、半導体や液晶メーカーだけでなく医薬品メーカー向けにも納入実績を上げている。

空調機器やファン付きフィルターなどは協業メーカーから仕入れ、エーディエフはフレームの製造に徹する。どれだけ用途が広がっても「アルミフレームメーカー」という立ち位置は崩さない。あくまでアイデアと発想力を武器に協業し合いながら少

「機を見るに敏」

島本敏

▲アルミシステム材などを用いた製造の様子

しずつ成長していく」というのが、同社の創業以来の変わらない姿勢。この原点を守る姿勢が、島本社長のいう「経営環境が厳しくても業績が落ちない」最大の理由であろう。

　顧客の「あったらいいな」をくみ取り実現させるのは、営業も製作も受け持つ同社のセールスエンジニアたちだが、もちろん発想力は一朝一夕で高められるものではない。創意工夫によるモノづくりが好きで、誇りを持つ人が集まっている会社だからこそ、社員全員による切磋琢磨の場で発想力が高まり、「あったらいい」が実現できるのだ。

　社員は常に「挑戦心」「変化自在」「お客様に感動を」という、３つのキーワードが書かれたカードを携帯して仕事に当たる。「与えられた仕事をこなすだけの人は、当社には向きません。モノづくりで顧客に感動を与えるという夢を持ち続け、実現させたいという社員ばかりです」とまで島本社長は言い切る。

　ちなみに、島本社長の座右の銘は「機を見るに敏」。「好都合な状況や時期をすばやく掴んで的確に行動するさま」という意であり、この言葉を胸に刻み、また、自身の「敏」という名前の通り、世の中にない発想での提案を心がけているという。これを社員と共有できているところに同社の強みがある。

同時通訳ブースに期待かかる

　同社の次の夢は、２０１９年に投入した「同時通訳ブース」の普及。重量が90kgと軽く、短時間で簡単に組み立てることが可能。しかも、音が外に漏れないという、アルミフレームの特徴をいかんなく発揮したブースだ。すでに19年に大阪で開催されたＧ20（20カ国・地域首脳会議）での採用実績がある。

　さらに期待が高まるのが、21年に延期された東京オリンピック・パラリンピックでの採用。新型コロナウイルスの感染拡大が収束すれば、日本における国際会議や展示会の開催など、ＭＩＣＥの誘致熱が高まることが予想され、同時通訳ブースの活躍への夢は膨らむ。超軽量という特徴に、フランスの音響機器メーカーも関心を示しているという。24年のパリオリンピックにも採用されれば、それこそ「世界をあっと驚かせる」だろう。

COMPANY HISTORY

1999 年	エーディエフ設立、アルミシステム材「アルフレーム」、オールアルミ製軒先融雪器「スノーエール」開発
2001 年	資本金を 3200 万円に増資
2004 年	折畳み式物流 BOX「Dan Cargo」開発、工場を西淀川区御幣島へ移転
2005 年	簡易ルーム材の開発
2007 年	クリーンルーム業界へ参入
2011 年	西淀川区福町へ新社屋建設・本社を移転
2012 年	メディカル業界へ参入
2013 年	食品業界へ参入
2014 年	フィリピンでの海外営業活動を開始、折畳み式物流 BOX「Dan Cargo」「ダン・カーゴ」の 2 つで商標取得
2015 年	防音囲いの構造を開発
2017 年	簡易ルーム材を「E-Room+（イールームプラス）」として商標取得
2018 年	折畳み式物流 BOX「Dan Cargo」が 2 つ目の特許取得、簡易キャリー台車「ちょいカーゴ」商標取得
2019 年	組立式アルミパレット「クミパレ」特許取得、防音囲いが「同時通訳ブース」として G20 大阪サミットで採用
2020 年	陰圧ルーム用排気装置を開発

COMPANY PROFILE

◉代 表 者　代表取締役 島本 敏
◉住　　所　〒555-0034
大阪府大阪市西淀川区福町 1-1-22
◉設　　立　1999 年 2 月
◉資 本 金　3200 万円
◉事業内容
アルミ製品の設計・製造・販売、アルミ押出し材の設計
◉ URL：https://adf-al.com/

CASE.005
Leading company

株式会社N'studio
技術力の評価が高い塗装設備の設計施工会社

▲N'studio が手がけたブース排気ダクト

徹底したメンテナンスで顧客の信頼を得る

「塗装設備メーカーや設計会社の勤務を経て、2016年にN'studioを立ち上げました。でも、会社勤めをする前は東京で声優をしていました——」。創業者の宮村直樹社長は、自身の意外な経歴をこう明かす。「声優という職業の体験が生きていると感じるのは、お客様と話をするときです。しゃべることが仕事だったのでコミュニケーションが苦にならないのです」。顧客と親密な関係を築くために、いまの仕事とまったく関係のない経験が役に立っているというわけである。

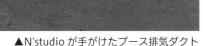

N'studioは塗装設備の設計・製作・施工をおもな業務とする会社だ。それまでの会社勤めで得たスキルが生かせる事業内容だが、独立して会社を起こそうと考えたのは、「それまでの会社が、どちらかといえばつくり手本位の考え方で、お客様の使い勝手を軽視していたように感じたから」である。

顧客の使い勝手を考える。すなわち設備の施工が完了したら終わりではなく、その後のフォローを重視するという考え方に

▲将来的には俳優や声優を目指す子供たちを指導したいと意気込む宮村社長

▲コンベアテークアップの設置例

同社は立っている。宮村社長の言葉を借りると、「設備の動かし手となるエンドユーザーに寄り添う姿勢」である。

　同社製品のエンドユーザーには建機や農機、空調機の大手メーカーをはじめ、そうそうたる名前が十数社並ぶ。そのエンドユーザーの要望を汲み取り、培ってきた技術力の強さを生かして塗装設備の設計から製作・施工、さらにはメンテナンスまで一貫して手がけられるのが同社の特徴だ。特に、ほかにない強みとしているのが徹底したメンテナンスである。

感染拡大防止の装置を開発

　従業員数は非常勤も合わせて8名。会社としては小規模だが、「小回りが利くため、エンドユーザーと常に近い距離が保てます」と宮村社長は説明する。月に1回は「月例点検」と称して、宮村社長が従業員と一緒に各エンドユーザーを訪問する。

「機械は急に壊れることがあるのですが、必ず予兆というものはあります。毎月訪問して、前月の点検結果と比較すると、その予兆が掴めるので、部品を取り換えるなどして、突発的な故障を減らすことができます」。大手設備メーカーではできない、このきめ細かいアフターフォローが、顧客からの信頼感を獲得しているのである。

　エンドユーザーには、創業前から親密な関係を築いていた企業が多い。「独立するなら宮村さんの会社に仕事をしてもらいたい」といってきた企業だ。「お客様には恵まれています」と話す宮村社長は、その顧客の期待を裏切らないよう、きめ細かいフォローで応えている。

　もちろん、強い企画力と技術開発力があってこその信頼関係。最近、その力が発揮された例が2件ある。「陰圧ろ過ユニット装置」と「塗装用高効率型乾燥炉」である。

　陰圧ろ過ユニット装置は、塗装設備の排気の技術を応用したもの。部屋の出入口に設置し、外気を取り込んで殺菌灯で殺菌した後、抗菌フィルターで空気をろ過し、新鮮な空気を部屋に送り込む装置である。人々はこ

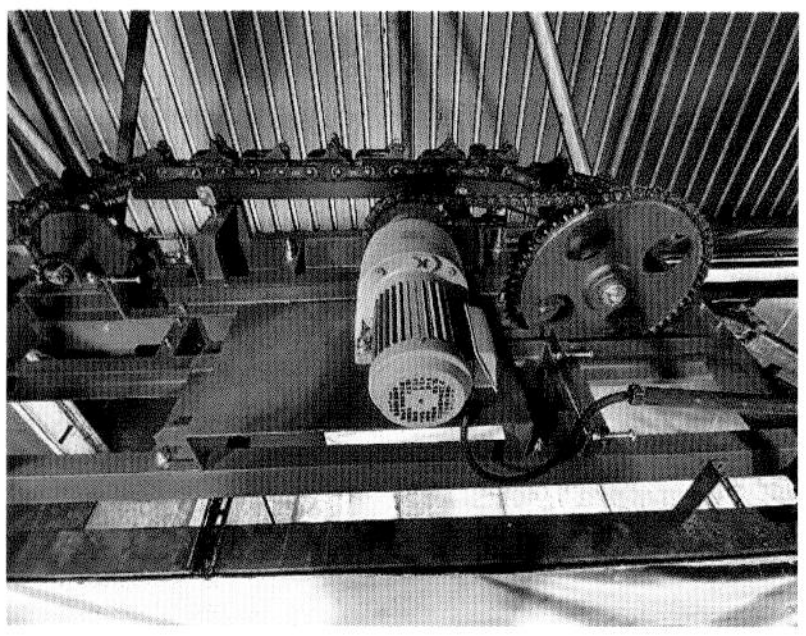

▲コンベヤ駆動

▲ホイストレールの取り付け作業の様子

▲塗装ブース

▲タレパン溶接

▲設備解体

の装置の内部を通って部屋に出入りすることになる。

宮村社長によると、「新型コロナウイルス感染拡大防止に役立つものが自分たちにもつくれれば」との考えで開発した装置で、医療施設や飲食店などが主な対象となる。すでに医療機器メーカーなどが関心を示しているという。「装置を販売するだけでなく、例えば、飲食店などの内部の換気状態などを測定して店全体の換気改善策を提案できるようになれば」と、宮村社長は考えている。

省エネ型乾燥炉では特許取得

一方、塗装用高効率型乾燥炉は、ガスの使用料を5~10%削減できる省エネ型乾燥炉として販売を始めており、このほど特許も取得した。一般的な乾燥炉は、熱風で空間全体を温めて塗装物を乾燥させるが、同社が開発したこの省エネ型乾燥炉は、塗装物に直接熱風を吹き付ける機能も付加することで効率良く塗装物を乾燥させ、ガスの使用量削減に成功した。

敷地が狭くても効率良く塗装物を乾燥させられるのが、この乾燥炉の特徴だ。もともとは「いまの設備では乾燥能力が不足している。効率の良い設備をつくってもらえないか」という顧客の要望に応えて開発したもの。

その要望に応えられる乾燥炉のアイデアが生まれたきっかけが面白い。宮村社長がヘアドライヤーで髪を乾燥させているときに、「熱風を直接吹き付ければいいではないか」とひらめいたのだ。実際、試作品をつくって実験してみたところ、良い結果が得られたという。「今後はこの省エネ型乾燥炉の設計・施工を、メインの事業の1つにと考えています」と、宮村社長は自信を見せる。

「困りごとを抱えている企業は多いと思うので、エンドユーザーの数は増やしたいと思います」という宮村社長。営業活動の幅を広げていく方針だ。エンドユーザーとの結びつきが強固で、口コミで仕事をもらうケースも多いため、いまは自社のホームページも持っていない

「初志貫徹。使い手に寄り添う姿勢は変えない」

宮村直樹

▲開発した高効率型乾燥炉の炉内
写真右側の突起物が熱風の吹き出し口と風調板

が、「いずれはしっかりしたホームページもつくりたい」と語る。

ただ、売上規模を急拡大させる考えはないともいう。現在の年商は1億2000万円ほどだが、「これを例えば10億円、100億円と増やしていくつもりは、いまのところありません。規模を急に大きくし過ぎると、お客様との関係が薄くなってしまいます。それは避けたいのです」との考えを示す。

「初志貫徹」。宮村社長の座右の銘である。初志貫徹とは、創業以来の「使い手に寄り添う姿勢は変えない」という姿勢だ。「ただし、会社としての体裁は整えていかなければならないので現在、賃借物件である本社と工場を、いずれは自社物件として建て固定費も減らしたいと思っています」と語る。そのうえで、「58歳くらいで後継者を見つけ、社長職を誰かに譲る考えを持っています」と、将来の青写真まで描いている。まだ36歳である。この若さで驚きの発言だが、それまでは初志貫徹の精神で陣頭指揮を取り続けるという決意の表れでもある。

「子供たちの夢も育てたい」

N'studio。塗装設備の設計・施工会社とは一見しただけではわからない、一風変わった社名だが、「この変わった社名が話題に上って、お客様との会話が弾み、良い結果が生まれることもあります」と、宮村社長は社名がもたらすプラス効果の大きさを強調する。

この社名は、声優をしていた時代に、スタジオでの収録が多かったことから付けた。モノづくりの現場となる工場は、確かにスタジオといえなくもない。

ただ、宮村社長はモノづくり企業の経営者としての初志を貫徹するほかに、将来の夢がもう1つある。俳優や声優を目指す子供たちを指導することだ。社名にスタジオという言葉を入れた意味がここにある。

大阪府で育ち、大阪府で起業し、今も府内に住む宮村社長。「地方の子供たちの夢を育てたい」と話す言葉には、地域に恩返しをしたいという意思も含まれているように感じられる。

COMPANY HISTORY

2016年　N'studio 設立
2017年　塗装用の高効率型乾燥炉開発
2020年　塗装用の高効率型乾燥炉に関する特許権取得

COMPANY PROFILE

◉代表者　代表取締役　宮村　直樹
◉住　所　〒575-0055
大阪府四条畷市西中野 1-6-27
◉設　立　2016年
◉事業内容
塗装設備などの設計施工

CASE.006
Leading company

株式会社エムズコーポレーション
ユーザーの要望に応える試作品のプロ集団

▲マグネシウム切削の一例。複雑形状の試作品に対応できるのが強み

樹脂、金属などどんな素材の加工にも対応

「当社はお客様の要望に応じて試作品をつくるメーカーです。ただ、製品として量産化できるものになっているかどうかが大事なので、お客様が納得するまで何度もつくり直すことが多くあります。一例ですが、電動歯ブラシの試作品の注文を受けてから製品化するまでに３〜４年かかったこともありました」

エムズコーポレーションの田坪繁取締役は、試作品づくりという事業の難しさをこう話す。同社の創業は１９９６年。株式会社組織にしたのは98年と比較的若い会社だ。田坪繁取締役の兄・田坪勝氏が、それまで勤めていたプラスチック製試作品のメーカーから独立するかたちで起業した。田坪取締役は「兄から請われて、私も会社勤めを辞めました。兄が社長としてトップセールス営業を、私が製作現場を担当するという役割分担で事業を始めています」と説明する。

当初は田坪勝社長の経験を生かし、プラスチック製試作品の製造のみを手がけていた。プラスチックを切削加工するだけでは限界があると見て、97年のマ

▲田坪社長（右）と田坪取締役（左）の兄弟ならではの連携で成長を続けている

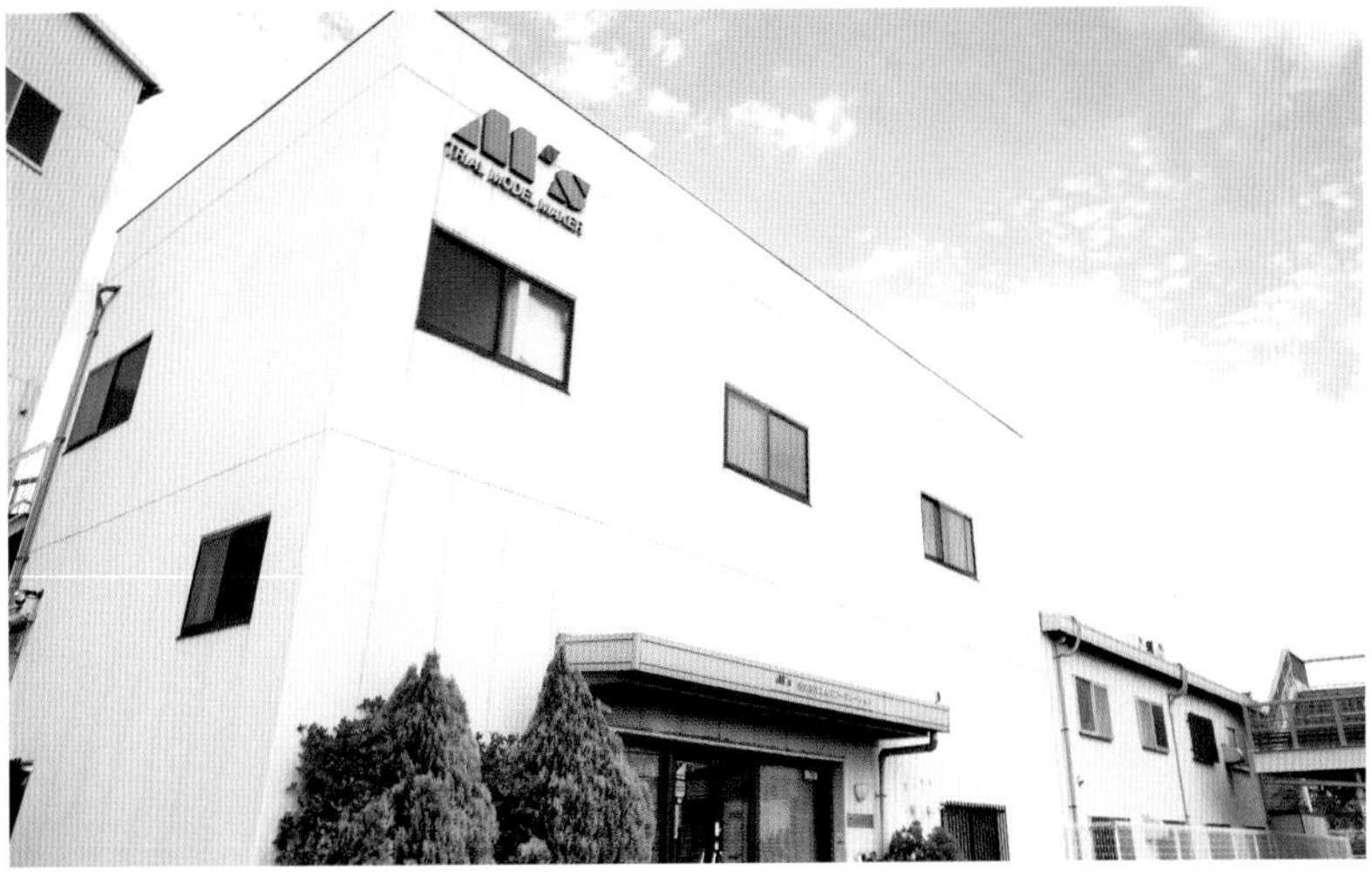

▲大阪府寝屋川市にある本社工場には最新の工作機械を揃える

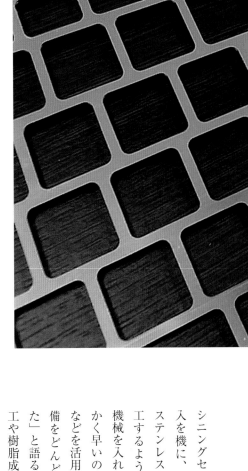

シニングセンター（ＭＣ）の導入を機に、アルミニウムや鉄、ステンレスなどの金属も切削加工するようになった。「新しい機械を入れる決断が、兄はとにかく早いので、借入金や補助金などを活用して、加工用機械設備をどんどん入れていきました」と語る田坪取締役。板金加工や樹脂成形などの協力企業も増え、いまではあらゆる素材を使って試作品を製造できるようになっている。ゆえに、複雑な医療機器・自動車部品から、釣り具や玩具のようなものに至るまで、どのようなものでもつくれるのが強みだ。「試作品メーカーはほかにもありますが、何でも試作できる会社は当社以外にないと思います。対応力には自信があります」。田坪取締役はこう胸を張る。

企画・提案力で勝負

「注文は断るな！」。社長が常に発する言葉だ。試作品の製造を依頼してくるのは、顧客が困っているからであり、それには必ず対応しなければならないという考えである。「図面がなく、ただ、こんなものをつくってほしいといった、漠然とした注文をするだけのお客様もいます。企画・提案力が要求されます」と田坪取締役。普通なら注文を受けてから1週間〜10日くらいで納入できる試作品が2〜3週間ほどかけないと納入できないケースもあるようだ。

それでも、品質・性能をあくまで重視する。試作品は動作のさせ方まで求められることはまずないが、「場合によっては機械メーカーと相談して、どう動かすかをお客様に提案することもあります」。この顧客に真摯に対応する姿勢が好感を呼び、現在の顧客数は１２００社ほど。毎月注文を受ける得意先だけでも２５０社近くを数える。業績も順調に拡大し、２０１９年度の年商は10億円に達した。

もっとも、これだけの顧客は自然に集まったわけではない。創業社長のトップセールスと、営業社員たちの努力の結果である。営業社員は現在10名ほど。少数精鋭部隊だが、その営業社員たちが週に1回、手元にある

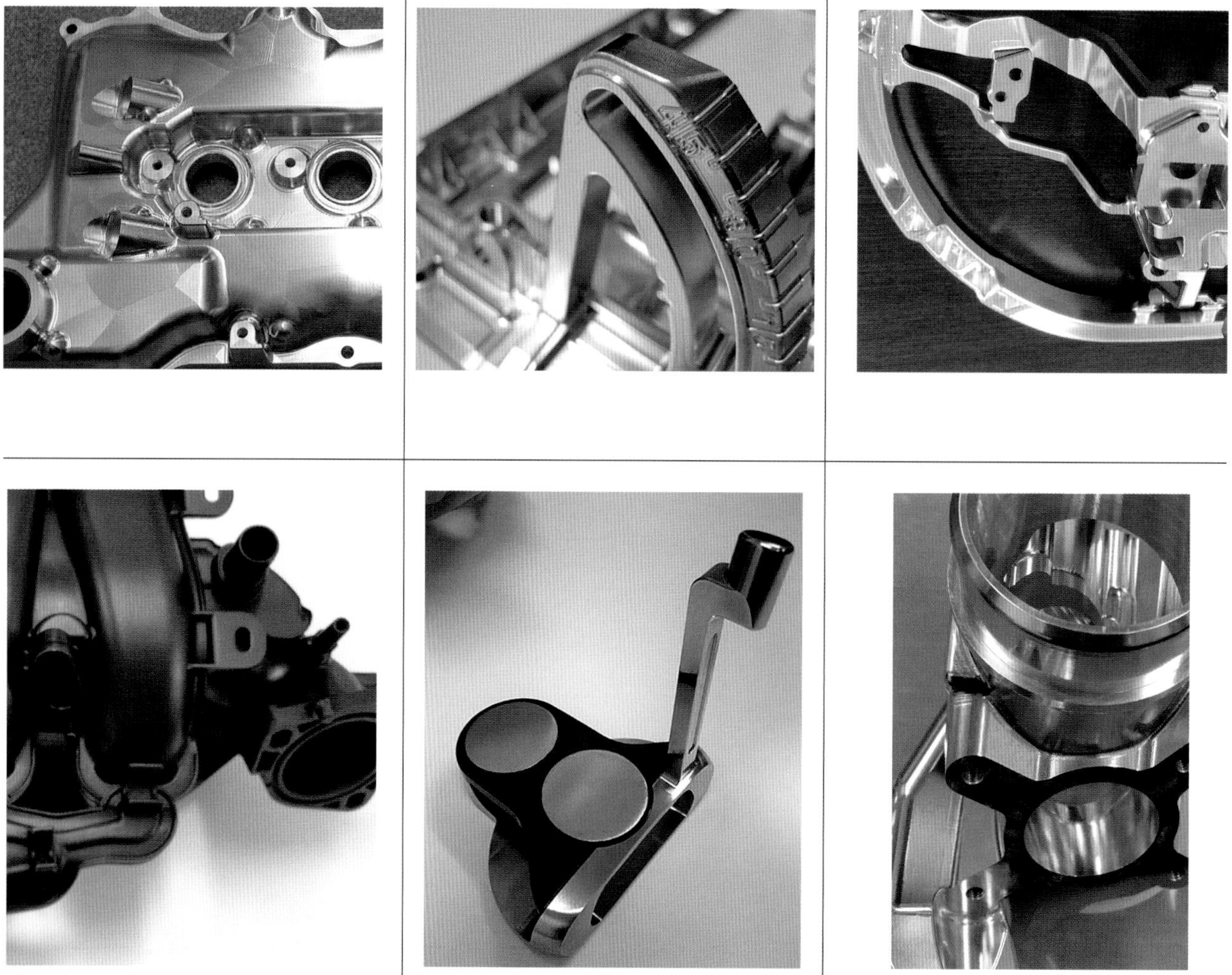

▲アルミ切削加工と真空注型（インテークマニホールド、写真下段左）の一例。どのような複雑形状も高精度に仕上げる

名簿にもとづいて、新規の顧客を獲得するためのセールスの電話をかけている。困りごとがないかどうかを聞く電話なので、相手の要望・悩みを理解できなければならない。このため、営業で採用した社員も、一度製作現場でモノづくりを体験してもらってから、営業に配属することが多いという。21年春には初めて新卒者を採用するが、方式は同じである。

製作現場で作業に当たる社員は、本社と東京、東海の3つの工場に、合わせて30名ほどいるが、1個だけでも受け付けるという姿勢で多種多様な試作品をつくっているので、やはり少数精鋭であることに変わりはない。新規に配属された社員に対しては、基本的にそれぞれの工場長が技術指導をして、社内限りの見本品をつくらせ、技術が身に付いた段階で、顧客からの図面を渡して製作に当たらせるという教育方法を採用している。こうした入念な教育で現場社員のスキルを高め、あらゆる製品で品質を保持。顧客からの信頼を獲得しているのだ。

困りごとを解決する企業

今後は「さらに試作品づくりを深掘りしていきたい」と、田坪取締役は意欲的だ。その深掘り策の1つが、3Dプリンターの活用。現在、プラスチック用の3Dプリンターが1台稼働しているが、新たなプリンターを導入して精度を上げたい考えだ。金属用の3Dプリンターの導入も検討している。また、形状のみの試作品にとどまらず、機械メーカーの協力を得て動力を付け、実際に動かすことができる段階のものまでつくる考えもある。

こうした技術の深掘りとともに、新たな得意先の開拓にも力を入れる。現在は創業以来の地盤である関西圏での売上が高いが、当面は市場が大きい関東圏のニーズ掘り起こしを進める方針である。海外市場の開拓にはいまのところは慎重だが、国内の得意先を通じて、その得意先の海外拠点から注文を間接的に受けるケースも今後増えてきそうだ。自社内の管理、工場のシ

「断るな！約束は守れ！感謝の気持ちを忘れるな！」

田坪勝

▲東京工場（船橋市、2017 年移転）

▲東海工場（浜松市、2018 年移転）

ステムも徐々に充実していき、少しでも多くの顧客に役立ててもらおうとの方針も掲げている。

ただし、自ら製品を量産することまでは考えていない。量産品をつくるとなると、相手先の交渉窓口が試作品とは違ってくるうえ、コスト面で中国など海外メーカーと競争するのは難しいからだ。試作品メーカーという立ち位置を変えるつもりはいまのところない。

「お客様の困りごとを解決するのが、私たちの会社の使命です」。田坪取締役が語る、試作品のプロとしての一貫した姿勢である。

「創業時に社名を決める時、田坪製作所といった一般的な社名はあえて付けませんでした。エムズコーポレーションという社名が、試作品メーカーの名前だと広く認知していただけるように、成長を続けていきたいのです」。

一見するだけでは、モノづくり企業をイメージできない社名を付けた理由を、田坪取締役はこう話す。創業者の兄が発案し、創業メンバーで話し合って決めた社名である。

なくてはならない存在に

エムズとは3つの「Ｍ」を表す言葉だ。「Ｍｅｅｔ（出会い）」「Ｍｅｒｉｔ（価値）」「Ｍｕｓｔ（なくてはならない存在）」である。顧客との出会いを大切にして同社の価値を認識していただき、なくてはならない存在としてあり続けたいという意思が込められている。価値とは顧客の困りごとを解決する力だ。

「不誠実なことはしない」が、座右の銘という田坪取締役。「ものをつくっているところには必ずニーズがあるはずです。どんな困りごとがあるのか、まず聞いてみる。そして、その困りごとを解決すると約束したら約束は守る。無理と決めつけないことが大事です」と力説する。「注文は断るな！」という兄・田坪勝社長と共通する姿勢だ。

そして「その困りごとを私たちの力で解決して、お客様から喜んでいただくのが一番うれしいです」とも付け加える。顧客に感謝の言葉をいただくその瞬間こそ、モノづくりのプロとしての醍醐味といえるだろう。

COMPANY HISTORY

1996 年	エムズコーポレーション創業
1997 年	有限会社エムズコーポレーション設立
1998 年	事業拡大に伴い、株式会社エムズコーポレーションへ組織変更
2004 年	東京都大田区に東京営業所を開設
2007 年	本社・工場移転、第 2 第 3 工場集約、名古屋営業所開設
2011 年	東京都江戸川区に東京工場開設、営業所も移転集約
2013 年	静岡県浜松市に東海事業所開設
2014 年	東海事業所に工場開設
2017 年	東京事業所を千葉県船橋市に移転
2018 年	東海事業所を浜松市北区に移転

COMPANY PROFILE

◉代 表 者　代表取締役　田坪　勝
◉住　　所　〒572-0076
大阪府寝屋川市仁和寺本町 2-21-1
◉設　　立　1998 年 10 月
◉資 本 金　50,000,000 円
◉事業内容
切削加工・光造形・真空注型・簡易金型などによる試作品の設計・製作
◉ URL：http://www.ms-corporation.jp/

CASE.007
Leading company

応用電機株式会社

計測とメカトロ技術に強み持つ設備メーカー

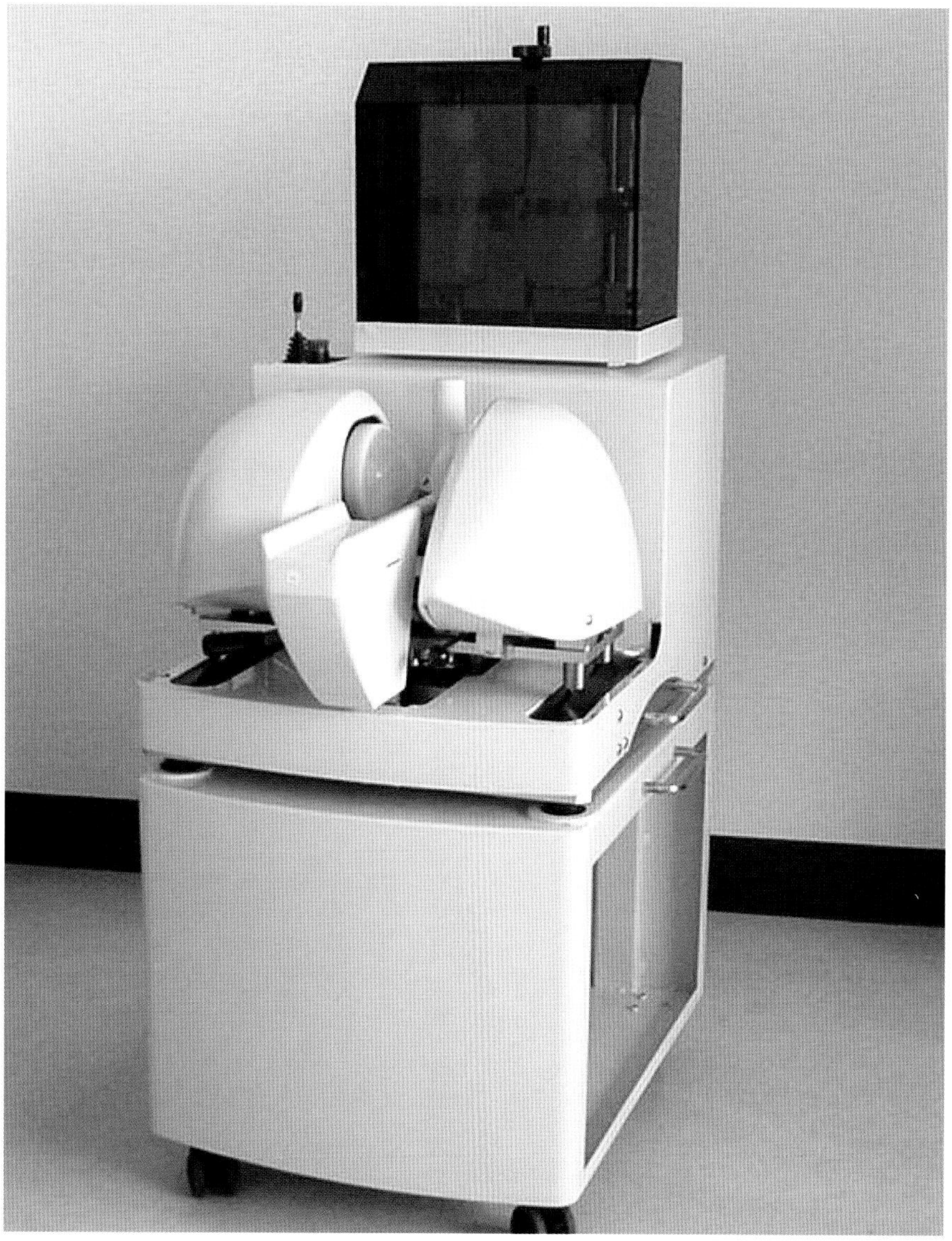

▲世界初の測定方式を採用した超音波骨密度測定装置

開発・設計から組立・検査まで内製化

　京都府城陽市に本社を置く応用電機。その名が広く知れ渡ったのが、同志社大学と共同で開発した超音波骨密度測定装置である。国立研究開発法人科学技術振興機構（ＪＳＴ）の事業の一環として産学が連携して開発を進めた成果で、５年ほど前にマスコミに取り上げられ、脚光を浴びた。

　この装置は、手首の骨に超音波を照射することで生じる高速波と低速波の２波を検出して骨密度を測定する。「世界で初めての技術です。今後、骨粗しょう症診断のスタンダードを目指し臨床を重ね、予防医療の発展に寄与したい」と、応用電機の茶屋誠一社長は意気込む。

　ただ、茶屋社長はこうもいう。「２０００年に私が社長職を継いだときには、請け負いだけでなく自社製品を持ちたいと考えて色々手を伸ばしてみました。ですが、自社製品を持つと企画部門や営業部門を充実させなければならず、間接費がかかります。結局、独自性のない自社製品は撤退して、オンリーワンなもの、将来性の大きいものだけを残

▲社員食堂は音楽ライブのイベントなども開催できる

▲高密度多層基板の設計・実装からメカトロニクスラインの組立まで多くの実績を誇る京都工場

▲検査装置や制御装置の中核となるCPUボードも開発する

▲半導体の性能および特性試験に使用するイメージセンサ検査用光源装置。世界で数社しか販売していない

し、受託製造業という本来業務に重点を置くことにしました」。

現在、製作を続けている自社製品は、前述の超音波骨密度測定装置とイメージセンサ検査用光源装置の２つのみ。しかし、この光源装置も世界で数社しかつくっていない製品で、半導体の性能検査用としての将来性は大きい。技術力の強さが光る企業。それが応用電機である。

5つの生産拠点が切磋琢磨

応用電機の本来業務とは、企業向けの製造設備・検査設備の設計・製作だ。創業は１９６０年。茶屋社長の父である茶屋勲氏が、大手精密機器メーカーの電子機器組立を個人で請け負う仕事を始めたのがこの年である。「父は手先が器用で、電気工事などが得意だったので、その大手メーカーの中で組立の仕事を始めました。社員にならないかといわれた際、それでは自分の行き着く先が見えてしまうと思い、外に出て会社をつくり、自社工場を持とうと考えたようです」。茶屋社長は草創期のいきさつをこう語る。

その後は「腕のいい職人を集め、その腕が見込まれて仕事が増え、さらに職人を集めるといった好循環で成長していきました」という。ただ、年商１４２億円（２０１９年６月期）、従業員数５８５名（同６月末）の企業にまで成長した要因は、それだけではない。積極的なＭ＆Ａ（合併・買収）の成果でもある。例えば、現在、生産拠点は京都、熊本、浜松、相模原と名古屋の５カ所に持つが、相模原と名古屋の生産拠点はＭ＆Ａで取得したものだ。

特に１９９７年に実施した田村機械工業の買収の成果が大きかった。田村機械工業はメカトロニクスの技術を持つ会社である。「この企業の買収により、当社はかねて得意としてきた電気計測・制御技術に加え、メカトロニクスの技術も持つことになりました。工場設備のメーカーで電気計測とメカトロの技術を両方持つ会社は少なく、当社独自の付加価値を生み出せます」と、茶屋社長は応用電機の強みを具体的に述べる。

▲組立・配線

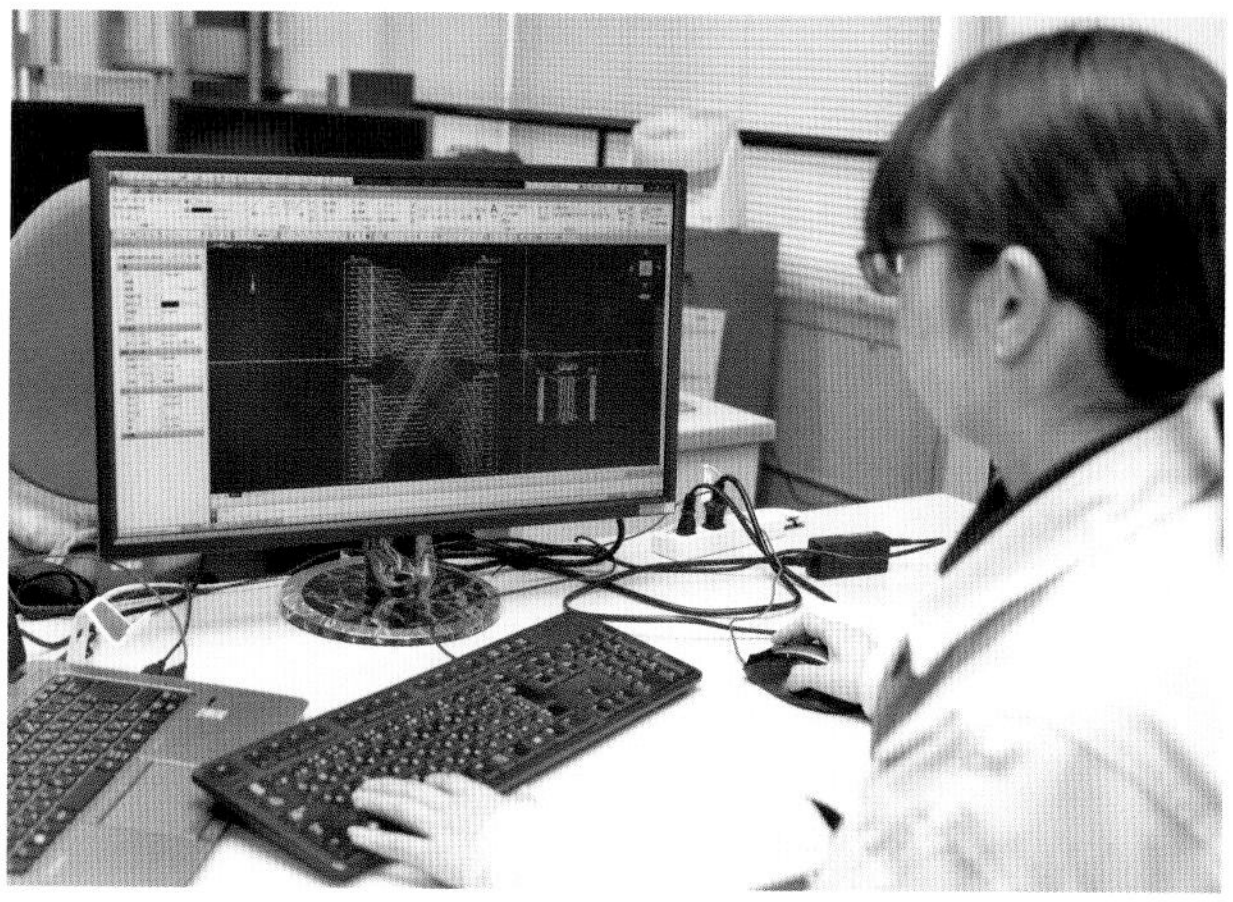
▲開発・設計

▲調整・検査

▲基板実装

▲開発・設計から基板実装、組立配線、調整・検査までを一貫して内製化している

この強みを背景に、同社は製造・検査設備の製作を、開発・設計から部材調達、板金・機械加工、基板実装、組立、検査・調整までほぼすべて内製化しており、工場への据え付けに至るまで、得意先企業から一貫して請け負うことができる。

「一貫体制を敷いているので、納期は必ず守り、品質も保てます。このため応用電機なら注文を何とか聞いてくれると信頼を寄せてくださるお客様が多いのです」。メーカーの心臓部となる工場設備を任されるだけに、この信頼度の高さは同社にとって大きな支えだ。

さらに同社の場合、5カ所ある生産拠点が、それぞれ営業部門、技術部門を持ち、独立した事業体との位置づけになっている。それぞれが切磋琢磨し合う関係だが、どこかの生産拠点に注文が集中し、処理し切れなくなった際は、他の生産拠点がバックアップするという関係にもなっている。こうした構造も納期の遅れなどの防止につながっているのだ。同社の最大の特徴といってよいかもしれない。

教育制度・福利厚生も充実

「納期は必ず守る」。その信頼感から、取引先は増加を続け、現在、同社に登録されている取引先数はおよそ600社。毎月必ず注文がある得意先だけでも100社ほどを数える。取引先の約半数は電子部品・半導体関連、3割ほどは自動車関連の企業。医療機器や生活関連用品のメーカーにも食い込んでいる。

このため業績は安定している。2020年の下半期は、コロナ禍の影響を大きく受けたが、21年上半期は半導体の需要急増もあり、「受注残が増えています」と、茶屋社長は話す。

また、茶屋社長は、「安定した取引先が多いため、新規の顧客獲得のためのセールスは必要としません」ともいう。営業部門に多くの人員を投入する必要がないため、製作部門に人員を割くことができる。600人弱の従業員のうちの8割は技術・製作部門に属している。

現場にこれだけ多くの人員を投じるとなると、問題となるの

「喜ぶ人と共に喜び、泣く人と共に泣きなさい」

▲社員には仕事を通して顧客に喜んでもらえることを素直にうれしいと思ってもらいたいと語る茶屋社長

COMPANY HISTORY

1960 年	京都市上京区において創業、電子機器の組立を開始
1967 年	京都市左京区八瀬近衛町に本社工場開設
1985 年	京都府城陽市に城陽工場（現 本社工場）開設。
1991 年	熊本県菊池郡（現 菊池市）に熊本工場開設。
1997 年	田村機械工業の発行済全株式を取得。
2001 年	応用板金、応用精工（現 イーテックプレシジョン）設立
2005 年	イメージセンサ検査用光源装置を発売
2007 年	浜松市浜北区に浜松工場開設
2009 年	超音波骨密度計 LD － 100 が厚生労働省より医療機器製造販売承認を得る
2013 年	ソーマ・テクノ・ワークスの発行済全株式を取得
2015 年	ソーマ・テクノ・ワークスを合併して相模原事業部を発足
2017 年	経済産業省から地域未来牽引企業に選定
2018 年	三電社の発行済全株式を取得
2019 年	福岡県宗像市に福岡テクノセンターを開設
2020 年	三電社を合併して名古屋事業部を発足。5 事業部体制となる
2022 年	相模原工場を大和市に拡張移転予定

COMPANY PROFILE

◉代 表 者　代表取締役　茶屋　誠一
◉住　　所　〒 610-0101
京都府城陽市平川中道表 63-1
◉設　　立　1980 年
◉資 本 金　72,212,000 円
◉事業内容
電子・光学を応用した測定・計測機器、メカトロ機器、医用機器の開発、設計、製造
◉ URL：https://www.oyoe.co.jp/

は現場従業員への技術指導だが、同社の場合、勤続年数の長いベテラン社員が多く、マンツーマンでの指導は比較的スムーズなようだ。また、全従業員を対象にした様々な研修を定期的に実施しているほか、社外研修を希望する従業員の受講費用を会社側が負担する自己啓発申請制度もある。充実した制度だ。

福利厚生の手厚さも目立つ。各工場には社員食堂があり、社員が音楽などのイベントを開催できる音響設備やスペースも設けている。旅行会など従業員同士の親睦会も盛んで、費用は会社負担だ。製造・検査設備の設計・製作という、成果が目に見えにくい事業を続ける中で、従業員のモチベーションを維持していくための工夫である。

顧客の喜びを自らの喜びに

応用電機のおもな取引先である電子部品・半導体業界、自動車関連業界は、高速通信規格「5G」や次世代自動車などの普及により、今後も設備投資を活発化させそうだ。同社の受注も安定して伸びる公算が大きい。「さらに技術力を高め、応用電機でなければ始まらないといわれるようにしたい」と、茶屋社長は抱負を語る。

「喜ぶ人と共に喜び、泣く人と共に泣きなさい」

これは、茶屋社長が大切にする言葉で、聖書のローマの信徒への手紙12章15節にある。同社行動規範の最後にある『お客様の喜びを自らの喜びとする感性を持つ』は、ここから来ている。

「当社は大手法人が顧客だが、実際に仕事をするのはそこに働く人々。仕事を通して、その人たちに喜んでもらえたら素直に『うれしい』という感性をもつことが大事です」。「もちろん、喜んでもらうだけでは食べていけないが、お客様は喜びに応じてお金を払うので、仕事でお客様に喜んでもらい、それを自らの喜びとする。そんな心からにじみ出る感性を持ってほしい」。こんな茶屋社長の願いが込められている言葉だ。

「やりたい仕事をやって、喜ぶ人とともに喜んで、給料も稼げれば、どんなに仕事をしてもぜんぜん疲れません」と笑うが、そうした考え・思いを全従業員が共有しているところに、同社の誠実さとともに強みを感じた。

CASE.008
Leading company

株式会社オクジュー
大規模建築における内外装工事の老舗リーディングカンパニー

▲関西国際空港旅客ターミナル（竣工時）の天井の施工を手がけた

技術開発力と施工力が強みの100年企業

「天井は落ちるものです」と、天井をはじめとする建築内外装工事会社・オクジューの熊本辰視社長は意外なことをいう。

引力には逆らえないとはいえ、天井工事の会社の社長が「天井は落ちるもの」とは穏やかではないが、実はこの言葉、少しでも手抜かりがあると天井が落ちて大惨事になりかねない。そんなことは、絶対に引き起こさない、いかに落ちないようにするかがオクジューの工事だ、との意味である。裏を返せば、自社の技術・施工力に対する揺るぎない自信の表れだ。

オクジューという建築工事会社らしからぬ響きを持つこの社名。創業者の奥村重兵衛氏の名前から取ったものだ。同社が奥村重兵衛商店として創業したのは１９２２年。２０２２年がちょうど創業１００周年となる老舗工事会社である。

１９２４年には国産第１号となる建築用鋼製下地材の「リブラス」の製造販売を開始。木製下地材による天井や壁の施工法を一変させた。大阪府庁舎や大阪ビルディングなど、当時の大

▲帝国劇場の施工はオクジューの名を全国的に広めることになった

阪を代表する建築物の工事に参加した実績がある。26年には軽量鉄骨の製造販売も開始したが、この軽量鉄骨という言葉は、奥村重兵衛氏が名付けたものだ。

以来、日本銀行や国会議事堂をはじめ、数々の有名建築物の内外装工事を、ゼネコンなどと共同で、数多く手がけてきた。70年の日本万国博覧会では27に及ぶパビリオンの工事に参加している。

画期的工法の開発に加え、建築用部材の製作も

そのオクジューの名を高めたのが、皇居前にある帝国劇場の施工と1986年の「大規模天井無足場工法」の開発である。東日本大震災を無傷で耐え演劇界の聖地としていまも現存する帝国劇場は1966年の竣工で、その翌67年には、皇居新宮殿の造営に伴い正殿天井施工のご下命を賜るなど、オクジューの施工技術が全国に知られることとなり、特にホールなどの大規模天井工事では圧倒的なシェアをいまも誇る。「大規模天井無足場工法」は、別名「大規模空間スライド工法」とも呼ばれ、レール式の下地を取り付け、ユニット化した天井パネルをレールにはめ込みスライドさせ、天井面を構成する工法である。床面に足場を置かないので床面を同時に施工でき、工期が短縮できるほか工事の安全性も高まる。

初めて採用されたのが大阪府立体育会館（現エディオンアリーナ大阪）の改装工事。以来、大阪市中央体育館（現丸善インテックアリーナ大阪）など、全国の大規模天井工事で広く採用された。最近では、2021年東京オリンピックの会場の1つとなる武蔵野の森・メインアリーナ建設工事で、この工法を応用した大規模スライド移動足場が採用され、22mの高さに1200枚のパネルを貼る天井工事を成し遂げた。

技術開発力の強さを背景に、数々の内外装工事で実績を上げてきたオクジュー。「大規模建築内外装工事の施工実績では、他社を大きく引き離してのトップ企業です」と、熊本社長は語る。

同社の特徴は、建築用の部材も製作するメーカーであること。「天井・壁部材メーカーであり金属工事を含め設計から施工まで手がける内外装工事会社はほかにはありません」と話す熊本社長。奥村重兵衛商店以来の同社だけの強みである。

職人たちが現場で感じたことをフィードバックし、その報告にもとづいて材料を改良できる。建築工事はなかなか設計通りにはいかないケースも多いが、設計部隊と現場の職人たちとの意見を擦り合わせ、すぐに実行に移すことができるのが同社の強みでもある。もちろん、職人たちには意見を述べられるだけの、長年の経験の積み重ねと技

▲大阪市中央体育館（現丸善インテックアリーナ大阪）は「大規模天井無足場工法」で施工した

量がある。

こうした施工力がゼネコンからの信頼を勝ち取り、内外装工事ナンバーワンの地位を不動のものにしている。例えば、東京スカイツリーの展望台工事の際、当初は第1展望台をオクジューが、第2展望台を別の業者が担当することになっていた。が、第2展望台の空中回廊の金属部分は難工事になると見たゼネコンは技術力を信頼し、第2展望台もオクジューに任せたいと指名している。

機能・デザインに優れた工法

日本政策投資銀行にいた熊本氏がオクジューの社長に就いたのは16年前。そのとき初めて耳にしたのが「オクジュー・クオリティ」という言葉だった。内外装工事、特に天井工事は絶対的な安全が求められる。「天井は落ちるもの」であってはならない。その要求に応え、技術力と職人たちの誠実な作業で「安全・安心で快適な空間」をつくる。これが「オクジュー・クオリティ」である。その「安全・安心で快適な空間」をつくるために武器になっている工法がある。1994年に開発した「無溶接工法」である。部材を溶接ではなく金具やビス留めで固定する。コストと時間はかかるが、耐震性に優れ施工の標準化が図れる工法だ。その耐震性が認められたのは、2011年に発生した東日本大震災。溶接止めした下地材や吊りハンガーにビス留めしていない天井は壊れて崩落するケースが続出したが、同社の「無溶接工法」による天井は激しい揺れに耐えた。

耐震性に優れた「無溶接工法」を開発した1994年は、阪神・淡路大震災の前年である。この震災を機に建築基準法が改正され見直される機会となり、国交省の通達・指針などにより耐震基準が強化された。まさに時代を先取りした技術開発だったといえるだろう。

時代の先取りという点では、天井から光を室内に取り入れて、その効果を最大限生かす「光天井新工法」が今後、大きく伸びる可能性がある。デザイン性の高いこの工法は、コンサート

CASE.008
Leading company

▲熊本社長は 2025 年の大阪・関西万博に向け建設需要の回復を見込む

「色即是空、空即是色」

熊本辰視

ホールや劇場のロビー、美術館、博物館など文化施設で人々が憩える空間をつくるのに適しているからだ。「現在はコロナ禍の影響で工事量が落ちていますが、高度成長期に建設ラッシュに乗って建てた施設が今後、リニューアルの時期に入ります。2022年くらいから建設需要は盛り返してくるでしょう。特に関西は25年の大阪・関西万博を控えており、IR（統合型リゾート）誘致の期待もあります。仕事が出てくる可能性は大きいと思います」。熊本社長はこのような見通しを立てている。

課題は人手不足、職人不足への対応だ。同社には外国人実習生が100人ほどいて戦力になっている。ただ、「やはり日本人の若手をどう確保していくか。労務費の改善を含めて業界全体として考えなければならない課題は多いです。私たちはその課題解決の一助となるよう努力したいと思います」と、熊本社長は語る。

高い技術と使命感の継承

「当社は天井や壁こそが内部空間創造のポイントであり、建物の雰囲気を決定するものと確信しています。特に天井は人の精神面に大きく影響します。天井、壁という環境の創造による空間づくりにプラスアルファとしての楽しさを加えるのが当社の使命です」とも述べる熊本社長。長年培ってきた技術とともに、この使命感も若い職人たちに伝承していく必要があると感じている。

「色即是空、空即是色」。般若心経の有名な一節が、熊本社長の座右の銘になっている。熊本社長はこの言葉を、「同じものでも見方を変えると、違ったものに見えてくる」と捉えている。「悪く思えることでも、見方を変えると良いことに思えてきます。つらい体験があっても、よい機会をもらった、これから何とかなるという思いがあるのです。コロナ禍は確かに試練ですが、深刻に考えても仕方がありません」。あくまでも前向きだ。

オクジューは3年以内の社員の離職率が1・5％と非常に低い。その理由の1つが、経営トップのこのバイタリティーにあるように思える。

COMPANY HISTORY

1922 年	創業開始（10 月 1 日）
1924 年	国産第一号のリブラス製造販売
1927 年	“世界初”軽量下地材（スタッド）の冷間ロールホーミング生産開始
1936 年	合資会社奥村重兵衛商店設立
1952 年	株式会社奥村重兵衛商店に組織変更
1955 年	乾式工法ボード下地材（N-SS 型）の発売
1970 年	簡易間仕切壁の先駆けとなる NOTTS WALL 発売
1986 年	大規模天井無足場工法を開発
1991 年	株式会社オクジューに社名変更
1994 年	現場内の無溶接工法「NWD 工法」を推進
1995 年	光天井新工法「キャンバス天井」発売
2000 年	住宅用内装天井下地システムの発売
2001 年	システム天井 ALTs 工法「スナップシステム」発売
2003 年	タワーウォール P-125 発売
2005 年	スチール製ルーバー「MB ルーバー」の発売、耐震天井下地開発
2014 年	耐震天井下地 OS シーリング、防振耐震天井下地 OTO-LESS（オトレス）の発売

COMPANY PROFILE

◉代表者　取締役社長　熊本 辰視
◉住　所　〒 530-0047
大阪市北区西天満 5-3-7
◉創　業　1922 年
◉資本金　9,000 万円
◉事業内容
天井、壁などの施工を通じての空間づくり
◉ URL：http://okuju.co.jp/

CASE.009
Leading company

株式会社オフテクス
眼科医が認める コンタクトケア用品の世界企業

▲世界の眼科医療への貢献を目指し、オフテクスを率いる米田社長。同社本社にて撮影

独創的な研究開発で世界の眼科医療に貢献し続ける

コンタクトレンズ利用者は国内で約２０００万人以上と推定されている。利用者に共通する思いは、より快適な装用感が得られることだ。しかし、満足な装用感が得られず、コンタクトレンズの使用を断念する利用者もいる。その実現に真正面から挑んでいるのが、コンタクトレンズ関連製品ならびに眼科医薬品の開発・製造・販売を手がけるオフテクスだ。自社のミッションを「世界の眼科医療に貢献すること」と掲げる米田穣社長のもと、臨床データにもとづき快適な装用感につながるコンタクトケア用品などを次々と生み出している。２０１５年から発売する「クリアデュー」シリーズはその代表であり、眼科医からも高い評価を得ている。また、コンタクトレンズ装用時の不快感も抑える、１回使い切りタイプの点眼液「ティアーレW」は防腐剤が未使用なうえ、ドライアイ（目の乾き）に対しても優しく潤いを与えると好評だ。このような高品質かつ高信頼なケア用品などを多数展開している。

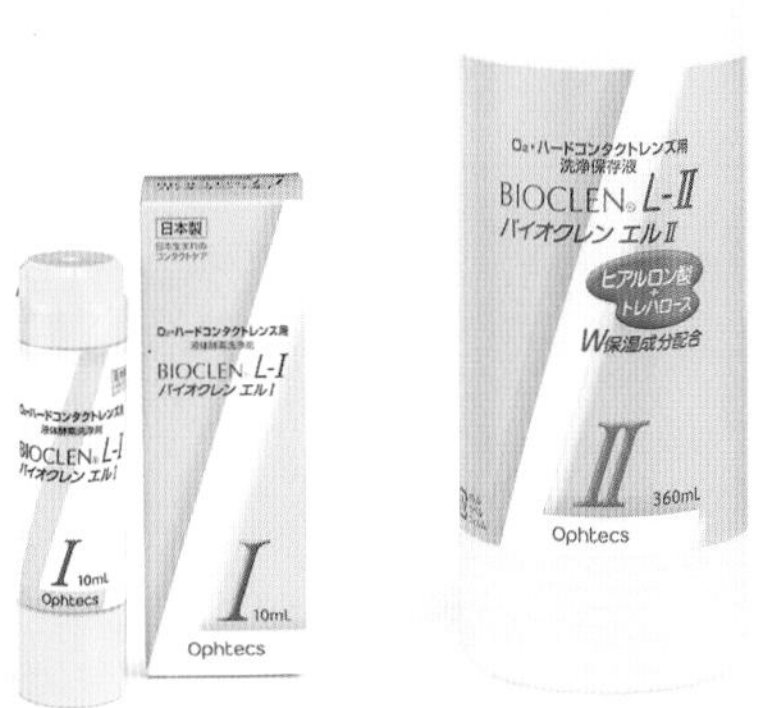

世界で初めて、コンタクトレンズのつけ置き洗いを実現した「バイオクレン エル」

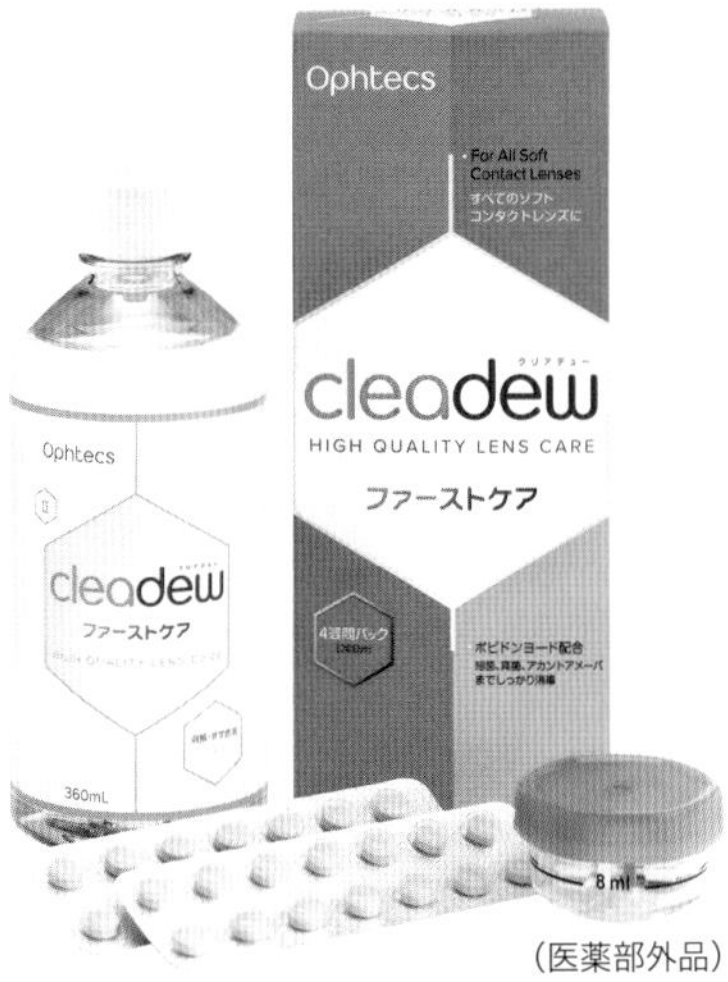

（医薬部外品）

▲右：ポビドンヨードによる高い消毒力が特長のソフトコンタクトレンズ用「クリアデュー ファーストケア」左：ポビドンヨード配合のハードコンタクトレンズ用「クリアデュー O_2 セプト」

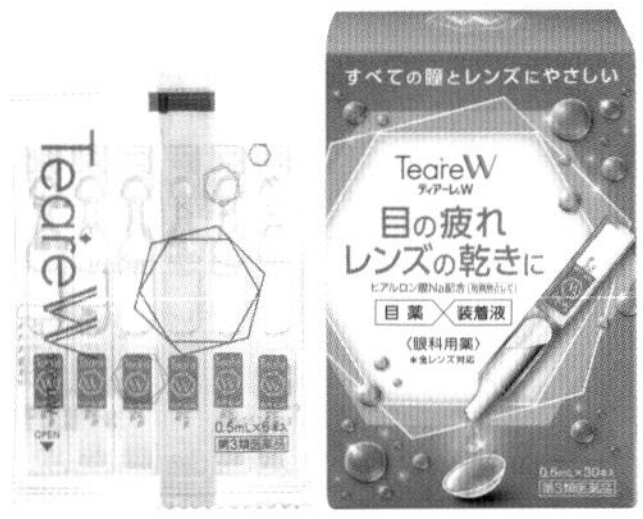

（医薬品）

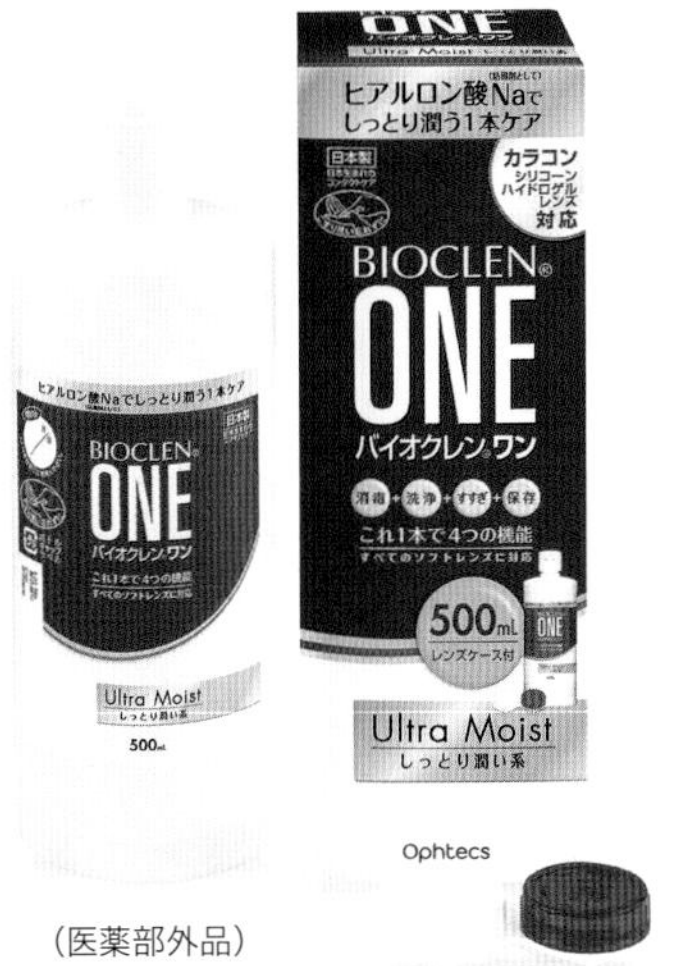

（医薬部外品）

（医薬部外品）

▲1本で目薬と装着液の機能を備える「ティアーレ W」

▲1本で消毒・洗浄・すすぎ・保存が可能なソフトコンタクトレンズ用消毒剤「バイオクレン ワン」シリーズ。しっとり潤い系の「ウルトラモイスト（赤）」とすっきり洗浄系の「スーパークリア（青）」

▲オフテクスが扱うコンタクトケア用品や点眼薬は眼科医からも高く評価されている

独創的な研究と眼科医との連携

オフテクスは、1981年に米田穣・現社長の父である豊秋氏が立ち上げた。豊秋氏は前職で眼科領域の業務に従事しており、仕事を通じて、眼科領域の将来性や可能性に魅力を感じたという。同年10月には第1号商品であり、現在もブランド展開するコンタクトケア商品「バイオクレン5」を、88年には世界初の液体酵素洗浄剤「バイオクレン エル」を発売。さらに、2001年には世界初のポビドンヨードを使ったソフト用消毒剤「クレンサイド」の発表に至るなど、当時から独創的な研究で知られるところとなる。

現在、同社の主力製品である「クリアデュー ファーストケア」は、同様にポビドンヨードの特徴を生かしつつ、ケアなどの使い勝手をより進化させたものだ。ポビドンヨードは古くから高い消毒力と安全性を兼ね備えた成分として知られており、うがい薬や火傷、手術用の消毒剤として利用されている。かつての家庭用常備薬「ヨーチン」という名称の方が馴染みの方もいるだろう。このような特徴は以前から知られながらも、コンタクトケア用品への適用例がなかった。しかし、同社は10年がかりの研究を経て、世界初のケア用品として01年に発売に至った。高い消毒力と洗浄力を同時に達成したコンタクトケア用品として、眼科医からも高い支持を集めている。

このような独創性にあふれる開発は、基礎から応用まで一貫した研究体制と眼科医との連携により実現されている。眼科医はコンタクトレンズ利用者と深く関わっており、連携を通じて多角化する利用者のニーズなどを把握できる。同時に、眼科医との臨床研究にもとづく開発だからこそ、「クリアデュー」のような高品質なケア用品の発売につながるわけだ。07年には「神戸医療産業都市」に神戸本社および研究所を設置し、研究体制をより強固なものとしている。

自社の研究成果を、学会発表を通じて公表し、アカデミアの

▲オフテクスヨーロッパ社のピーター・ファーミュンレン社長と

▲学会発表を通じてアカデミアの発展にも寄与している

▲高品質の製品を供給する豊岡工場

発展に貢献している点も評価されている。06年に米田社長が就任して以降、日本コンタクトレンズ学会や日本眼感染症学会などで消毒効果や安全性に関する発表を積極的に行っており、同社が力を入れる活動の1つとなっている。また、上述のポビドンヨードを使ったケア用品が受け入れられたのは、「学会発表を通じての啓発と眼科医の賛同があったから」と米田社長は明かすが、眼科医療への貢献があってのこと。こうした活動を通じて同社ケア用品への信頼と普及につなげているのもオフテクスならではといえよう。

一貫生産による高品質なモノづくり

　上述の研究開発体制に加え、一貫生産体制もオフテクスの強みとなっている。創業から7年後の1988年に兵庫県豊岡市に自社工場を竣工し、30年以上にわたる国内一貫生産のもと品質管理体制を強化し続けている。また、95年には国内コンタクトレンズケア用品専業工場として初めて品質管理の国際規格「ISO 9001」の認証取得、2004年には豊岡工場が医療機器品質マネジメント規格「ISO 13485：2003」の認証取得に至るなど世界基準の品質管理体制を構築している。さらには、後述する欧州展開を見すえ、EU(欧州連合地域)における安全規格「CEマーキング」の認証取得に至っている。

　もちろん、これらの品質を支えるのは同社スタッフ。豊岡工場に勤務するスタッフ全員が「自社で販売する製品は、自らの手でしっかりとつくりたい」という想いのもと、これらの規格に即したモノづくりに励んでいる。「世界の眼科医療に貢献する」というミッションが社員の行動規範として根付いているからこその確かな品質なのである。

OPHTECSの探求

　オフテクスは、1994年から中国をはじめアジア諸国への販売を開始し、2016年には欧州への輸出も開始するなど精力的に海外展開を推進してきた。

CASE.009
Leading company

「世界の眼科医療に貢献するという使命を果たせるように活動する」

米田穣

COMPANY HISTORY

1981 年	東京都中央区日本橋人形町で創業、第 1 号商品「バイオクレン 5」発売
1988 年	世界初の液体酵素洗浄剤「バイオクレン エル」発売、兵庫県豊岡市に自社工場完成
1994 年	アジア諸国へ輸出開始
1995 年	1 回使い切りタイプ人工涙液「ティアーレ CL」発売、豊岡工場が「ISO 9002：1994」を取得
1997 年	地域活性化貢献企業賞を受賞
1999 年	初の国産コールド消毒剤「バイオクレンケムセプト AT」発売
2000 年	中小企業研究センター賞全国表彰を受賞
2001 年	世界初のポビドンヨードを使ったソフト用消毒剤「クレンサイド」発売
2004 年	豊岡工場が「ISO 13485：2003」を取得
2007 年	神戸市ポートアイランドに新本社ビル、研究所を竣工
2009 年	豊岡工場を全面改築
2010 年	ポビドンヨードを用いたハードコンタクトレンズ用除菌洗浄剤「バイオクレン O_2 セプト」発売
2015 年	新たなコンタクトケアブランド「クリアデュー」を立ち上げ、「クリアデューファーストケア」発売
2016 年	「クリアデュー リペア＆モイスト」発売、「クリアデュー O_2 セプト」発売
2016 年	ヨーロッパへの輸出開始
2019 年	オランダのマイクロレンズ社を買収し、オフテクス・ヨーロッパとして完全子会社化

COMPANY PROFILE

◉代 表 者　代表取締役社長　米田　穣
◉住　　所　〒 650-0047
神戸市中央区港島南町 5-2-4
◉設　　立　1981 年 6 月
◉資 本 金　1 億円
◉事業内容
コンタクトレンズ関連製品の開発・製造・販売・輸出、眼科医薬品の開発・製造・販売
◉ URL：https://www.ophtecs.co.jp

▲神戸医療産業都市にある本社

２０１９年にはオランダのコンタクトレンズメーカーであるマイクロレンズ社を買収し、完全子会社化によるオフテクスヨーロッパ社の設立にも至っている。その設立により「欧州市場におけるニーズをより的確に把握できるようになった」と、米田社長は買収の意義をこう語る。またマイクロレンズ社では以前から酸素透過性ハードコンタクトレンズ（ＲＧＰレンズ）や特殊レンズを扱っており、オフテクスのコンタクトケア用品との組み合わせにより、さらなる展開が見込まれる。「オフテクスヨーロッパ社の販売網を活用して当社製品の品質の理解にもつなげたい」とも米田社長は意気込む。一方、国内市場においてはドラッグストア向け一般用医薬品（ＯＴＣ）市場を重視。「クリアデュー」シリーズのリニューアルなどを通じて、同市場の販売拡大でケア用品業界トップ３入りを目指している。

オフテクスは２０２１年に創業40周年を迎える。現時点では「世の中のケア用品で『クリアデュー』がコンタクトレンズの装用時の不快感解消に一番近い製品」と説明する米田社長。といいつつも、同社における研究開発テーマの大半は不快感の解消が占めており、その探求は尽きない。社名のオフテクス（ＯＰＨＴＥＣＳ）は、「Ｏｐｈｔｈａｌｍｏｌｏｇｙ」（眼科学）と「Ｔｅｃｈｎｉｃｓ」（技術）を組み合わせた造語で、創業者の豊秋氏が名付けた。また、これにはミッションとする「世界の眼科医療に貢献すること」も込められており、創業者から現社長へ、さらには全従業員へと、その思いが引き継がれている。ここに確かな研究開発と製品づくりで支持される理由がある。

▲協和は様々なプラスチック成形品を手がけている

CASE.010
Leading company

協和株式会社

プラスチック成形加工品を金型から一貫生産

アジア市場向けのＯＡ機器部品で圧倒的強み

「中国には毎月行っています。日本で過ごす時間と中国で過ごす時間が半分ずつという生活を、私は26年間続けてきました。中国の経済・ビジネスがどう発展してきたかを、誰よりも肌で感じている人間だと思います」。こう話すのは、プラスチック成形加工品メーカー・協和の野澤重晴社長だ。日本と中国にいる時間が同じくらいなので、両国の経済発展の違いなどがよくわかるという。その野澤社長が舌を巻くのは、中国のデジタル革命の急速な進展ぶりだ。

協和の設立は１９５３年。野澤現社長の父親である野澤重雄氏が創業した。台湾で製糖会社の技術者をしていた重雄氏が、戦後、異分野であるプラスチックに目をつけたのは、「これから成長する素材」と考えたからだ。プラスチックの射出成形品は、金型さえあればどんな形状のものでもつくれる。この特徴に着目したのである。いまではＯＡ（オフィス・オートメーション）機器用部品をはじめ、カメラ・医療機器用といった精密部品や自動車用部品など精密度が

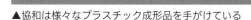

▲一体感を生む経営で多国籍の社員１人ひとりの能力を伸ばす野澤社長

▲超高精度が求められる精密部品にも対応

▲水耕栽培事業「ハイポニカ事業」にも力を入れる。写真は巨木トマトの栽培

▲金型の設計・製作から行える

要求されるプラスチック成形品を幅広く製造している。

どこよりも早く海外に進出

その協和の強みは「同業のどこよりも早く海外に進出したこと」と、野澤社長は話す。1986年に香港に現地法人を設立したのに続き、92年には中国・深圳でも現法を立ち上げ、93年には深圳に工場も開設した。野澤社長はこの工場開設の頃から中国への往復を続けていることになる。父親、叔父と続いた社長職を受け継ぎ、3代目の経営トップに就任したのが99年なので、社長就任前の専務の時代から中国で人生の半分を過ごしてきたのだ。中国事業の育ての親といってもよい。

「関係の深かった大手ＯＡ機器メーカーの香港進出についていくかたちで、現法を香港に設立しました」。35年前に香港に進出した理由を、野澤社長はこのように説明する。深圳進出を決めたのも、日本の大手ＯＡ機器メーカーのほとんどが深圳など中国・華南地区に拠点を置くことになったためだ。

この早い決断が吉と出た。その後の高度経済成長、特に急速に進んだデジタル化の波に乗り、「中国での売上は20年ほど右肩上がりが続いています」と野澤社長はいう。現在、協和グループの海外売上比率はおよそ7割。その多くが中国での売上である。プラスチック成形加工品メーカーで、これほど海外売上比率の高い企業は稀有だ。圧倒的な強みといえる。

協和のもう1つの強みは、創業以来70年近くの間積み上げてきたモノづくり力である。国内、海外の各拠点に技術部門を設け、企画・設計の段階から金型製作、射出成形、組立加工、納品・機能保証の段階まで一貫生産できる体制を整えている。経験豊富なエンジニアと、そのエンジニアの能力を最大限発揮できる最新鋭の射出成形機と組立加工機が国内外の各工場にそろっている。

一貫生産できる体制は、顧客にとっては安心材料となる。協和が得意とするＯＡ機器用部品は、ほとんどの大手ＯＡ機器

▲篠山工場内の組立ライン

▲篠山工場内の成形現場

▲篠山工場では金型製作・射出成形・二次加工・組立などを手がける

▲2015 年設立のベトナム工場

▲東莞工場内の成形現場
最新鋭の成形機が並ぶ

▲広東省東莞市に設置した工場

▲国内・海外工場ともに企画・設計段階から機能保証までの一貫生産体制に強みがある

メーカーが使っているが、ライバルの会社にも同じ協和の製品が納められていることは問題にはならない。むしろ、多くの同業者に一貫生産で品質の高い製品を納入している事実は協和への信頼感につながっている。

植物の水耕栽培も手がける

実は、協和にはプラスチック成形加工のほかに、もう1つ事業の柱がある。「ハイポニカ」と名付けた、植物の水耕栽培システム事業である。この事業も創業者の野澤重雄氏が研究を重ねて立ち上げたもので、事業化したのは1970年と古い。

ただ、土はもちろん、他社の水耕栽培で使われるようなロックウールやヤシガラなども使用しない。十分な水と酸素を供給し、温度と肥料を安定させることで、植物が持つ潜在能力を最大限引き出す、協和オリジナルの水耕栽培システムである。同社ではこれを「水気耕栽培システム」と呼んでいる。85年のつくば科学万博でも披露されたほどの独自性の高い技術で、1粒のトマトの種から1万7000個の実がなるほどの木を育てることに成功している。

この事業とプラスチック成形加工事業とは何のつながりもない。両事業が連携するということも少ない。ただ、「水気耕栽培に興味を持つ優秀な学生が当社に集まってきます。プラスチック事業の顧客が、そんな事業もしているのかと驚き、それならと農業関係者を紹介してくれることもあります」と野澤社長は語る。採用でも営業でも、メリットは大きいようだ。

「ハイポニカ」事業が今後目標とするのは、海外市場の開拓である。すでに2011年に、同事業を進めるための合弁企業を上海に設立しているが、中国のほかマレーシアなど東南アジアで、この新しい植物栽培法へのニーズは高いと見て販売方法などを模索していく方針だ。また、この栽培法で育てた野菜などを使った料理を、企業や医療介護施設などの食堂に届ける事業も検討する。

主力のプラスチック成形加工では、中国のほか、成長著しい

「with you, for you」

野澤重晴

▲2013年に移転した高槻本社

ベトナムでの事業もOA機器用部品を中心に拡大し、安定した量の受注を確保しつつある。

また、用途別では今後、自動車用部品に力を入れる計画であり、技術革新が進み、成長が見込まれる分野だからだ。インド、イタリアといった自動車生産の多い国で、金型製作などで関係の深い現地企業とジョイントベンチャー方式による自動車用部品生産に乗り出すことを検討している。自動車用部品などを製造する場合のプラスチック表面処理で、有害な六価クロムを一切排出しない技術を持つイタリア企業を買収し、部品製造装置を同業者に販売していくという計画もある。

プラスチックごみによる海洋汚染が社会問題となる中、協和はバイオプラスチックメーカーと組んで、環境汚染を引き起こさない植物由来のプラスチックの開発にも取り組んでいる。コストが割高になるという問題はあるが、何より「環境に優しい企業」というイメージの確立を優先させる。それが得意先の信頼をさらに高めることにつながる。このメリットは大きい。

多国籍の社員に一体感生む

「ｗｉｔｈ ｙｏｕ，ｆｏｒ ｙｏｕ」（あなたとともに、あなたのために）

これが協和のキャッチフレーズであり、野澤社長のモットーでもある。ｙｏｕは人だけでなく、環境と捉えることもできよう。

この言葉、実は中国と香港の現地法人の総経理を務めるＲａｊａｎ・ＳＨＡＲＭＡ常務がつくったものだ。同常務はインドの出身である。「インド出身の技術者は常時7～8人います。皆優秀です」と野澤社長はいう。

およそ１８００人がいる協和グループの従業員のうち日本人は１００名ほどで、残りは外国人。そのうち約１０００人の中国の現地法人にはベトナム人、インド人、香港人もいる。摩擦が心配されるが、「Ｒａｊａｎ常務が非常にリーダーとしての力がある人で、彼を尊敬している社員ばかりなので、彼の下で皆仲良くやっています」。これも協和の強みである。

COMPANY HISTORY

1953年	協和化学工業を設立
1971年	水気耕栽培装置「ハイポニカ」の製造・技術開発のため兵庫県篠山町（現・丹波篠山市）に事務所、工場新設
1978年	社名を協和に変更
1986年	喬奥華有限公司を香港新界元朗工業団地に設立
1992年	喬奥華塑膠製品（深圳）有限公司を設立
1999年	中国深圳で委託加工会社「協和塑膠五金廠」を設立
2004年	大連大暁協和精模注塑有限公司を遼寧省大連市に設立
2011年	中国合弁会社上海盛澤農業発展有限公司を上海市静安区に設立
2012年	中国深圳にある会社を統合して移転、新たに喬奥華塑膠製品（東莞）有限公司を広東省東莞市に設立
2013年	本社移転、新本社棟建設
2015年	Kyowa Plastics Industrial（VietNam）Co., LTD.をベトナムハイフォンに設立
2016年	Kyowa Design & Technology（India）Pvt.Ltdを設立

COMPANY PROFILE

●住　所　〒569-0062 大阪府高槻市下田部町1丁目1番5号
●設　立　1953年7月
●資本金　9,600万円
●事業内容
プラスチック成形事業、水耕栽培システムの製造・販売など
●URL：https://www.kyowajpn.co.jp/

▲プラウド白壁町（愛知県）での硫化イブシ色の施工例

CASE.011
Leading company

株式会社光栄プロテック

特殊表面処理でオンリーワンの技術を確立

高級感醸し出す「硫化いぶし」の用途広げる

政府による「Ｇｏ Ｔｏ」キャンペーンの後押しもあり、国内の豪華列車の旅がいま脚光を浴びている。２０２０年3月から東京―伊豆急下田間で運行を始めた「サフィーユ踊り子」も、全車両がグリーン車という人気の高い豪華列車だ。その列車の内装に光栄プロテックの技術が使われている。建築金物の表面を特殊処理し、渋く落ち着いた日本的な風合いを醸し出す「硫化いぶし仕上げ」である。

金属製品の塗装・特殊表面処理のパイオニアとして、創業以来50年の歴史を持つ同社。「硫化いぶし仕上げ」のほかステンレス着色のように高級感を出す「カラークリヤ仕上げ」や、ピアノのような重量感を出す「ピアノ調仕上げ」などを得意としている。いずれも機械では出すのが難しい風合いの表面処理で、顧客からのオーダーに応じて一品一品、手作業によりこれらを実現している。

特に「硫化いぶし仕上げ」は、１９７０年に同社の前身「光栄塗装」を創業した初代社長の道下正治氏が、それまで勤めてい

▲三田雅憲社長（本社事務所にて）

▲ベテラン職人（左）が新人育成に積極的に取り組んでいる

た別注金物会社で磨いた技術。光栄プロテックの祖業であり、また現在、売上の1／3を占める主力事業でもある。金物を薬品槽に漬け込む湿式硫化ではなく、表面に直接薬品を塗装しブラッシングする乾式硫化法を取っており、大型の金物でも対応できる。同社だけのオンリーワン技術である。

当初は銅合金だけにこの技術を施していたが、現在は鉄やステンレスの表面にも施すことができるようになっている。神社仏閣の内外装が主だった用途も大きく広がり、外資系ホテルや大規模再開発ビルの内外装、エレベーターホール、フロント建具などに、最高級の意匠として使われている。最近の具体的な納入先として、「リッツカールトン日光」「パークハイアット京都」「東京ワールドゲート」「虎ノ門ヒルズ」など話題となった施設がずらりと並ぶ。

WIN-WINの関係に

「たまたま時流に乗れているのだと思います」と、現社長の三田雅憲氏は言う。どこにも見られない高級感を出して人を引き付けたいという、ホテルやビルなどのオーナーが多いのだ。同社の「硫化いぶし仕上げ」などの特殊表面処理は、いずれも最も人の目に付きやすいところに施されている。これから施設を建てようとするオーナーたちがこれらを目にして、「自分たちの施設にも、こういう高級感を出したい」と考えるであろうことは想像に難くない。

「新しいお客様からの問い合わせが月に4～5件は入ってきます」と三田社長。実際にどこがこの特殊表面処理技術を持っているのか、情報を持っているのはおもに建築設計事務所である。このため「建築設計事務所にカタログを送ったり、ウエブで情報を発信したりといったPR活動を、こちらからも積極的に展開しています」。好機を逃さず、新たなファンをつくっていく営業姿勢が大事だという。

「もちろん、納期や品質を守り、お客様の信頼を勝ち取ることも大事です。いいものを形として残していただき、お互いに

▲エクシブ六甲サンクチュアリ・ヴィラ（兵庫県）でのクリヤー塗装の施工例

▲新風館（京都府）での硫化イブシ色の施工例

▲日本橋三井タワー（東京都）での硫化イブシ色の施工例

▲ポートシティ竹芝（東京都）でのピアノ調仕上げの施工例

WIN-WINの関係になることが大事ですから」。ファンを裏切ってはいけないと付け加えることも忘れない。

目指すは「100年企業」

三田社長は創業者の道下正治氏の娘婿として光栄プロテックに入社し、現在、2代目の経営者として同社を率いている。「この会社に入社する前は生命保険会社で働いていたので技術は持っていませんでした。職人と対等に話せるまでには大変な試練がありました」と打ち明ける。

オンリーワンの技術なので、特殊表面処理作業は職人の経験や勘が頼りとなる。経験のない人は、ベテラン職人の作業を見てポイントを実際に教えてもらったうえ自分でやってみて技術を取得するしかない。三田社長もそうして技術を取得した。

「必ず残していかなければならない技術。若い人にどう伝えていくかが課題です」。三田社長が強調したいのはこの点だ。マン・ツー・マンのOJTだけでは身に付かないため、隔週で土曜日の午後に2時間ほどのミーティングを開き、ベテラン職人が若手の質問に回答するといったことも実施している。

また、例えば塗装技能士資格取得のため、大阪府工業協会などが開く講習会に参加させるなど、外部組織の研修制度も活用している。「リーダー研修など、人間力を磨く研修に行ってもらうこともあります。技術力と人間性の両方を身に付けないと、世間には相手にしてもらえませんから」と三田社長は語る。

2020年に創業50周年を迎えた同社。目指すのは「100年企業」だ。今後は東日本のさらなる市場開拓が、1つの大きな目標となる。現在、工場は大阪に3カ所、千葉に1カ所の計4カ所だが、東日本での生産能力増強のため、近く千葉に2番目の工場を建設し、5工場体制とする計画を立てている。千葉の新工場の特徴は、高さ6mほどの大型金属製品にも対応できること。各地でこれから建設が進むとみられる大規模物流施設が狙いだ。貨物用エレベーターや大型マリオン・大型建材など

「技術力と人間性を磨かないと世間に相手にしてもらえない」

三田雅憲

COMPANY HISTORY

1953年	元会長の道下正治が石川県より上京し、東京都板橋区の光陽ブロンジングにて勤務を始める
1970年	大阪府豊中市にて光栄塗装を創業
1976年	拠点を大阪府枚方市（現本社）に移し、ここに本社工場を建設する
1985年	株式会社へ改組する
1999年	三菱電機 稲沢製作所の認定に合格。エレベータ塗装分野に本格的に参入する。大阪第2工場を建設する
2008年	現社長の三田雅憲が社長に就任する。近畿車輛と基本契約を締結し、電車塗装分野に参入する
2015年	千葉県白井市に千葉白井工場を建設する。大阪ものづくり優良企業賞2015「匠」に認定される
2016年	関西ものづくり新選2016「技」に認定される
2017年	「エコアクション21」の認証登録を受ける
2018年	大阪本社をリニューアルし、ショールームを設置する。大阪第3工場を建設する
2020年	大阪本社に社員食堂「光栄の森ダイニング」をオープンする
2021年	千葉県白井第2工場を建設する

COMPANY PROFILE

◉代 表 者　代表取締役　三田　雅憲
◉住　　所　大阪府枚方市春日野2丁目2-12
◉設　　立　1985年1月
◉資 本 金　1,000万円
◉事業内容
エレベータ・エスカレータ製品の意匠塗装、電車車両のドア・天井パネル・手摺りなどの塗装、半導体製品の金属塗装・クリヤー塗装、建築金物・フロントサッシの塗装・特殊仕上、建築内装製品・什器の塗装・特殊仕上、照明器具・スクリーンケース・看板他の塗装・特殊仕上など。
◉ URL：http://koeip.co.jp/

▲職人による手仕上げが高品質の製品を生み出している

の表面処理などを想定している。

　また、「モノづくりがしたいと当社の門をたたく人には、学歴・経験不問で途中入社してもらっています」という三田社長。今後若い人を中心に、従業員の採用も積極化する方針で、女性活躍の場を広げることも検討中だ。顧客からの注文に応えるだけでなく、新しい製品を自ら生み出すために、「いずれは企画開発部門を持ちたい」という構想が三田社長にはある。その構想実現のためには、女性ならではの感性も必要になってくる。

「海外にも情報発信したい」

　事業の承継者もすでに決めている。三田社長の子息・三田憲太朗氏である。憲太朗氏は光栄プロテックに入社して、まだ2年余り。それまでは電機メーカーに勤めていたので、父親同様、特殊表面処理の技術は持っておらず、ベテラン職人に手取り足取り教えてもらったという。

　その憲太朗氏も、次を担うという意識は強く抱いている。「海外に情報発信するため、英語で直接自社をPRするホームページをつくりたい」と語る。夢はすでに海外に飛んでいるのだ。

　新入社員に対する研修にも改善の余地があるという。品質を高め、かつ、安全に作業を進めるためには、研修にある程度の時間をかけるべきだというのが、憲太朗氏の持論。「技術者に提供できる、しっかりしたマニュアルをつくりたいと思います。お客様に製品の品質をご納得いただけるよう、性能などを数値化したデータも提供できるようにしたいです」と、デジタル化の推進にも意欲を見せる。

　まだまだ成長途上にあることを感じさせる会社である。

CASE.012
Leading company

株式会社工進
エンジンポンプで世界のトップシェアを握る

▲3 代目トップの小原英一社長はさらなる成長を見すえる

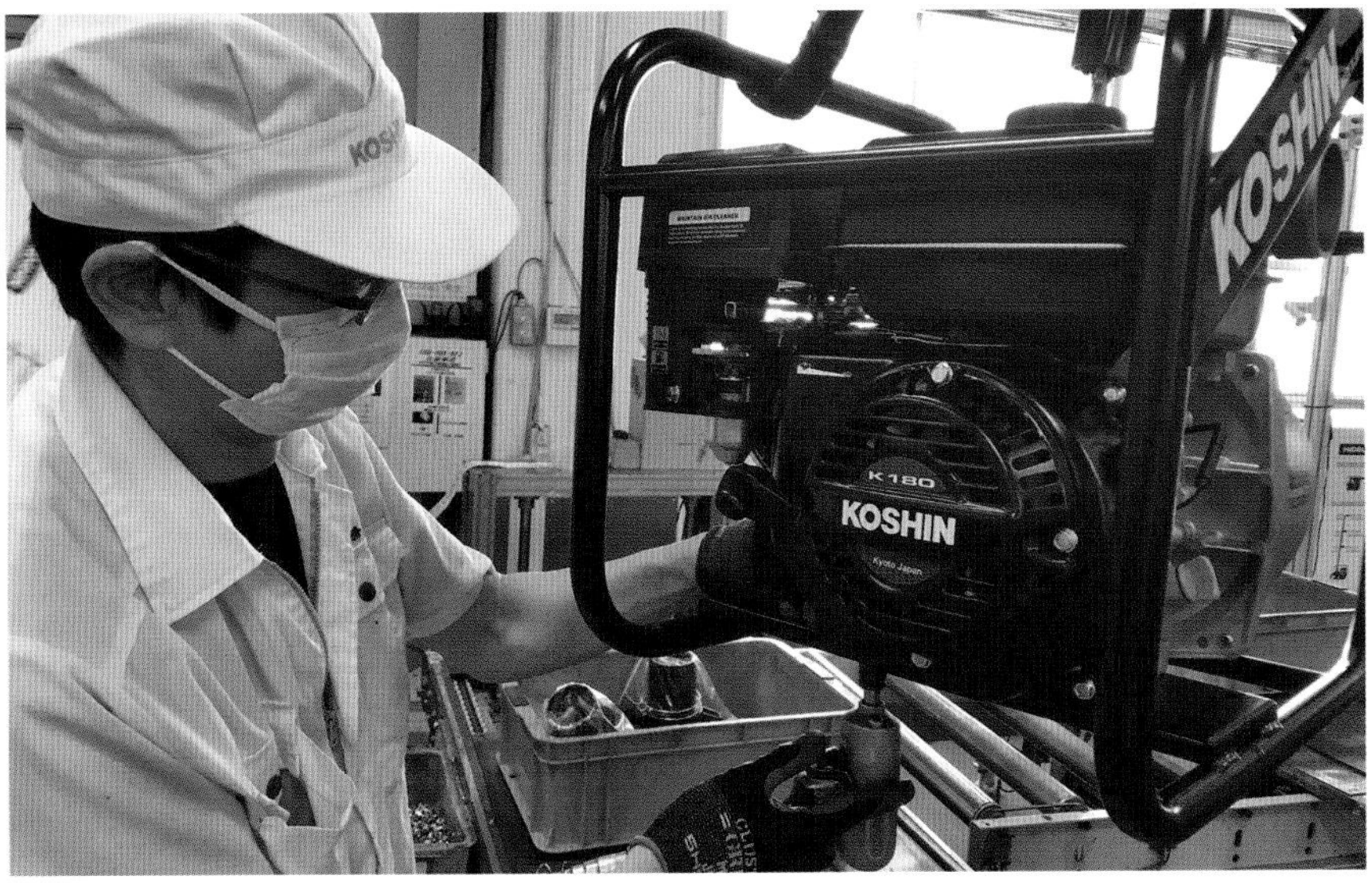

▲1 人ひとりの丁寧なモノづくりが工進の品質を支える

顧客の声を直接聞く 徹底した現場主義で成長

「これではダメ。つくり直してこい」。苦労してつくり上げた企画書を上司からこう言って突き返されるのは、働く人にとってはつらい瞬間である。

「先代の社長がそのように企画書を突き返す瞬間を、何回も見てきました」というのは小原英一・現社長。先代の社長とは、英一さんの父親に当たる小原勉・現会長のことである。

突き返す理由は他社との差別化ができていないため。「企画書が通らず困り果てた従業員は何が足りないのか、お客様のところに聞きに行くことになります。そうして現場の声を拾い、本当にお客様が望む、いままでにない商品を開発してきたのです」と小原英一社長。この徹底した現場主義こそ工進の最大の強みであり、成長の原動力だ。

ポンプ・噴霧器を主力製品とし、エンジンポンプでは国内で7割、世界でも3割の圧倒的なトップシェアを誇る工進。ほかにもガーデニング作業機や発電機、除雪機など、農業、船舶、工業用を中心に、団体・企業向けから個人向けまで幅広い分野

▲本社にあるショールーム兼商談スペースの「コーシンミュージアム」
工進の歴史と商品、モノづくりへのこだわりが感じられる美しいスペースとなっている

でヒット商品を次々生み出し、業容を拡大し続けている。

製品が使われる現場に赴き、消費者の行動を観察するのは、マーケティングの重要な手法である。ただ、同社の現場主義は、それだけにとどまらない。現場での行動を実際に自分でやってみることもあるのだ。

例えば、回転する歯で雪を砕いて飛ばす小型除雪機を開発した担当者は、雪国に何回も足を運んで、自分で手作業による雪かきを経験。除雪作業の大変さを身をもって知ったという。その経験が楽に除雪ができる商品の開発につながっている。

製造部門の省力化も強みに

工進は1948年、小原英一・現社長の祖父である小原甚一氏が小型機械から農業・工業用のポンプの製造へと業容を変化させてきた。「当初は見よう見まねでつくっていたようですが、それでは売れない。本当にお客様に喜んで使っていただくには直接その声をきかないとだめだと気づいて徹底した現場主義を貫くようになりました」。小原社長はこう明かす。

当初は商社を通していた販売店との取引も直取引に切り変えている。「営業担当者も開発担当者もお客様のところまで直接足を運び、お客様に寄り添うことで、いままで見えなかったものが見え、新たな市場が創造できます」。エンジンポンプでは海外を含め全世界でトップシェアを誇るようになったのも、この現場主義のたまものだ。第1次オイルショックで国内需要が冷え込んだ時から、海外に目を向け、2代目社長の小原勉氏が自ら各国を回って市場開拓に取り組んできた成果である。

徹底した現場主義のほかにもう1つ。小原英一社長が工進の強みとしてあげるのが、製造部門の省力化。「業界では例を見ない自動化設備を取り入れて人件費の節減と品質の安定に努めています」と話す通り、部品成形や溶接などの作業を中心にロボットを積極的に投入している。

この製造部門の自動化推進は、女性が楽に加工作業ができる環境づくりにもつながってい

▲インバーター発電機は人気商品の１つ

▲充電式小型チェーンソー

▲女性も扱いやすいコンパクトな洗浄機

▲エンジン式小型除雪機は使いやすさが好評

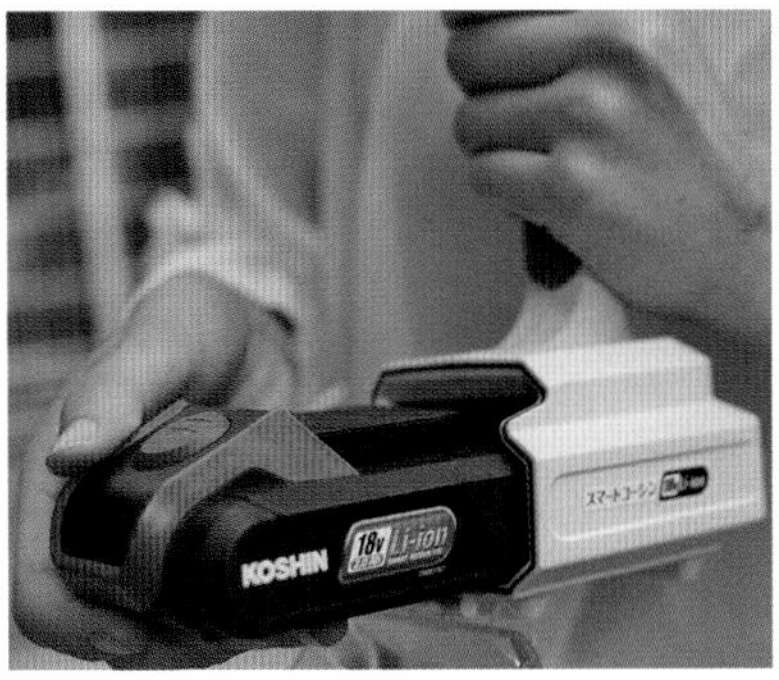

▲共通バッテリーシステム

▲充電式サイクロン掃除機

▲充電式の「スマートコーシン」シリーズの販売に力を入れている

る。「朗らかで楽しい和やかな職場を築く」と経営方針にある通り、女性も働きやすい職場環境づくりを徹底していることも同社の特徴であり、強みであるといえよう。直接生産に従事する従業員の正社員比率は半分以下。機械メーカーとしては女性の比率はかなり高い。

　販売店を回る女性のラウンダーも、同社は早い段階から投入している。女性ならではの感性で、現場のニーズをきめ細かく吸い上げて製品開発に生かしているほか、売り場づくりやイベント開催などでセンスを発揮し、販売店から喜ばれることが多いという。顧客の声を吸い上げるために設けたコールセンターでも、女性が活躍している。

欧米市場の開拓に力入れる

　2019年に3代目の経営トップに就任したばかりの小原英一社長。今後もポンプで培った製品開発力・信用力を武器に、時代のニーズに合わせて「新しい製品をどんどんつくっていきたい」と意欲を見せる。

　期待が持てるのは災害時の停電などに対応できる発電機だ。新型コロナウイルス感染症の拡大を受け、パンデミック（爆発的流行）のリスク回避を目的とした消毒剤の噴霧器も伸びそうな分野である。

　「海外市場の開拓もさらに進めたい」と語る小原社長。現在の輸出の主力は、農業インフラの整備が遅れている途上国向けのエンジンポンプだが、「世界的に排ガス規制が強化される傾向があるため、エンジンポンプをバッテリーポンプに切り替えていきます」。農業用途以外のポンプにも力を入れ、途上国の生活水準の向上に役立っていきたいという。

　全世界で150社ほどの企業と取引実績を持つ同社も、東南アジアなどの途上国に比べ「欧米市場の開拓は、まだまだこれからです」。自然災害や感染症のパンデミックなどへの対応は、先進国にとっても大きな課題。「環境対応にもなるポンプや発電機を中心に、市場を創造したいと思います」と、小原社長は抱負を語る。

「好きこそものの上手なれ」

小原英一

▲物流拠点としても機能する工進の本社ビル

COMPANY HISTORY

1948年	創業
1960年	中小企業庁長官賞受賞
1962年	科学技術庁長官賞受賞
1968年	長岡京工場新築
1972年	本社を長岡京市に移転統合
1985年	京都府より中小企業モデル工場の指定を受ける
1990年	中小企業庁より中小企業合理化モデル工場の指定を受ける
1992年	タイ・バンコクに工場進出
1993年	研究所棟新築 中国広東省に工場進出
1996年	配送センター新築
1998年	アルミダイカスト鋳造操業開始
2000年	金型製作工場新築
2002年	タイ配送センター竣工
2003年	中国浙江省の新工場竣工
2005年	タイ新工場竣工
2010年	中国浙江省にモーター工場設立、自社エンジン開発
2011年	R&I中堅企業格付aaa取得
2014年	本社に新工場・新研究棟竣工
2017年	「スマートコーシン」共通バッテリーシリーズ開発
2020年	仙台物流センター稼働

COMPANY PROFILE

◉代表者　代表取締役社長　小原　英一
◉住　所　〒617-8511
京都府長岡京市神足上八ノ坪12
◉設　立　1948年2月
◉資本金　9,800万円
◉事業内容
ポンプ・園芸機器・発電機等の製造および販売
◉URL：https://www.koshin-ltd.jp/

現在、同社は米国に販売拠点、タイ、中国に自社工場を抱えている。今後は販売会社だけでなく、「販売拠点に研究施設をつくったりサービスネットワークをつくったりすることも視野に入れています」という。海外売上比率は現在35％ほど。これを7割程度まで引き上げるのが目標だ。

年間売上高も長期的には、グループ全体で1000億円を目指す方針。現在の7倍に当たる規模だが、発電機など、海外だけでなく、国内のインフラ整備に関わる需要を考えれば、達成不可能な数字ではないと、小原社長は考えている。

手を挙げた人に仕事を任せる

「好きこそものの上手なれ」。小原社長が好んで使う言葉だそうだ。女性が多いこともあり、家庭的な温かさを感じる会社だが仕事は厳しい。

サントリー創業者・鳥井信治郎の愛用語である「やってみなはれ」の精神で、「この仕事をやりたいと手を挙げた人に全て任せるスタイルを採っています。製品開発者は1つの製品を最初から最後まで任せられるので何でもやらなければなりませんが、その分、やりがいは大きいはずです」と小原社長は語る。

1人で最後まで責任を負わなければならないというのは、確かに重い仕事だ。モノづくりが本当に好きでないと、こなせない仕事かもしれない。しかし、「新たな製品を世に出し、顧客から評価された時が本当にうれしい」と、前述の除雪機開発担当者はいう。その喜びが新たなモチベーションにつながる。工進の強さの秘密は、こんなところにあるのだろう。

CASE.013
Leading company

株式会社光明製作所
常に新しい技術開発を目指す給水分野のトップ企業

▲水と人の未来を、技術で拓く、光明製作所の本社

社会課題を解決するモノづくりを徹底

蛇口をひねると水が出てくるのが当たり前のように感じるが、災害時などに断水するとたちまち普段の生活が立ち行かなくなるライフラインの代表格である水道。張り巡らされた水道本管から各世帯への給水を担うのが光明製作所の給水装置製品である。重要な役割を果たしながら同社の名前が表に出ることは少ないが、世の中の課題解決のために付加価値の高い製品づくりを続けている。

同社の金村哲志社長は「給水装置の需要は人口減のため伸びるわけではないが、給水分野でもIoT化が進みつつあり、新たな製品が求められる」と見通しを語る。単に長い間、給水装置を製造してきただけでなく、新製品開発にも力を入れてきた自信があるからこその言葉だ。メーターのスマート化だけをとってみても、これまで後れをとってきた水道業界だが、だからこそ一気に転換が進むポテンシャルがある。今後の変化を見越し、同社としても「スマート化」をキーワードに新製品開発、普及に取り組む。生産プロセス

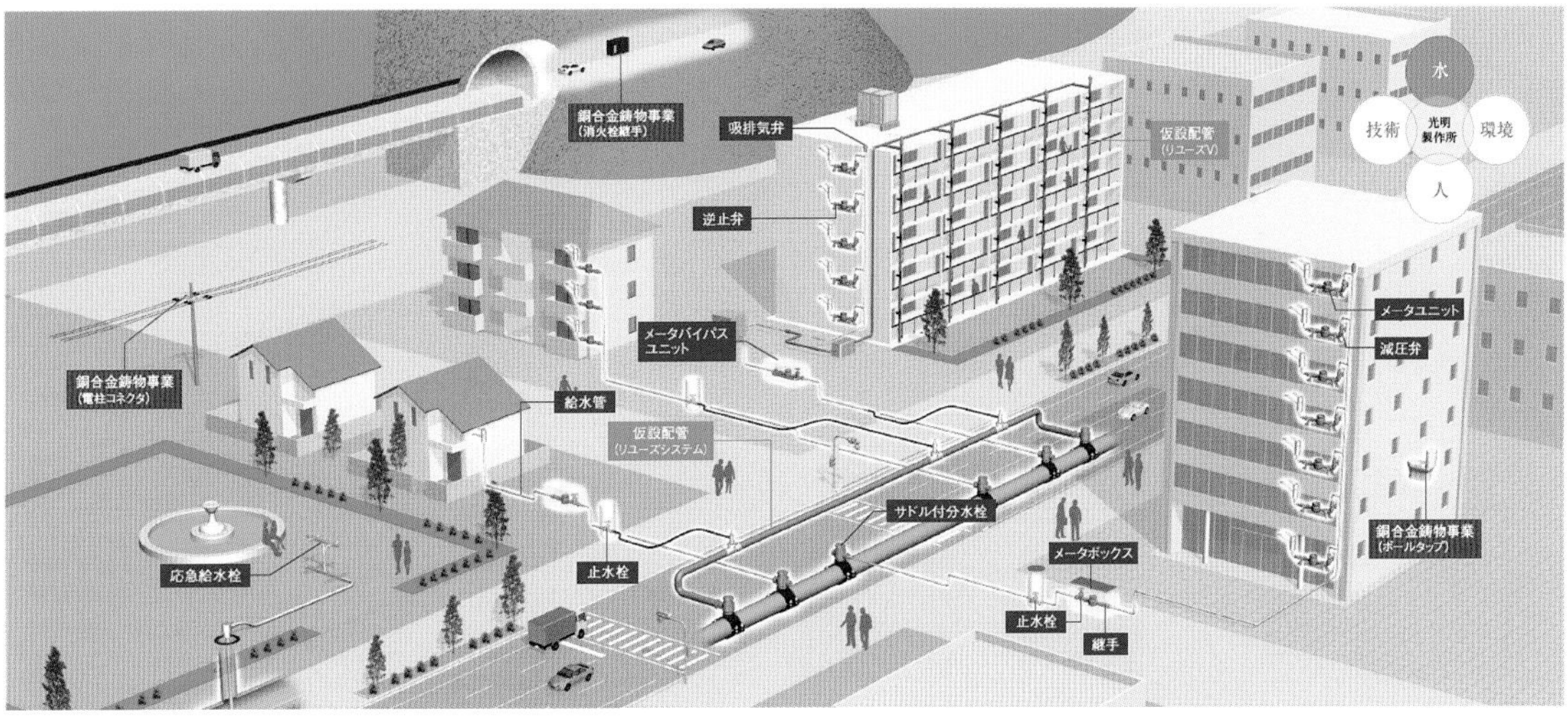

▲同社の多様な製品が水の流れを支えている

▲防災訓練でも活用されている仮設応急給水栓

も設計から鋳造、機械加工、組立、検査まで一貫体制を構築し、熟練の技と自動化を組み合わせて付加価値の高い製品を提供する。

給水装置と仮設配管システムが2本柱

分水栓や止水栓、逆止弁など給水装置のラインナップを充実するとともに、仮設配管のレンタル事業も事業の柱に育っている。仮設配管は老朽化した水道管の更新時に工事個所以外の部分をつなぐバイパスとし、断水回数を少なくすることができる。従来は塩化ビニル管を使い捨てで使用していたが、同社は傷がつきにくい高密度ポリエチレン（PE）管にすることで、繰り返し使用できるとともに施工性やリサイクル性も高まった。仮設配管システム専用工場を設け、使用済みの仮設配管部材を引き取り、専用の検査装置で品質を確認したうえで、洗浄・殺菌や破損部材の交換などを行い、衛生面を担保しながら何度もレンタルできるようにしている。

仮設配管システムは災害時にも活躍する。水道管が破損した際に、仮設配管によりいち早く給水を復旧できる。また災害時や緊急工事による断水時などに飲用水などを確保できるよう仮設応急給水栓も開発した。工具を使わずに数分で組み立てられ、複数の蛇口から給水できる。常備する自治体や町内会が増えている。同社の災害対応製品が評価され、2007年の兵庫県芦屋市を皮切りに、現在までに全国44の自治体と災害協定を結んだ。災害対応製品をいつでも供給できるようにしている。

さらに集合住宅の各戸への給水方式が従来主流だった受水槽方式から水質問題などで直接給水方式に切り替わっているのに伴い、2019年に集合住宅向け仮設配管システム「リユーズV」を開発し、高い評価を得ている。

給水装置と仮設配管の両製品を有し、セット販売を展開可能なことが同社の強みとなっている。給水装置はこれまで関西圏を中心に、トップクラスの納入実績を持つ。仮設配管も2007年に東京都水道局に採用され

▲リユーズV（縦型配管用レンタルシステム）

▲仮設配管システムが水道布設替工事において活用されている

▲マルチ止水栓

▲検査設備を多数導入している。右は実流実験設備、左は縦型実験棟

▲熟練の技と充実した設備から高品質な製品を生み出す

たのを契機に急速に広まった。両製品によって強固な経営基盤は、次代の新技術、新製品開発につながっていく。

実績を上げて社長を継承

金村哲志社長は、２０２１年1月に就任したばかりの3代目社長。米コロラド大学ボルダー校で会計学、ファイナンスを学び、08年に卒業した後は知識を生かせる場としてみずほ証券に入社した。「いつか光明製作所に」という考えは頭にあったが、面白く仕事をしているうちに「このまま（みずほ証券で）働き続けようか」と思っていたという。

だが、会社からシンガポール赴任を打診されたときに、父で前社長の金村時喜氏から「いい加減にしろ」と雷が落ちた。さすがに観念して11年に光明製作所に入社。勉強を兼ねて製造現場をひととおり経験、生産管理室をつくって生産改革に全力を挙げた。膨大な部品在庫から必要な部品をピッキングできる自動倉庫を導入し、生産性を高めた。「周囲は将来の社長として自分を見ている。結果を残さなければ本当の意味で認められない」と自身に結果を残す使命を課し、がむしゃらに取り組んだ。その後、営業の管理職になっても「現場に出てなんぼ」と自ら得意先を回り、輝かしい実績を上げた。

36歳で社長に昇格したいま、金村哲志社長は先代が繰り返し口にしていた「オンリーワンを目指せ」を引き継ぐ。先代は「時代に合った環境に優しい製品の開発」を掲げ、開発力を高めるために、製造設備のみならず、品質保証を徹底するため実験設備、検査設備を金に糸目を付けずに導入してきた。給水装置製品などの性能を実証するために、実際に水を流して検査できる実流実験設備を自社で製作、さらに集合住宅での製品性能を試験するために本社工場敷地内に6階建てマンションを想定した実験棟を建てたほどだ。充実した設備を引き続き活用しながら、新製品開発、製品性能の向上に全力を挙げる。

開発に力を入れる根底には

「小さな巨人を目指す」

金村哲志

▲36 歳の若さで就任した金村社長。その手腕で水道業界での同社のプレゼンス向上につなげた

「世の中の困り事を解決していくことがメーカーの使命」という思想がある。安心・安全な水の供給に貢献するとともに、社会的課題となっている環境問題への対応を両立する。

もちろん先代から引き継ぐだけでなく、新社長独自の考えもある。「水道工事業者は全国的に高齢化が目立っている。当社として工事部隊も持てないか」と時代に即した問題を提起。事業承継が難しくなっている既存の工事業者のＭ＆Ａを進め、工事部隊の組織拡大を狙う。

水道事業を基盤に新たなフィールドへ

水道設備業界は納入先のほとんどが全国の自治体。新しい製品を認めてもらうには時間がかかりがちだ。だが、金村哲志社長は「良いモノをつくって性能を認めてもらえれば、必ず横展開できる」と信念を持つ。たとえ会社の規模は小さくても、磨きをかけてきた技術力、営業力を発揮すれば道は開ける。「小さな巨人を目指せ」を合い言葉に、先々代、先代と実績を積み重ね、いまの地位を築いてきた。

水道業界で築いた確固たる地盤に、これから積み重ねようとしているのは非水道分野の仕事。金村社長は「水道関連からかけ離れずに、これまで開発した技術を生かせるフィールドは広い」とし、電力や船舶、消防関連などの新たな事業分野にも挑む。

COMPANY HISTORY

1947 年	大阪市生野区巽西足代町に光明製作所を設立
1959 年	日本水道協会検査工場（登録番号第 Q-19 号）
1969 年	大阪市生野区生野東 3 丁目に本社を新築移転
1969 年	日本工業規格表示許可工場
1998 年	ISO 9001：2000 取得
2000 年	ISO 14001 認証取得 JQA-EM1234
2001 年	リユーズシステム事業開始
2004 年	和泉市テクノステージにリユーズ工場完成
2015 年	和泉市テクノステージに本社・工場を新築移転
2016 年	会社創立 70 周年記念事業を実施（日本水道協会大阪支部等へ仮設応急給水栓寄贈など）
2017 年	集合住宅専用仮設配管レンタルシステム「リユーズ V」事業開始
2020 年	千葉県野田市に関東工場新設

COMPANY PROFILE

●代 表 者　代表取締役　金村　哲志
●住　　所　〒 594-1144
大阪府和泉市テクノステージ 1-4-20
●設　　立　1947 年 12 月 2 日
●資 本 金　2,000 万円
●事業内容
水道器具製造販売、サドル付分水栓、止水栓、ポリエチレン管金属継手など給水器具一式。仮設配管資材「リユーズシステム」、縦型配管用レンタルシステム「リユーズ V」、応急給水栓、メーターユニットなど。
● URL：https://www.komei-ss.co.jp/

CASE.014
Leading company

三和化工紙株式会社

蝋引き紙から加工の幅広げる食品包装紙のリーディングカンパニー

▲紙雑貨ブランド「Jolie poche（ジョリー ポシェ）」では、ワックスペーパーを用いたバッグや折り紙、ラッピングキットなどを展開

スキル・知識・人間性を高める人材育成

プラスチックフィルムが普及する以前、食品包装材といえば蝋引き紙（ワックスペーパー）という時代があったのを覚えている人も多いだろう。キャンデーの包み紙、塩昆布の表紙、鮮魚や総菜を入れる袋など様々な場面でワックスペーパーが用いられていた。耐水性に優れる特性が評価されていた。

三和化工紙は１９５７年、三和蝋紙所としてワックスペーパー製造で創業した。当時はワックスペーパーの全盛期だったが、１９７０年の大阪万博で食品包装材としてポリエチレン（ＰＥ）が登場して以降、合成樹脂にとって代わられ、ワックスペーパーの需要は急激に減少していった。同社はワックスペーパーの製造を続ける一方、合成樹脂やアルミ箔などを組み合わせて加工するワックスラミネートやドライラミネートなどの多様な包装材加工技術を身に付けた。

もともと食品向けを中心としてきただけに衛生面を確保できる製造設備、検査体制も整っていた。三井貴子社長は「加工設

▲従業員が新しいことに挑戦する喜びを味わえる会社づくりを目指す三井社長

▲管理職によるミニ学習会で原材料の特性などに関する知識を深めている

備とそれを使う人は揃っている。良いモノをつくれる力を生かすため需要開拓に挑戦する」と、食品以外や包装材料以外にも用途を広げることを誓う。

ストック受け継ぎダム式経営

三井貴子社長は創業者・三井一也氏の子。大学卒業後は情報機器メーカーに6年勤務、中学校教師を3年間務めた経験を持つ。1999年に三和化工紙に入社した。幼い頃から祖父母に「ゆくゆくは会社を継いでくれれば」と嘱望されていたというが、父の考えが違ったこともあり、外で勤務することを選んだ。しかし、本人は常に「サラリーマンではない生活を望み、起業も考えていた」という。思いを実現するために、振り返ると三和化工紙という格好の器があった。

子供の頃から「キャンデーの包み紙をつくる工場」ということは理解していたが、会社の中身を詳しく知っていたわけではない。実際に入社してみて気づくことが多々あった。充実した加工設備と社員の卓越したスキルに手応えを感じた。何より健全な財務状況が安定経営の源となっていた。父の代から無借金経営を続け、それなりの蓄財があった。「顧客に望まれることがあれば、貯えをもとに設備投資ができるダム式経営が最大の強み」と認識。「情報さえ集められれば、すぐに手を打つことができる」と新たな需要開発に向けて、顧客からの情報収集に努めている。

アナログ機械を〝腕〟で操る

食品包装材の変遷に対応して、同社でもワックスラミネートからホットメルト、ドライラミネートなどの加工設備を順次導入してきた。食品包装材は機能性の高いフィルム同士やアルミ、紙などを組み合わせたドライラミネートが主流になっている。ドライラミネート加工には大手印刷会社などが相次いで参入、三井社長は「全国に200社はあるのではないか」と競合の激しさを語る。

激しい競合の中で、三和化工紙が勝ち残る強みは何か。祖業

▲スリットの確認

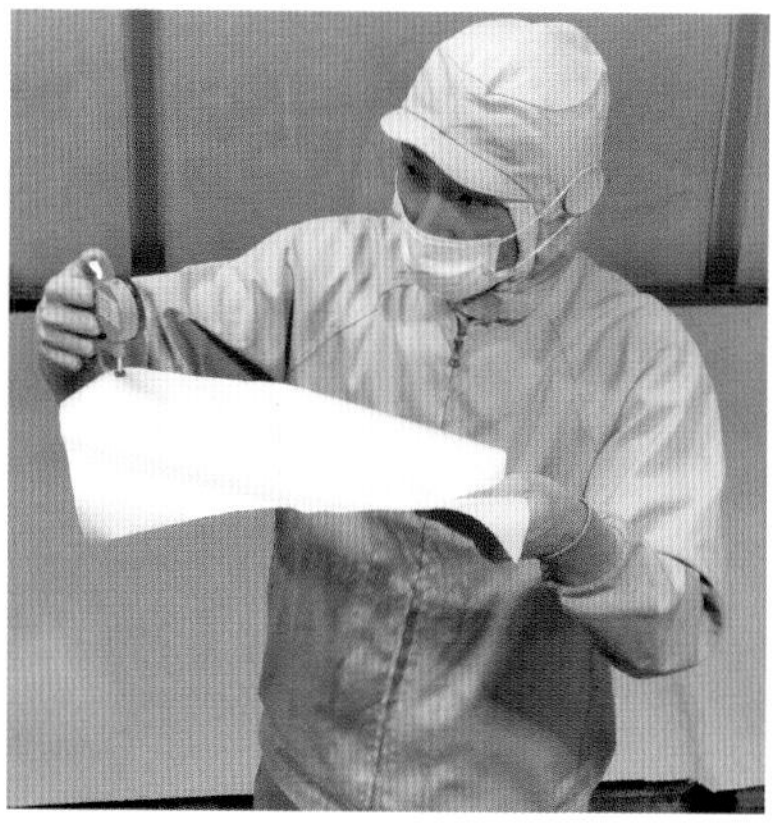

▲厚みの計測

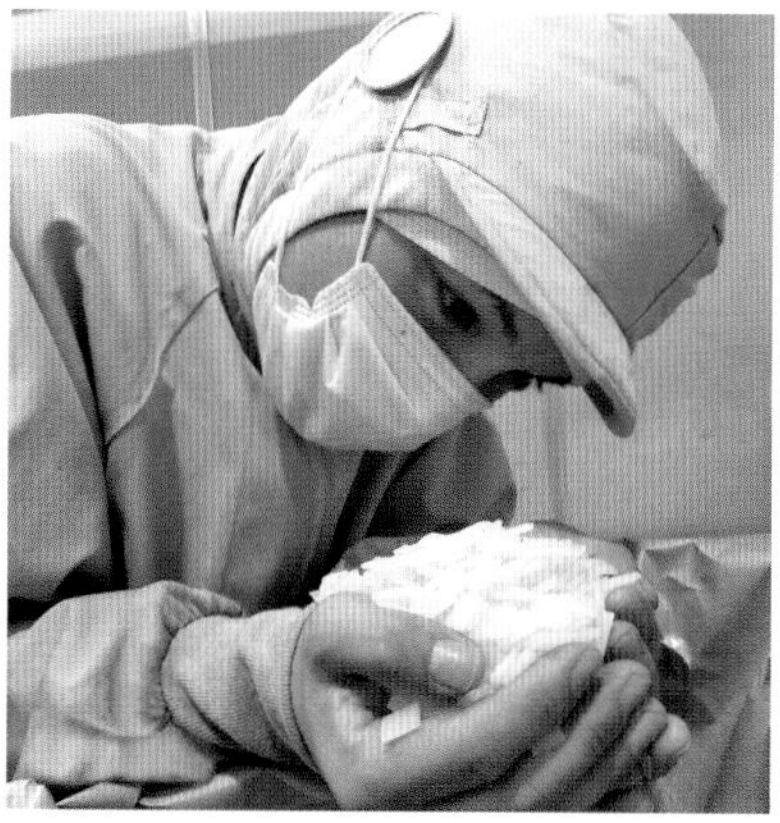

▲原料の確認

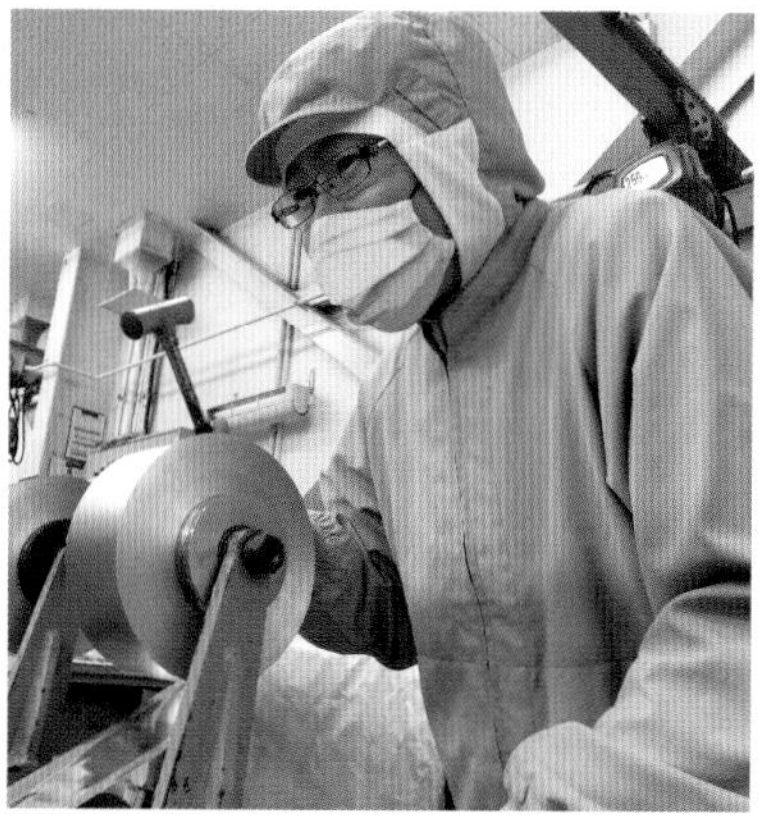

▲ストライプ作業

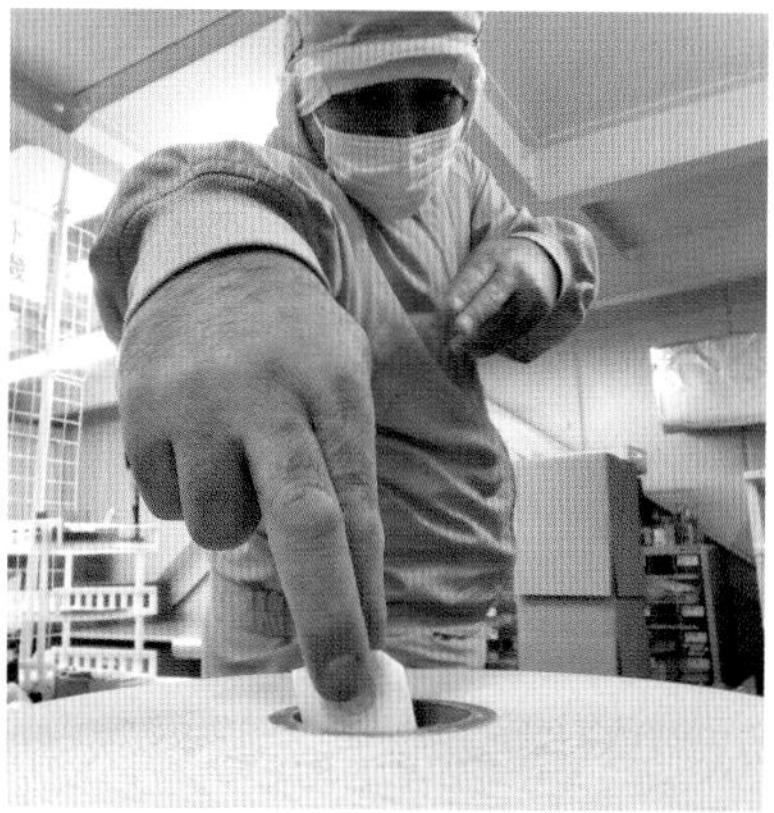

▲ラベル貼り

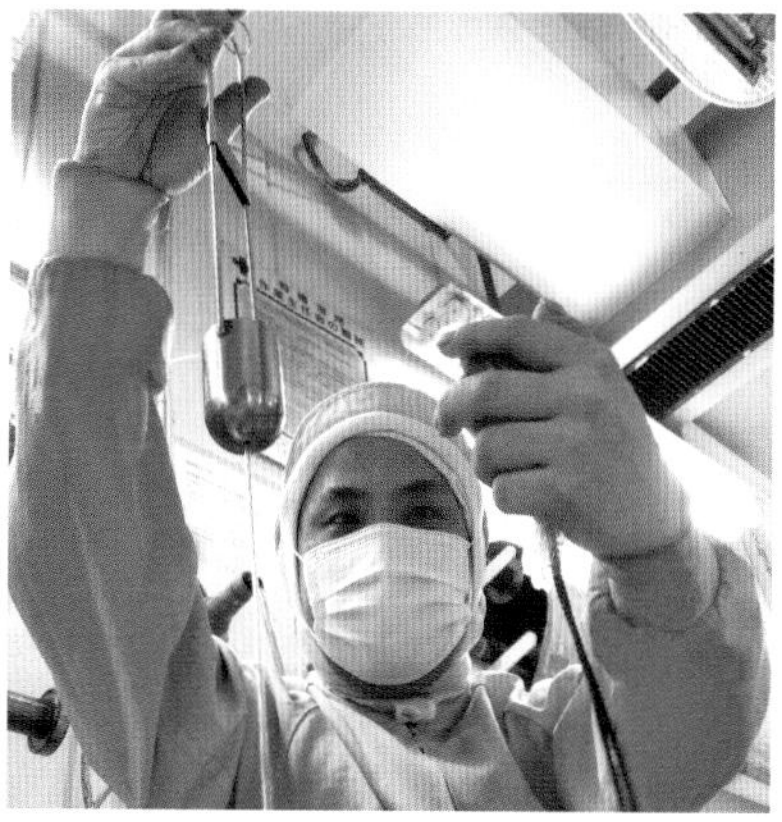

▲粘度の確認

▲長年の経験でアナログ機械を巧妙に使える人材が同社のモノづくりを支える

である蝋引き加工はもとより、ドライラミネート加工などの設備も大手が保有する最新設備に比べると古いものが多い。ちょっと聞くと弱みにも思える設備の古さだが、三井社長は「長年の経験でアナログ機械を巧妙に使える人材がそろっている」と逆に強みと捉える。厚さ7㎛のアルミを極薄の紙に貼り合わせる。「スマートフォン画面に薄い防護カバーを貼り付けるのを想定してもらえればわかる」と三井社長が笑うように、平坦に貼り付けるのは非常に難しいが、アナログ機械を自在に調節しながら扱う数値化できないスキルで自動機以上の品質を可能にしている。

もちろんスキル向上を社員まかせにするのではなく、社内での教育にも力を入れている。技能継承を図っているほか、研修ソフトも充実している。品質マネジメント規格であるISO9001認証を取得することで、社員のモノづくり品質に対する意識も高まった。軟包装衛生協議会の認定工場としても登録され衛生面の意識も高まった。

ワックスペーパー復活の兆し

同社が創業以来続けてきたワックスペーパーは合成樹脂材料に駆逐されるかたちで需要減が続いた。社長就任後の2002年頃にはワックスラミネート加工を行う設備がまったく稼働しない日もあった。同業他社が廃業していくのを横目に、同社は営々とワックスラミネート設備を動かしてきたが、最近になってワックスペーパーが再び見直される機運にある。その要因の1つは、脱プラスチック、脱フィルムの動きだ。環境問題がクローズアップされ、分解しないプラスチックの使用量を削減しようという傾向が強まっている。

同社ではこの動きを捉え、ワックスラミネート設備を活用して用途拡大に取り組んでいる。自社の紙雑貨ブランド「Jolie poche（ジョリー ポシェ）」で、ワックスペーパーを用いたバッグや折り紙、ラッピングキットなどの商品を国内や米国で展開している。か

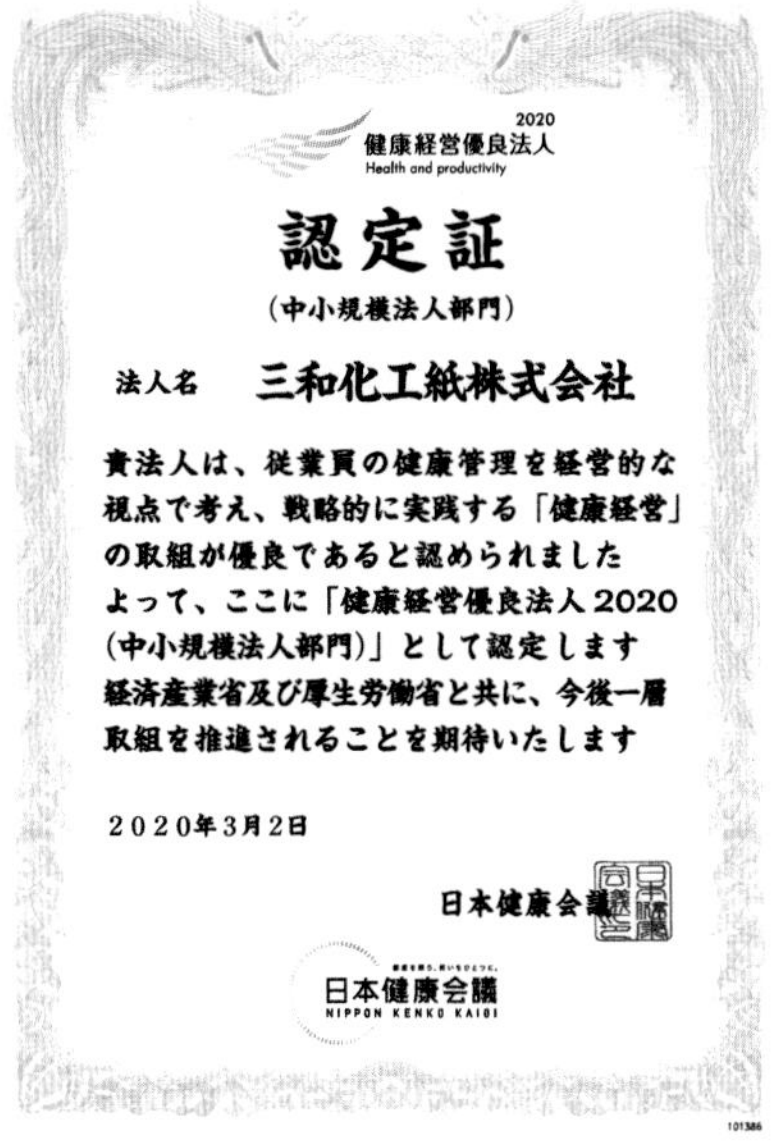

2020
健康経営優良法人
Health and productivity

認定証

（中小規模法人部門）

法人名　三和化工紙株式会社

貴法人は、従業員の健康管理を経営的な
視点で考え、戦略的に実践する「健康経営」
の取組が優良であると認められました
よって、ここに「健康経営優良法人2020
（中小規模法人部門）」として認定します
経済産業省及び厚生労働省と共に、今後一層
取組を推進されることを期待いたします

2020年3月2日

日本健康会議

日本健康会議
NIPPON KENKO KAIGI

▲2018年には健康経営優良法人に認定

▲チームワークの良さも強みの１つ

「人の可能性を信じている」

三井貴子

COMPANY HISTORY

1957年	大阪市東淀川区に三和蝋紙所を設立
1962年	本社工場を大阪市東住吉区へ移転
1975年	関東地区の得意先分割のため、三和化工紙を設立
1979年	本社工場を現在地に新設
1993年	軟包装衛生協議会認定資格取得
2002年	ISO 9001：2000 認証取得
2017年	ISO 9001：2015 認証取得
2018年	健康経営優良法人認定

COMPANY PROFILE

●代 表 者　代表取締役　三井　貴子
●住　　所　〒582-0027
　　　　　　大阪府柏原市円明町1000-7
●設　　立　1957年5月2日
●資 本 金　1,700万円
●事業内容
ワックスラミネート、ドライラミネート、ホットメルト、エンボスなどの加工による包装材料製造。
● URL：http://www.sanwa-kakoshi.jp

つて普及していた時代を知らない世代にも、ワックスペーパーを実際に手に取ってもらえる機会を増やし、風合いや機能性を生かした新たな需要創出を目指す。

健康経営を基本に人づくり

「モノづくりは人づくり」「事業は人なり」という言葉があるように、同社は人材教育を熱心に行っている。毎週月曜に全体朝礼を開くほか、管理職による業界動向や原材料の特性などに関するミニ学習会を行う。技能に関する教育だけにとどまらず、組織全体の意識向上を目指し、人間教育にも取り組む。教師も経験した三井社長の「人の可能性を信じている」という考えをもとに「もっと楽しい世界に来ようよ」と従業員に新しいことに挑戦する喜びを味わえる会社づくりを目指す。効果は、積極的な自社製品開発アイデアの提案や外部からのクレームが極端に少ないという結果に表れている。

　同社の経営理念は「全従業員の物心両面の幸福の理想を追求し、世界の人々の笑顔を願い、日々の暮らしに貢献すること」。これを実現するための基本は健康にあるとし、2016年には社員の健康を経営資源の1つと捉える「健康経営宣言」を行った。2018年には日本健康会議の健康経営優良法人に認定され、三井社長自身も経営を学ぶ。父が残していた、京セラ創業者の稲盛和夫氏の経営講話集を読み、同氏の経営塾「盛和塾」に学んだ。そこで得たものを社員向けの勉強会で共有しながら、会社全体のレベルアップを目指す。

▲公益財団法人石橋財団アーティゾン美術館に採用された縦軸回転扉
意匠性にも優れる

CASE.015
Leading company

三和鋼業株式会社
大型・特殊扉に特化し独自の地位を築く

「台車工法」を核に存在感を高める

建築業界でドアや窓の業務に携わっていた坂手司郎氏が1970年6月、兵庫県尼崎市で創業した三和鋼業。以来、鋼材製の大型扉を専門に扱う。創業当時、大型扉の専門メーカーはなく、事業成立する可能性を見い出したことが起業のきっかけ。主力工場は岡山県真庭市に位置する。岡山県は創業者の出生地でもある。

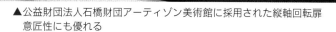

大型扉という特殊性から顧客は官民半々で、官公庁では航空機の格納庫などが、民間では造船関係が中心となり、最近では水害対策の防潮扉の依頼も舞い込む。

対応できる最大のものは1枚で縦横20mの実績がある。例えば、国立研究開発法人防災科学技術研究所兵庫耐震工学研究センター（兵庫県三木市）では、実験を行う実験棟やその準備棟にも採用されている。鹿児島県の種子島宇宙センターに縦23mの扉はあるが横幅は短く、逆に横幅が20m以上あっても縦が短いものもある。開口部だけだと100mを超えるクラスもあるが、いくつかに分割されており、

▲2016年より経営のかじ取りを担う板垣社長

▲高度な品質管理のもと同社の大型扉は製造されている

扉1枚の表面積では三木市が最大という。

他社に先駆け自分たちの手で

こうした大型扉を扱うために開発したのが特許技術の「台車工法」だ。大型扉の据え付けは、扉を現場に持ち込みクレーンで吊り上げて設置する。大型になるほどクレーンも複数台必要になり、作業スペースの確保が必要。作業に危険も付きまとう。

台車工法は、扉の下部約1〜2mまで台車を製作して現場に据え付け、上部の材料を現場で組み上げる。機構には、テコの力点と作用点の関係を応用しスムーズな動きにつなげた。

一般鋼材のサイズも工法開発のヒント。おおむね12〜13mの定尺で販売されるが、大型扉では足りなくなることも。例えば15mの扉の場合、定尺だと寸法は足りないが、「台車を活用すれば継ぎ足す必要もなく材料の無駄も省ける」（業務推進課・板垣克英氏）わけだ。心臓部の台車は工場で製造するので、安全性や信頼性も担保する。動かし方の仕組みも上部に組み入れた電線からの電気がモーターと車輪に伝わり、扉を開閉する。

3K職場解消のため現在ではロボットで代用するケースがあるが、扉では「非現実的だから、製品の構造改革で3K回避に取り組んだ結果だ」（同）という。そこには専業としての50年の実績と、他社に先駆け自分たちで考えたかったという思いがこもる。

大型扉と並ぶ主力製品に特殊扉がある。特殊性能を持たせ、水圧や風圧、放射線対策のほか最近では津波や竜巻対策にも使われる。サイズは一般の扉と同じでも、強度計算にもとづく鋼材選定などを行い設計される。しかし、こうした設計だけでは済まない。扉の開閉方向によって圧力の考え方が異なり、材料や厚さ、製造方法に影響するため、「費用対効果を最大限引き出すため設置条件の検討をお願いする」こともあると板垣氏は話す。建築業界でも建具としての感覚が強いのはもちろんだが、特殊な扉だけに作業が進んでからの対応は難しい。設計段階から綿密な打ち合わせは必須

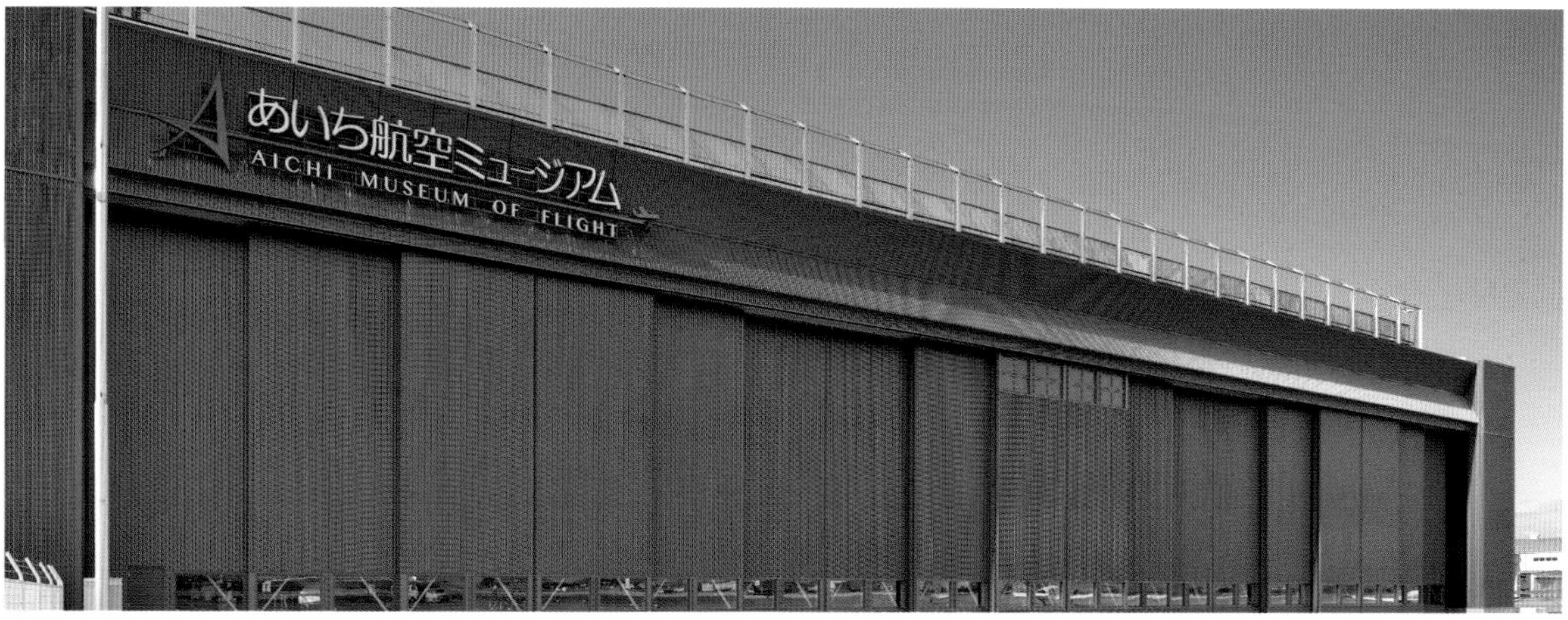

▲あいち航空ミュージアムにも同社の大型扉が採用されている

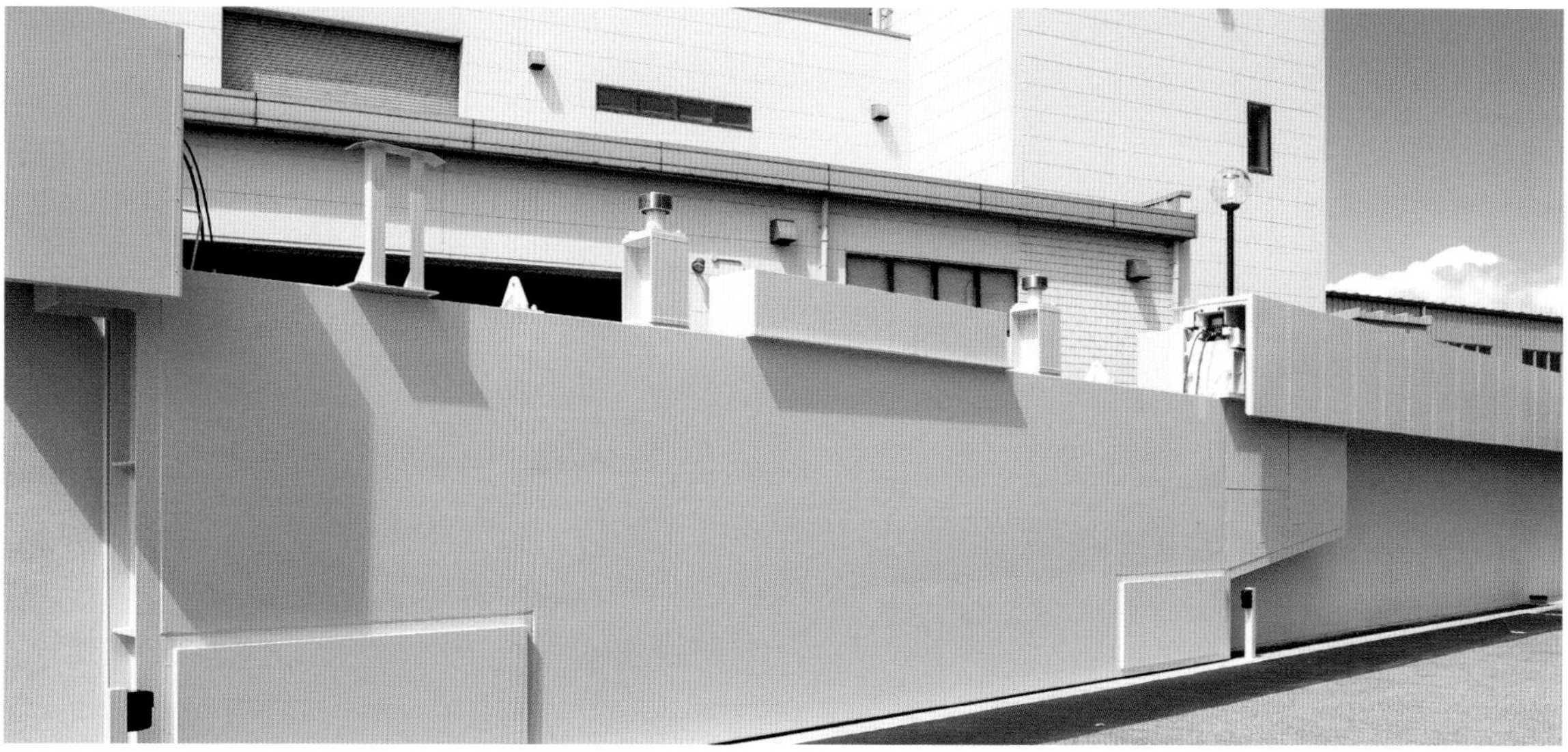

▲最近は水害対策の防潮扉の製作依頼が多い

となる。

19年が本当の株式会社元年

各種扉で過去最も扱い量の多かったのはゴミ処理場の焼却炉内でパッカー車がゴミを排出する場所の扉で、北は北海道、南は鹿児島まで三和鋼業製が納入されている。ただ、施設の設計やシステムの進歩から扉が不要になるケースが出始めている。さらに、新たな需要先として視野にあった大型扉・特殊扉の依頼もコロナ禍をきっかけに見通しが不透明になってきている。しかし、板垣氏は「コロナ禍が終息すればこれまでの技術力やノウハウは強みだし、台車工法は有利に働く」と自信を深める。

そのうえで企業の存在を社会にいかに広められるかを課題に掲げる。同社は工場が岡山にあるものの拠点は兵庫県尼崎市だけで、営業活動には商社の力を借りていた。しかし、最近は顧客からダイレクトな問い合わせも増える。コロナ禍の在宅勤務で、インターネットの活用が増えたことも影響する。そこで認知度向上を目指し、ホームページのリニューアルにも取り組んだ。

「いつの時代でも扉はなくならない」。創業者も板垣眞輝恵社長もこう口をそろえる。新しいビジネスモデルが生まれ、いつまでも商社に力にだけ甘えてばかりではいられない。それだけに〝町工場〟感が満ちあふれる企業のままではいけないわけで、企業として従業員としての意識を高める必要性を痛感する。

そこで、板垣氏を中心に社内の責任者や組織、役割などを改めて明確化し、チームとしてのコミュニケーションや体制づくりに着手した。板垣氏は「2019年が本当の意味での株式会社元年」と捉える。企業を支える従業員のステップアップとともに、仕事への取り組み方、顧客への対応の変化が必要なだけに、19年を〝エポックメーキング〟にする考えだ。

一方で、技術力には長けるが、依然、横のつながりの弱さや個人事業主の集まりで、足し算になりがちな空気をどのようにかけ算にできるかに腐心する。18年に「はばたく中小企業・小規

「できないとあきらめず、どうすればできるかを突き詰める」

板垣眞輝恵

▲大分県立美術館に設置したフォリオアップドア

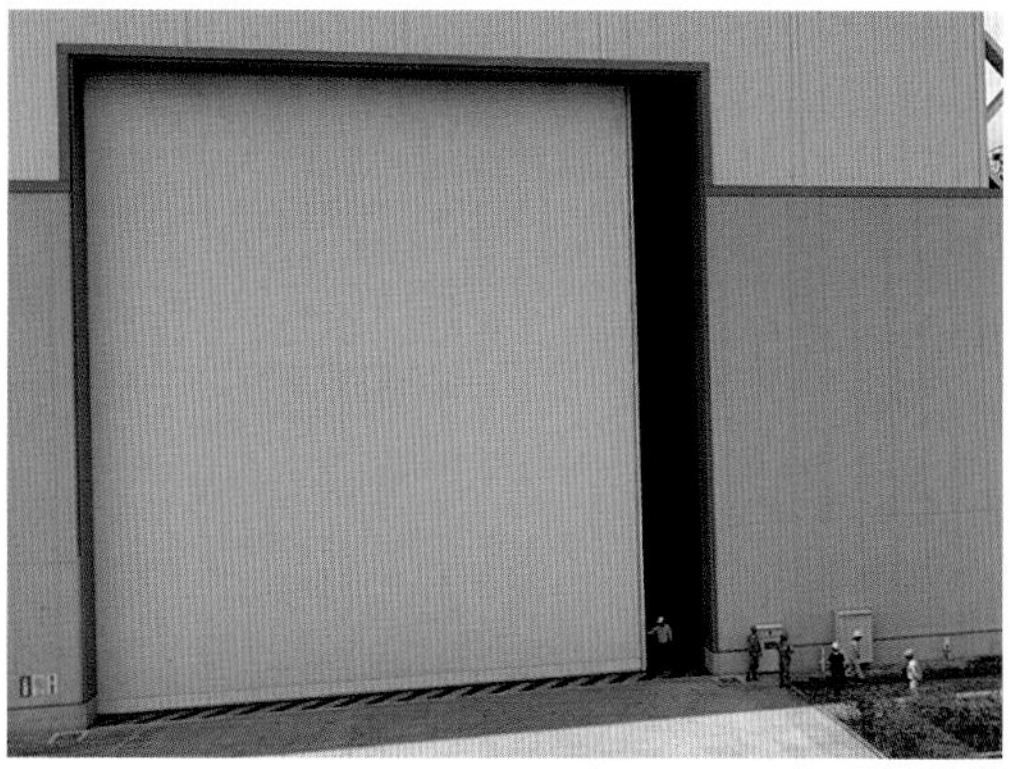

▲兵庫耐震工学研究センターでは同社が製作した巨大扉が実験棟などで採用

模事業者300社」の担い手確保部門に選出され、優れた人材を抱えるからこそ、がんばる人が正当に評価されなければと人事評価制度も導入した。評価制度の導入は拒否反応もあることを想定していたが、「みんなが納得するよう丁寧に対応したこと、社員1人ひとりの中で変わっていかなければならないという想いがあり意見を聞いてもらえたことが心強かった」と板垣氏は振り返る。

機能追求で差別化を図る

扉はなくならない。しかし、機能には大きな変化の局面が生まれている。板垣氏は「その追求が将来を左右する」と認識する。その一環で開発したのが、特殊中折れ扉（フォリオアップドア）だ。フォリオアップドアは扉が上下に2分割され開閉する。建築関係では新しいものが出ない中、新たな開閉方式はインパクトが大きく、実用新案も取得。すでに大分県立美術館や成田国際空港の出発用保安検査場に納入。ほかにも公益財団法人石橋財団アーティゾン美術館での縦軸の回転扉など人の目に触れる場所への採用も続く。認知度向上の絶好の機会になる。意匠に特化していることから、「大きな武器となるし、そうしなければ」と板垣氏は力を込める。

防潮扉もビジネスチャンスを迎えている。同社が開発するのは水漏れのない扉。グレードは高いが、鋼材だから価格を抑えられるところで差別化を図る。また、耐震とは異なり数値化が難しかった防水関係に誕生した等級取得を目指し、対策づくりに余念がない。潜在需要は大きいからこそ水が漏れない価値を前面に出し、「鋼材で無骨だが守備力の高い扉を供給する」と板垣氏はチャンスとみて突き進む。

創業者は常に「扉は誰でもつくれる」と口にしていた。だからこそ、高付加価値化とともに何をつくるかを肝に銘じる。『できないとあきらめず、どうすればできるかを突き詰める』。創業者や板垣社長の口癖だが、これに尽きる。継続する努力は並大抵ではないが、それを実行する力が三和鋼業にはある。

COMPANY HISTORY

1970年	兵庫県尼崎市潮江上佃3番地に設立
1976年	同市内に新工場を建設移転
1985年	岡山県真庭市に岡山工場新設
1993年	尼崎市内に第2新工場新設
2002年	岡山工場に新建屋を増築
2013年	「大扉システムの生産方法」で特許取得
	第3回あましんグリーンプレミアム環境事業部門賞受賞
2016年	創業者・坂手司郎氏が取締役会長に、板垣眞輝恵氏が代表取締役に就任
2018年	経済産業省から「はばたく中小企業・小規模事業者300社」担い手確保部門受賞

COMPANY PROFILE

●代表者　代表取締役　板垣　眞輝恵
●住　所　〒661-0978
兵庫県尼崎市久々知西町2-39-2
●設　立　1970年6月12日
●資本金　1,000万円
●事業内容
大型扉、特殊扉の鋼製建具製造業・工事業。開口部の仕様に合わせた企画、設計、製作、施工および保守点検
● URL：https://sanwa-door.jp/

CASE.016
Leading company

昭和化工株式会社

有機・無機合成による化成品を幅広く展開

▲毎年4月3日には人文字で社員同士の団結力を高めている。2020年4月3日撮影の「据」

酒石酸、クエン酸など有機酸でも圧倒的強み

「普通のことを普通にするだけ。それが経営だと思っています」。化成品を幅広く展開するメーカー・昭和化工の小椋浩之介社長はこう語る。

　同社の創業は1918年。小椋現社長の祖父・小椋荘之助氏が大阪市内に立ち上げた工業用薬品・試薬メーカーの小椋製薬所が始まりである。100年を超える老舗だ。24年にわが国で初めて、駆虫薬などに使われる吐酒石（酒石酸溶液に三酸化アンチモンを加えたもの）の製造を開始し、その後、酒石酸・クエン酸といった有機酸や医薬中間体など生産品目を拡大して成長してきた。現在の社名になったのは43年である。

　その昭和化工も、バブル経済の崩壊による不況のあおりで、一時債務超過になるなどの苦境に陥ったため、米国で企業経営をしていた小椋浩之介・現社長が、米国から日本に呼び戻されたのが2000年。09年には3代目社長に就任して経営の立て直しを進め、成功させてきた。

　その小椋社長が推進したのが「究極の普通を求める経営」。

▲吹田市にある本社社屋

▲1932年操業の本社工場

「会社は公器と考える。これが普通の経営です。売る人、買う人、つくる人の立場を守っていくこと。会社は公器なのですから、存続をさせなければなりません。売上を下げないようにするのが大事です。10円のものを12円で売れば、そこに付加価値が生まれます。その売上を伸ばし、また、無駄をなくす努力をしていけば利益が出ないわけがないのです」

ごく普通の考えというわけだが、米国で企業経営の経験を積んできた人らしい、説得力を持つ発言である。

世の中に必要なものをつくる

もちろん世の中に必要なもの、そして、ほかではつくれないものを生み出しているからこそ付加価値は生まれる。昭和化工の現在の扱い品目は極めて多岐にわたるが、大きくは次の3つに分けられる。すず化合物を中心とした無機合成品と、医薬中間体などの有機合成品、そして、酒石酸、クエン酸などの有機酸だ。

吐酒石は副作用の問題があり現在では生産していないが、伝統の国産品の酒石酸、クエン酸に関しては、同社がほぼ国内市場を独占している。酒石酸はブドウからワインを製造する過程での搾りかすから取れる有機化合物。食品添加物のほか洗浄剤やpH（ペーハー）調整剤などに幅広く使われる。半導体の製造過程でも使われるほど、世の中になくてはならないものだ。

小椋社長によると、「戦時中は潜水艦で敵艦を探知するために必要な薬剤としても、当社の酒石酸の一種が使われた」という。工場はすでに吹田に移転していたが、この工場が軍需工場化していたのだ。ただ、そのような経験を経てきているため、〝酒石酸の昭和化工〟という一種の企業ブランドができている。これは同社の強みだろう。

クエン酸も食品添加物として多く使われ、爽やかな酸味を出す添加物として、私たちにもなじみが深い化合物だ。世の中になくてはならないものである。

同社が圧倒的強みを持つ製品は、ほかにも数多くある。例え

▲ワインの搾りかす（左）を精製すると白色の酒石酸（右）となる

▲インド子会社といかるが乳業との協力で創業したインド乳業会社のオープニングセレモニー

▲社員家族による工場参観はいつも盛況だ

▲2018年は100周年を記念して「祝」をかたちづくった

ばすず化合物。自動車などに使うめっき薬としての用途が大きいが、薬品をつくる際の触媒としても使われる。すず化合物の特徴は日持ちがしないことだ。「すぐに酸化してしまうので、2カ月からせいぜい4カ月くらいしか持ちません。海外からの輸入品に頼るのではなく、地産地消に近いかたちでないと使えないのです」と小椋社長は話す。そのすず化合物を製造している企業も国内では2～3社しかないという。

　また、航空機用に主に使われる炭素繊維強化剤も、同社の得意分野。やはり日本国内では3社ほどしか製造しておらず、米国のボーイング社や欧州のエアバス社などの機体での使用実績が豊富である。

ユーザーの声が届くように

　このように圧倒的強みを持つ製品を数多く世に送り出している昭和化工だが、同社の強みは製品構成だけにあるのではない。ビジネスの仕方にもある。2000年以降、同社は販売方法を、卸業者を経由しない方式に変えている。小椋社長によると、「用途はお客さんが開発するものです」。末端の声が直接届くようにして、ユーザーの要望と合致する特徴を持つ製品を提案するようにしたのだ。「必要なときに必要なものを必要なだけつくるようにしています」。小回りの利く同社ならではのビジネススタイルである。

　徹底的に無駄を省き、仕事第一の職場づくりを進めてきたと言う小椋社長。最終形が見えない化成品メーカーだけに、社員のモチベーションを維持するのが大変だが、「ユーザーの下で最終的にどんな製品になるか、そのリストを社員に見せるようにしています」。

　「今日できることは今日やろう」が、小椋社長の座右の銘。この「見える化」によるモチベーションの向上策で、できることをすぐに実行に移すという、社員の前向きな姿勢を引き出す。これも小椋社長の陣頭指揮の巧みなところだろう。

　今後の目標は海外市場の開拓。すでにブラジルやインドと

▲巧みな陣頭指揮で社員のやる気を引き出す小椋社長

「普通のことを普通にするだけ」

小椋浩之介

いった新興国に現地法人を設立して、海外市場への展開を進めているが、「現在の海外売上比率はまだ15%程度。これを当面30%に引き上げたいと思います」と、小椋社長は目標を語る。

確実に伸ばしていきたいと考えるのは、これら新興国で需要が大きいと思われる食品添加物だ。また、高齢化対策が各国共通の課題となっているため、食品そのものを扱うことも視野に入れている。「流動食の研究をすでに進めています。食品開発に関する地元の大学との産学連携プロジェクトも提案中です」と、小椋社長は明かす。

同社の製品のほとんどすべてを生産する工場がある地元・大阪府北摂地域に対する思いは強い。地元の大学との連携もその表れであろう。吹田市に本拠を置くサッカーJ1チームのガンバ大阪との結びつきの強さも、その地元愛の発露だ。100%子会社のいかるが乳業が、ガンバ大阪のスポンサーとなっており、ユースチームに牛乳を提供するなどの活動を展開している。

また、吹田市の本社工場の参観日を設け、社員の家族を工場に招くといったイベントも開催している。社員の子供たちも含めて、本社工場を育ててもらった地元に対する愛着を持ってほしいというのが狙いである。

「愛と創造」が同社の社是

「愛と創造」。これが昭和化工の社是だ。非常に斬新な感じがする社是だが、この企業姿勢は創業者から受け継いできているものだという。「愛」とは顧客、モノづくりに関わる人、会社、社会に対する愛だ。地元に対する愛でもある。

そして「創造」。小椋社長は「自発的にものがつくれるようになりたい」と、創造する姿勢の大切さを強調する。

食品のほか「自動車や電子機器などの有望分野で、次の柱を立てたいと思います。このようなものをつくってくれてありがとうと、感謝される会社であり続けたいのです」。次の100年を小椋社長は見すえている。

COMPANY HISTORY

1918年	小椋荘之助が大阪市東淀川区豊崎に小椋製薬所を設立
1924年	わが国で初めて吐酒石の製造を開始
1924年	塩化第一錫の製造開始
1928年	酒石酸の工業的生産に成功
1932年	三木商店（現三木産業）との共同出資により昭和製薬を設立
1943年	小椋製薬、昭和製薬を吸収合併し、商号を昭和化工に変更
1959年	上村化学と技術・資本提携しクエン酸事業を開始（現サツマ化工）
1960年	クエン酸事業拡充のため、九州化工を設立
1971年	クエン酸生産拡大のため、昭和発酵を設立
1985年	第1マルチ工場を建設、以降2020年までに第7工場まで拡大
1999年	クエン酸生産を目的にタイに三菱商事との合弁会社ASIA CITRIX（ACX）社を設立（現AMSCO）
2004年	昭和エンタープライズをホールディング会社とし、各グループ会社を傘下に
2014年	ISO22000取得
2016年	大阪の老舗乳業会社いかるが乳業を傘下へ

COMPANY PROFILE

●代表者　代表取締役社長　小椋　浩之介
●住　所　〒564-0054
大阪府吹田市芳野町18番23号
●設　立　1918年
●資本金　10,000万円
●事業内容　有機酸・無機薬品・化成品・染料中間体・機能性材料・局方品・試薬・バイオ製品などの開発・製造・販売
● URL：http://www.showakako.co.jp/

CASE.017
Leading company

スケーター株式会社
人気キャラの日用品でニーズつかみ成長

▲トップシェアを握るキャラクター付き子ども用弁当箱。春によく売れるという

子ども用弁当箱は全国シェアトップの60%

スケーターの本社を訪ねると、鴻池良一会長が真っ先に自慢の常設ショールームを案内してくれた。小規模な展示場ほどの広さのショールームは2つもあり、人気キャラクターの日用生活品などが種類や用途ごとに、わかりやすく並べられている。鴻池会長は「商品数は約700～800アイテム。1アイテムごとにデザインも5～10種類あるので全体では約5000～6000アイテムに上る」と壮観な展示に胸を張る。

同社は弁当箱などのランチ用品、器物、保存容器、調理・製菓・パン用品、卓上用品、行楽用品、ベビー用品、収納用品、雑貨などの日用品メーカー。売上高の大まかな構成比率はキャラクター商品が70％、オリジナル商品が20％、OEM（相手先ブランド）が10％。最も売れる子ども用弁当箱は20種類以上のキャラクター商品をそろえ、推定で全国シェアトップの60％を握る。百貨店や専門店、量販店、ホームセンター、ドラッグストア、コンビニエンスストア、インターネット通販など多くの業

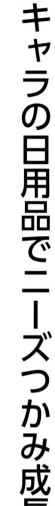

▲展示場並みのショールームや巨大な物流拠点を構える本社工場

界に供給している。

2020年2月期の売上高は124億円に上る。小売りごとの細やかなニーズに応え、売れ筋も分析した商品をスピーディーに開発するのが強みで、同期の売上高は前期比約7～8％増と過去最高を達成した。21年2月期も新型コロナウイルス感染症拡大によるマスク需要や日用生活品の「巣ごもり」需要が伸び、売上高は132億円規模と過去最高を更新する見通しだ。

コロナ禍でも過去最高を更新

同社は鴻池会長の父親が万年筆のメーカーとして1938年に創業した。高度経済成長の頃は万年筆が社会人のたしなみとなり、中国や韓国、東南アジア、台湾、中東に輸出もしていた。しかし、時代とともに万年筆の需要が減り輸出先でも安くつくれるようになったため業績が低迷。そこで、万年筆を金型から成形までつくれる技術を生かし、プラスチック用品の成形を62年から始めた。鴻池会長は66年に入社し、プラスチック事業部に配属され、試行錯誤しながら育てることになる。

当初は自動車、家電製品、化粧品等の部品を、またプラスチック生活用品の製造を始めた。ところが、その3年後に主要な取引先の家庭用品メーカーが倒産してしまった。「債権の大半が焦げ付く被害に遭った」（鴻池会長）が、倒産会社の製造と販売を引き継いだことで、プラスチック用品メーカーへの転身を果たした。

同社はさらに2つの大きな決断をする。1つは創業から慣れ親しんできた「スケーター万年筆」の旧社名を、74年に「スケーター」へ変更したことだ。スケートの滑るが如くのような、なめらかな書き味の万年筆をつくりたいとの創業者の思いが込められていたが、時代とともに新たな事業に変身したいという決意のためだった。

社員が営業で飛び込み訪問をしても、社名からいぶかしく思われ相手にされなかったため、社長に「どうか社名を変えてほしい」と訴え、承認をもらった。こうして、プラスチック用品メーカーとしてもユニークな社名の「スケーター」として生まれ変わり、再出発した。

もう1つは、工場を持たない「ファブレスメーカー」への転換だった。それまでの工場を倉庫に変えて、機械などは製造を委託する協力工場に買い取ってもらった。工場の社員には退職金を上積みして辞めてもらうか、営業や事務に職種転換してもらった。このことが後に、スケーターは商品企画や展示会など顧客への提案に専念し、製造は協力工場に任せて、多様な商品を迅速に供給する効率的な事業モデルに結実していく。

鴻池会長は「少量多品種の商

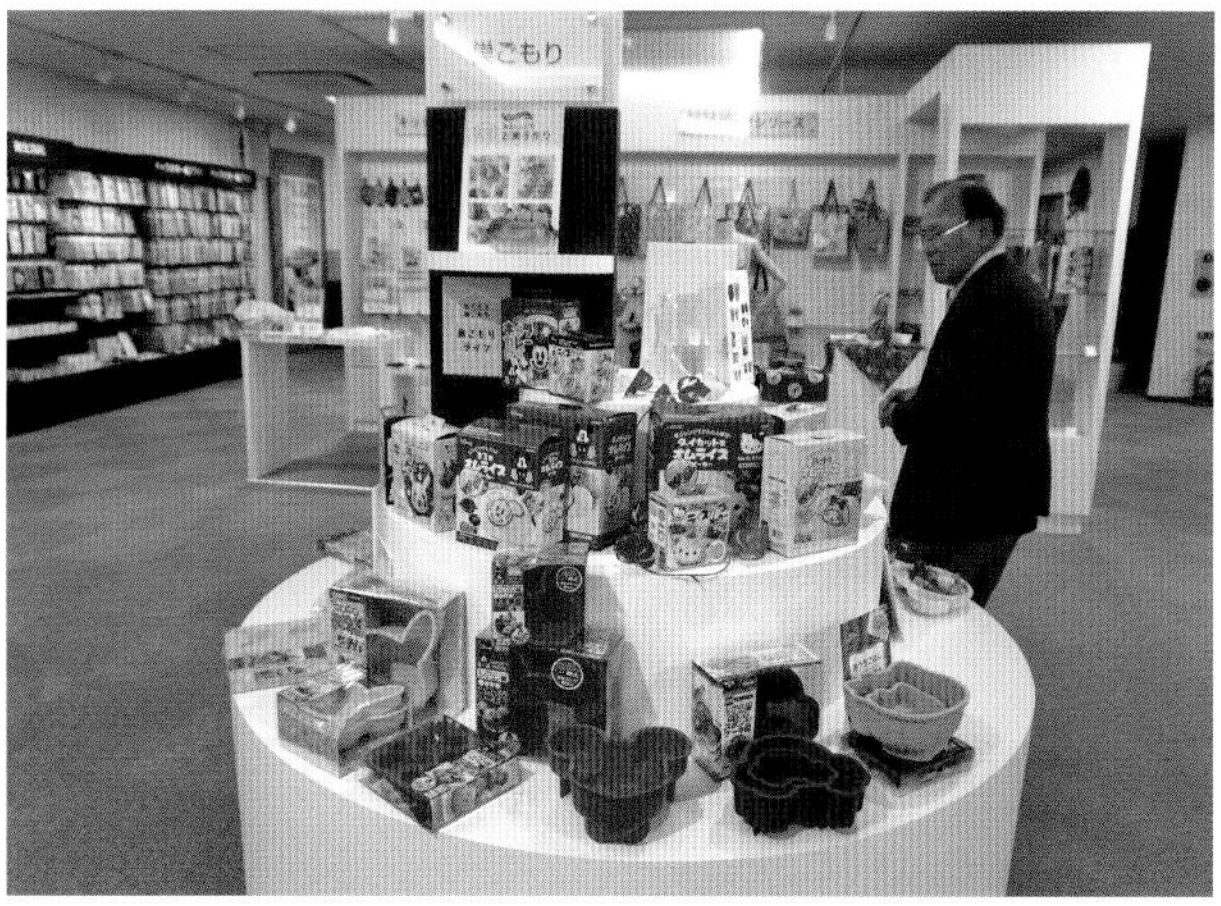
▲コロナ禍では巣ごもり需要が伸びている

▲インターネット販売の人気商品も増えている

▲2020年１月から販売が急増したマスクなどの衛生用品

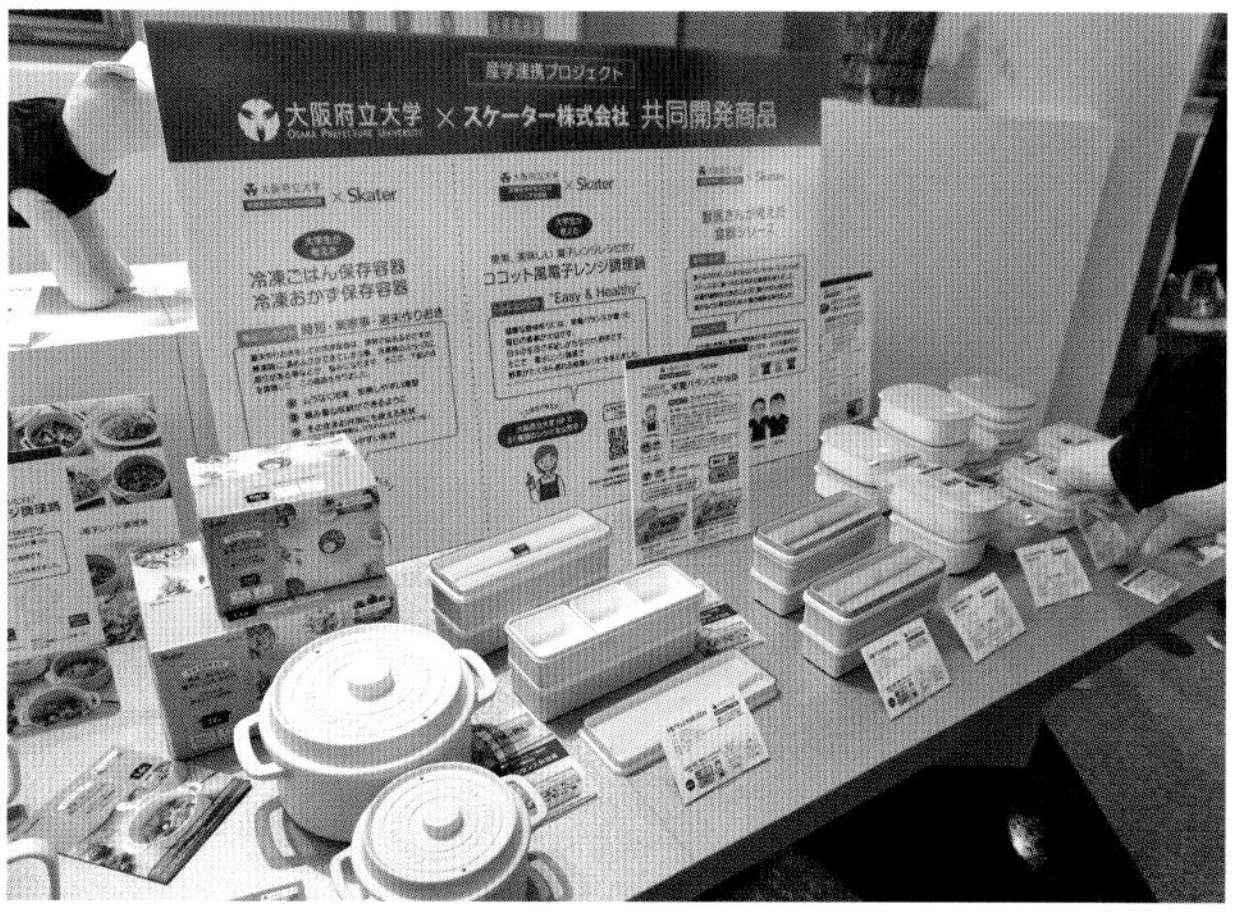

▲大阪府立大学と産学連携で共同開発した食品保存容器

品を自社で製造しても生産が間に合わないと逆に在庫過多になってしまう恐れがある。必要なものを必要な数だけを必要な時に協力工場で製造してもらった方が効率は良いと判断した」と説明する。

　プラスチック家庭用品メーカーとしてゼロからのスタートだったゆえに、顧客の開拓には大変な苦労をした。取引のない商社に営業訪問を申し込んでも、大手のライバルメーカーが優先された。鴻池会長は「悔しかったが、商売は『力』だと痛感した」と振り返る。そこで作戦を変えた。家庭用品新聞社の方と知り合い、業界名簿を購入させていただき、大阪、名古屋、東京の有望な顧客に絞って営業回りをした。

　さらに当時、日本中で人気者となっていたパンダのキャラクターをあしらった子ども用の弁当箱やコップ水筒を商品化すると注文が増加した。また、キャラクター用品を1点買うと、同じキャラクター用品をそろえたくなる需要も生まれる。取引先からは「ほかの商品も納めてほしい」と頼まれ、「パンダの関連商品群」を販売し、売上がさらに上がった。

　その後も人気の動物もののキャラクター用品を相次ぎ投入した。こうした経験から学び、さらに人気のキャラクターの版権契約をして商品開発する正規のライセンスビジネスを本格的に開始した。

ファブレスの事業モデル築く

　ファブレスの経営も進化させていく。他素材の商品開発も一部外注化し、年間200～300点もの新作を開発できるようになった。「これほどの数を毎年開発するには、アウトソース（外注）しないとできない」（鴻池会長）。自社では市場調査会社などを通じて消費動向を分析・予測し、より先を行く商品企画に特化させた。

　外注コストが上がっても、販売が伸びることで経営効率は高まるという。販路では量販店が流通の全盛期の頃、組織的な営業で直接取り引きを開拓し、定番商品に採用され安定した多量

「『職業奉仕』『奉仕の理念』を各々の職業において実践する事」

鴻池良一

▲「便利で、使いやすく、品質の高い製品を、適正な価格でお届けすること」を常に心がけていると話す鴻池会長

販売の成果を上げた。流通の主役は時代ごとに変わる。このため的確に変化をつかみ、いまはドラッグストアやインターネットショップなどでの販売も伸ばしている。本社をはじめとする物流拠点を整備し、多くの顧客に大量商品の出荷を可能にする能力も高めてきた。

本社の２倍の物流拠点を新設へ

同社も２０２０年の初めはコロナ禍による休校で弁当箱や水筒、遠足用品などの販売が低迷し、売上高が前年比４月と５月の２カ月間は20％も落ちた。代わって、１月から猛烈に売れ始めたのがマスクだった。

実は、需要の急増を正確に予測し、中国に前金で９０００万円を支払ってマスクの専用工場を設置し、大量に確保していたのだ。初めに５カ月分の在庫を用意したが、わずか１カ月で売り切れたという。

家庭で調理する巣ごもり需要も急拡大し、器物や調理のキッチン用品も販売が増加している。今後も時代が求める商品と市場の成長を先取りして、23年には奈良県大和郡山市に本社の２倍の規模（約１６０００㎡）となる物流センターの新設を決めた。ネット販売向けの物流拠点としても活用する。自動倉庫も備え、約50億円強の規模の事業費を投じる予定だ。

鴻池会長は「５年後の２０２５年度には売上高１５０億円を目指したい」と意欲を示す。

COMPANY HISTORY

1950年	スケーター万年筆設立
1974年	スケーターに社名変更
1983年	第1回内見会開催（以降毎年開催）
1984年	サンリオと業務提携
1986年	台湾生産開始、東京営業所開設
1989年	福岡営業所開設、新本社・配送センター竣工
1993年	東映アニメーションと版権契約
1994年	中国・東莞に生産拠点トミー（現：タカラトミー）と業務提携
1998年	中国・上海に生産拠点
2006年	ウォルトディズニージャパンと業務提携
2015年	営業棟完成

COMPANY PROFILE

◉代表者　代表取締役会長　鴻池　良一
　　　　　代表取締役社長　鴻池　総一郎
◉住　所　〒630-8520
　　　　　奈良県奈良市杏町216-1
◉設　立　1950年2月
◉資本金　8,000万円
◉事業内容
プラスチック家庭日用品の企画および販売、ファンシー雑貨の企画および販売
◉URL：https://www.skater.co.jp/profile/overview.html

CASE.018
Leading company

株式会社創発システム研究所

道路トンネルジェットファンインバータ換気制御で市場シェア100％

▲「関西ものづくり新選」「兵庫県発明賞」などを受賞した道路トンネルジェットファンインバータ換気動力盤（右は内部）

「創発」する組織力が高度な研究開発を推進

「トンネル換気に新たなかたちを提案」。神戸市に本社を構える研究開発型ベンチャー・創発システム研究所は、こんなキャッチフレーズを掲げて日々、開発に取り組んでいる。

同社はわが国唯一の道路トンネルジェットファンインバータ換気制御システムの専門企業として知られ、この分野での市場シェアはほぼ１００％。ハイブリッド自動車（ＨＥＶ）や電気自動車（ＥＶ）の普及に伴いトンネル換気の必要性が減少し、大手企業が撤退したという理由もあるが、換気制御技術の高度化を徹底的に追求し、トンネル換気の省エネと安全性に寄与してきた結果である。開発したインバータ駆動ジェットファン制御は、２００９年にトンネル換気に関する国際シンポジウム「13ｔｈ ＩＳＡＶＶＴ」で日本企業初となる最優秀論文賞を受賞したほか、経済産業省近畿経済産業局の「関西ものづくり新選」や「兵庫県発明賞」「ひょうごＮｏ１ものづくり大賞」に選出されている。国内外で高い評価を受けているニッチトップ

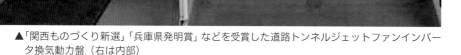

▲国際学会（BHR）での開発成果の発表は大きな反響を呼んだ

▲目標とチャレンジという仕掛けで社員の「創発」を促す中堀社長

▲地元神戸でトンネル換気セミナーを神戸大学と共催

▲中堀社長は若手社員の育成にも力を注ぐ

企業の代表的な1社である。

「創発」する組織をつくり上げる

同社の創業は2000年。中堀社長が58歳に単身で立ち上げた。中堀社長は京都大学工学部で電気工学を専攻した後、1967年、三菱電機に入社。神戸製作所や中央研究所に配属され、道路トンネルの換気制御システムや上下水道設備システムなどの研究開発に携わる。

そんな中堀社長に転機が訪れたのは95年。1月17日に発生した阪神・淡路大震災である。神戸市郊外の自宅が一部損壊するなど自身も被災したことで、人生を見つめ直し、「大切なことは何かと考えるきっかけとなった」と振り返る。また、前職での経験を思い起こすようになっていた。三菱電機時代には公共分野における新技術の確立や課題解決を目的としたプロジェクトチームに参加した。民間企業や公的機関の技術者との活動は貴重なものであり、「このような仲間たちとの共同作業を再び体験したい」という想いもあって、前職の開発経験を生かすかたちで同社を立ち上げた。

創発システムは、おもにソフトウエア技術部門とハード技術部門から構成され、前者はトンネル換気制御のソフトウエア開発やシミュレーションによる解析業務などを、後者はトンネル内センサやインバータ換気動力盤の制作などを担っている。ただ、これは会社組織としての部門であり、同社の強みは「個々人が結集してチーム力を発揮し、新たな現象を創出すること」。中堀社長は、これを〝創発〟と表現するが、社名に込められた思いを社員1人ひとりが受け止め、全国各地の道路トンネルや地下鉄の換気にかかる省エネや安全性確保を提案している。

研究開発型ベンチャーならではの独創技術

インバータによるモータの可変速駆動は、一般的に広く用いられている制御方式だが、ジェットファンへの適用はノイズの問題から適用が難しいとさ

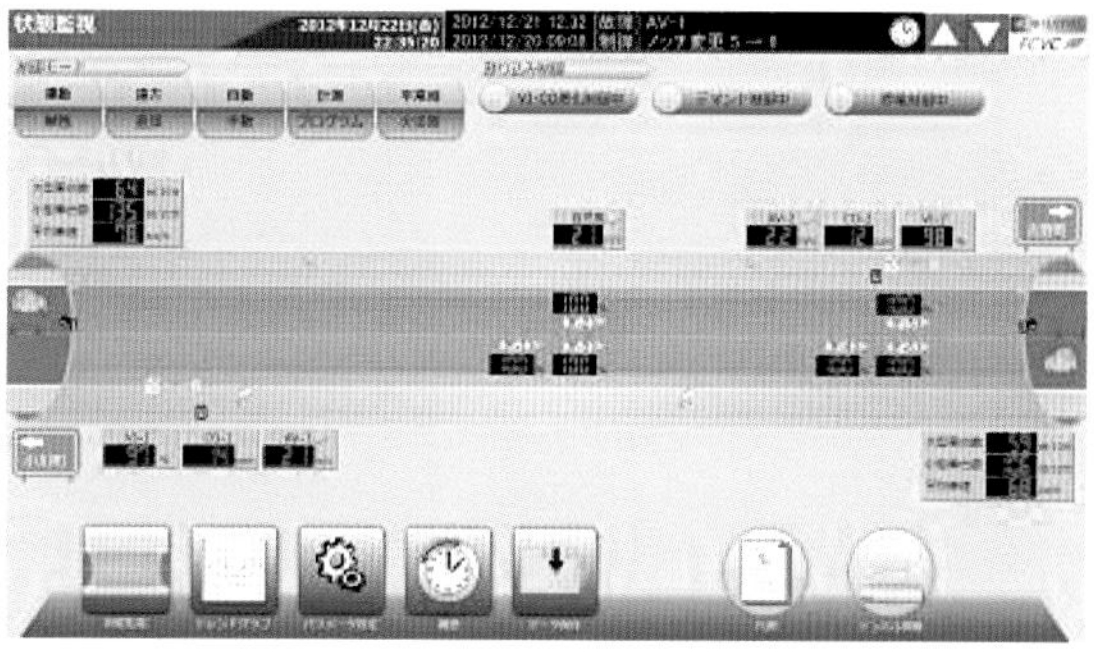

▲換気制御ソフトウエアの開発も顧客から高い評価を得ている。上は制御画面

▲レーザ式車両検知装置は99%の高精度で車両を認識できる

れてきた。そこで、帰還型正弦波化フィルター（ＤＦＳＡ）を開発し、インバータ換気動力盤に搭載することで世界初のノイズ除去技術を確立した。一般的な換気制御は、ジェットファンのＯＮ・ＯＦＦ制御により風速を制御するが、インバータ制御ではジェットファンを可変速駆動させ、空気や煙の流れを制御できる。２０１０年に阪神高速道路神戸長田トンネル（神戸市長田区）で採用されたのを皮切りに、これまでに全国の道路トンネルジェットファン約１３０台以上に適用されている。消費電力を大幅に低減することができ、ライフサイクルコストの点でも優れているため、好評を得ている。

　このような換気動力盤以外にも換気制御装置やトンネル内環境センサ、交通計測システムなどトンネル換気にかかるソリューションをトータルで展開している。いずれのシステムも独創的なものばかりだ。

　例えば「新ＦＦ式換気制御装置」と名付けた制御システムは、従来からの交通予測データのフィードフォワード（ＦＦ）制御とトンネル内の汚染濃度にかかる計測データのフィードバック（ＦＢ）制御に、風速データのＦＢ制御を組み合わせた。平常時の省エネ性能の向上に加え、火災時の風速抑制と排煙制御を同時に実現する。火災発生時には空気の流れを止めてトンネル上部に煙を誘導することが求められるが、インバータ駆動ジェットファンとの組み合わせにより、３分以内で煙をトンネル上部に誘導することができる。一般的なＯＮ・ＯＦＦ制御では、火災検知後ジェットファンの運転を停止するのに対し、インバータ制御ではジェットファンの運転を低風速化制御に切り換え、制御を開始して2分以内で風速ゼロを実現する。一度トンネル上方にあがった煙は15分程度留まるため、避難時間を十分に確保できる利点もある。

　また、車両計測の一環として開発したレーザ式車両検知装置は99%の高精度で交通流の計測が行えるのが特徴。従来方式のように路面に敷設する手間がなく、昼夜や雨・霧・雪などの環

「創発現象を起こす“仕掛けづくり”に、終わりのない挑戦をしていきたい」

中堀一郎

▲旧神戸居留地にある本社事務所がある

境変化に対するロバスト性（外乱への頑健性・堅牢性）が高いことから、現在までに約80セットの納品実績を上げている。

このようなトンネル換気制御システムについては、単管トンネルをはじめ都市トンネルや長大トンネル、複雑トンネルにおいてシミュレータを作成できる技術を確立している。Webやクラウドの利用により、より簡便に道路管理ができるよう技術開発を進めたいとしている。

グローバルニッチトップへ

創業から20年が経過した現在、中堀社長は「いよいよ『グローバルニッチトップ企業』を目指したい」と話す。以前より海外展開を志していたが、研究開発型ベンチャーという小所帯では販売に結び付けるのが困難と判断し、国内での実績づくりに注力してきた。いよいよ機が熟したということで、まずはベトナムのハノイ工科大学と道路トンネル内の換気制御で共同研究を開始し、同地域での事業展開を目指す。また、海外展開を通じて2025年には売上高5億円を達成したいとも話す。

「トンネル換気制御自体は古い技術です」としつつも「省エネや安全性の可能性を追求することで新たな技術提案ができます」といい切る中堀社長。実際、難しいとされてきたジェットファンのインバータ制御を実現し、トンネル換気を高機能なものとした。また、「〝創発〟を起こすためには目標とチャレンジという仕掛けが大切」と中堀社長は説明するが、新たな仕掛けで〝創発〟を起こし、次なる技術課題をクリアする――。この繰り返しにより成長し続けるのが創発システム研究所なのである。

COMPANY HISTORY

2000年	創発システム研究所創業
2008年	近畿経済産業局「中小企業ベンチャー挑戦支援事業実用化研究開発事業」認定
2009年	トンネル換気に関する国際シンポジウム「13thISAVVT」で最優秀論文賞受賞
2010年	ジェットファンインバータ換気動力盤が阪神高速道路神戸長田トンネルで採用
2015年	経済産業省近畿経済産業局「関西ものづくり新選2015」選出、「兵庫県発明賞」「ひょうごNo1ものづくり大賞」受賞
2017年	「ひょうご新商品調達認定制度」認定、「神戸発優れた技術」認定
2018年	国際セミナー「道路トンネル換気・防災システムセミナー」神戸大学と共催
2019年	ハノイ工科大学と共同研究締結、中小企業庁「JAPANブランド育成支援事業」採択
2020年	創業20周年

COMPANY PROFILE

◉代表者　代表取締役　中堀　一郎
◉住　所　〒650-0035
兵庫県神戸市中央区浪花町64　三宮電電ビル3階A-2
◉設　立　2000年4月
◉資本金　4,000万円
◉事業内容
道路トンネル、地下鉄の換気空調制御・計装システムのソリューションの開発・提供
◉URL：http://www.sohatsu.com/

CASE.019
Leading company

株式会社ソフト99コーポレーション
高シェア誇るカーケア用品のトップメーカー

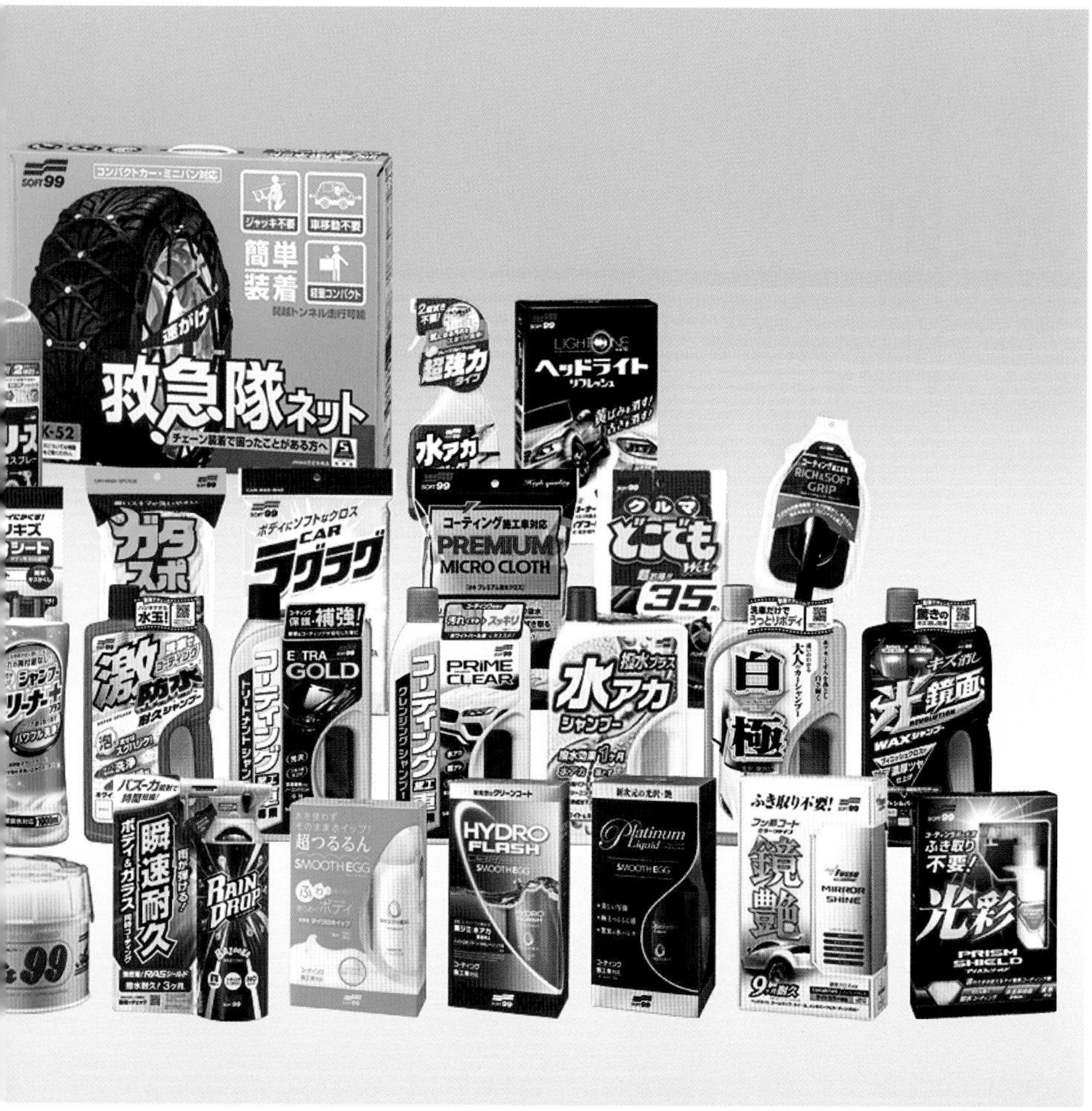

▲カーケア用品の総合メーカーとして知られる同社が取り扱う製品アイテム数は350種を超え、かつ「フクピカ」「ガラコ」などお馴染みの商品も多い

ユーザーの変化を先取りし、未来の“あたりまえ”を創造する

「気がついたら、世の中が『ソフト99』だらけになるといい」。そう話して目を輝かせるのは、ソフト99コーポレーションの田中秀明社長だ。拭くだけでワックスがかかるシート「フクピカ」、撥水ガラスコーティング剤「ガラコ」などに代表されるカーケア用品の総合メーカーで、製品アイテム数は350種を超え、色やサイズが異なるものまで数えると、その数は4000近くに及ぶ。田中社長は「車のメンテナンス市場で、当社ほど広範囲の製品アイテムを展開しているメーカーはない」と胸を張る。

国内トップのカーケア用品

ソフト99コーポレーションは、ワックス、シャンプー、コーティング剤などのファインケミカル事業と、半導体の製造工程などで用いられる精密洗浄用スポンジの製造販売が中心のポーラスマテリアル事業を主力とし、自動車鈑金整備などのサービス、生活用品の企画販売、自動車教習所や温浴施設の運営な

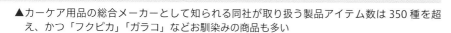

ども手がける。特に売上高の約5割を占めるファインケミカル事業では、シリコーンやワックス、フッ素、界面活性剤などの化学原料を配合して、様々な機能を有する薄膜をつくる技術を持つ。そこに自社で開発・製造するスポンジや専用容器、包装を掛け合わせて、一般消費者が使いやすいカーケア用品や家庭用用品など、従来の市場になかった新しい製品と価値を提供してきた。

他社が思いつかないアイデア製品に、利用者の記憶に残る商品名や宣伝を加える独自のブランド戦略も展開し、車用ワックスと車用ガラス撥水剤はいずれも国内トップの販売シェアを持つ。カーケア用品といえば「ソフト99」と、誰もが知るブランドと地位を確立している。

販売チャンネルに適応し事業拡大

ソフト99が、そうした地位を確立できたのは開発力とブランド戦略に加えて、時代によって変化する販売チャネルに適応し、事業を拡大できたことも大きい。メーカーとしてのスタートは、創業時に手がけていた木製家具のワックス加工事業を発展させて、自動車用ワックスの製造を始めたことに遡る。当時は国内のモータリゼーション拡大に合わせて、自動車メンテナンス市場も広がりを見せていた。当初の販売チャネルは、ガソリンスタンド内にある用品販売コーナーであった。その後、総合スーパーやホームセンター、カー用品店などの量販店が登場し売り場を広げていくのに対して、「売り場の棚を何で埋めるかということを考え、様々な製品開発に取り組んだ」(田中社長)という。

１９９１年にはガラスに簡単に撥水コーティングできる「ガラコ」、98年には拭くだけワックス「フクピカ」などのヒットが相次ぎ、２００１年には単体の売上高が１４０億円規模に成長した。

事業の広がりで見ると、１９９９年にカネボウの化成品事業を支援するかたちで買収し、現在のポーラスマテリアル

▲高度な技能を有する作業者により高品質を達成している

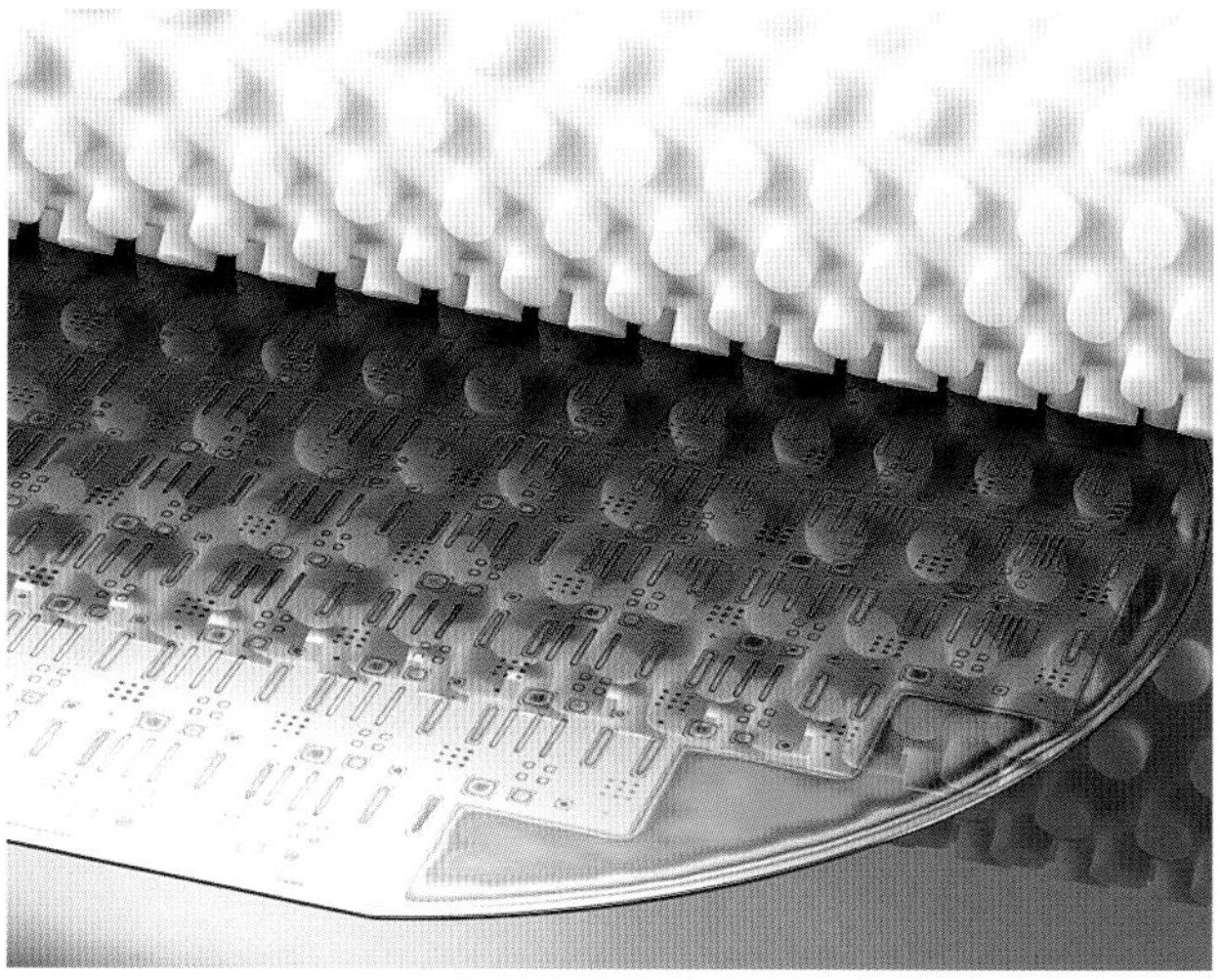

▲子会社では半導体製造向け精密洗浄用スポンジも手がける

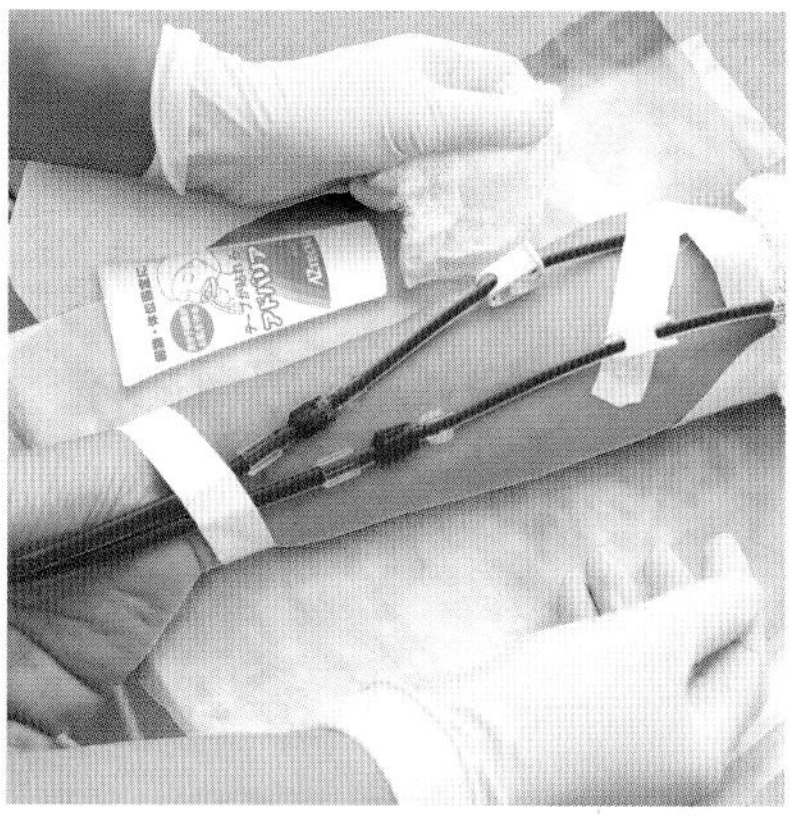

▲ポーラスマテリアル分野では、子会社にて医療用品も取り扱う。テープによる肌荒れに対策になるアドバリア（右）、手術前の手指洗浄用ソルスパ滅菌タオル（中）、病院手術室の床面防汚に使用されるフロアシート（左）

事業の基礎とした。同事業は企業向け（ＢｔｏＢ）ビジネスに強く、ソフト99グループ入り後に半導体向け洗浄・研磨用スポンジの分野を中心とした販売拡大を成功させたことによって、ソフト99が消費財メーカーから、生産財メーカーとなる道を拓いた。また、自動車教習所やカーリース、自動車鈑金整備などの自動車にまつわる様々なサービスにも取り組み、事業の裾野を広げてきた。

社会の変化を先取りする

ただ、近年は若者の車離れが進み、自動車の保有形態についても所有から共有へと変化している。また、消費者の意識は製品や機能に焦点を当てる「モノ消費」だけでなく、製品を通じて得られる価値に関心を寄せる「コト消費」にも向かいつつある。さらに、２０２０年に世界で感染拡大した新型コロナウイルスにより「ニューノーマル」と呼ばれるような、人々のライフスタイルの変化も現れてきた。これらの社会変化がソフト99の事業に及ぼす影響も様々だ。主力の自動車領域で見れば、想定された車離れによるカーケア用品の需要減少は、新型コロナによる巣ごもり需要の増加によって、反対に売上が伸びる結果となった。衛生意識の高まりから公共交通機関による通勤を避け、マイカーを利用する人も増えた。そのため、あまり車の手入れをしたことがなかったユーザーが、簡単に使えるカーケア用品や車内掃除用品を求めるなどニーズの変化が現れた。

ソフト99では、この変化に敏感に反応し、２０２１年４月からの3カ年中期経営計画に「Ｏｖｅｒｔａｋｅ！！」というテーマを掲げ、「ユーザーの変化を先取りした製品と価値を創造し、新たな事業領域を拡張していく」（田中社長）との方針を打ち出した。この方針は経営理念としてきた「生活文化創造企業」の姿にも通じており、変化に伴って生まれる様々な社会課題を事業拡大のチャンスと捉え、新たな技術やノウハウを取り込んで、掛け合わせ、成長をけん引する製品や事業を生み出

「世の中が「ソフト99」だらけになるといい」

田中秀明

▲新中期経営計画「Overtake!!」を打ち出し、新たな事業領域の拡張にまい進する田中社長

していくという意思を示したものだ。

CASEから医療まで領域広がる

拡張する新たな事業領域として想定するのは、CASE（コネクティッド・自動運転・シェアリング・電動化）などと呼ばれ、ハイテク化する自動車市場、モノのインターネット（IoT）。高速・低遅延の第5世代通信（5G）の普及に伴って高度化する半導体関連市場、環境・防災・医療・衛生に関する市場などがあるほか、サブスクリプションやシェアリングといった消費における価値観の変化も市場開拓の機会となる。

例えば、自動車向けでは安全・安心・快適につながる製品が有望で、タイヤ空気圧を監視するシステム、レンタカー、シェアリングカー、商用車向けのメンテナンス用品、車を使う事業者向けの運転研修サービスなどについては、すでに開発や提案を始めている。

また、ポーラスマテリアルの分野では、2019年に事業子会社を通じて一般医療機器製造販売業の許可を取得したほか、20年には病院向け衛生・医療用品の企画・開発・販売会社も子会社化した。得意とするPVA（ポリビニルアルコール）スポンジ技術と病院向けの販路を生かして、医療施設や医療機器の衛生用品、看護業務のサポート用品の事業展開を進めるなど、事業領域の拡張に向けた布石を着々と打っている。

技術を掛け合わせて価値を創造

田中社長は顧客の変化を先取りする製品開発を加速するために、「これまでの製品開発で活用した技術や仕事のノウハウは、自分のものにして使いこなさないともったいない」と社内に説く。経験した技術や仕事を、襷（たすき）のように掛け合わせることで「人工知能（AI）には真似できない、人間ならではは創造性のある仕事ができる集団になれる」と呼びかける。顧客のニーズを先取りし、「未来の〝あたりまえ〟を創造する」ことで、企業の持続的な成長を果たしていく考えだ。

COMPANY HISTORY

1954年	ソフト99コーポレーションの前身日東化学を大阪市に設立、国産ワックス「ゴールデンネオポリッシュ」発売
1957年	ソフト99の自動車用ワックス第1号「ゴールデンネオワックス」発売
1962年	「ソフト99」名称による自動車用ワックス製品の製造販売を開始
1969年	ねり状ペーストワックス「ハンネリ」発売
1991年	自動車用ガラスコーティング剤「ガラコ」発売
1993年	商号を株式会社ソフト99コーポレーションに変更
1998年	拭くだけワックスフクピカ発売
1999年	鐘紡㈱の化成品事業部門を譲り受け、PVAスポンジ事業をスタート
2000年	大阪市中央区谷町に本社ビルを新設・移転
2001年	東証二部に株式上場
2005年	業務用自動車コーティング剤「G'zoxボディガラスコート」発売
2006年	「メガネのシャンプー」発売
2011年	神戸市に研究開発施設「R＆Dセンター」開設
2012年	表面改質処理システム「フレイムボンド」
2020年	新中期経営計画「Overtake!!」スタート

COMPANY PROFILE

◉代表者　代表取締役社長　田中　秀明
◉住　所　〒540-0012
大阪市中央区谷町2-6-5
◉設　立　1954年10月
◉資本金　23億1,005万円
◉事業内容
自動車・家庭用・産業用ケミカル用品の製造販売
◉ URL：https://www.soft99.co.jp/

CASE.020
Leading company

株式会社大近
添加物不使用の食品を販売するスーパー

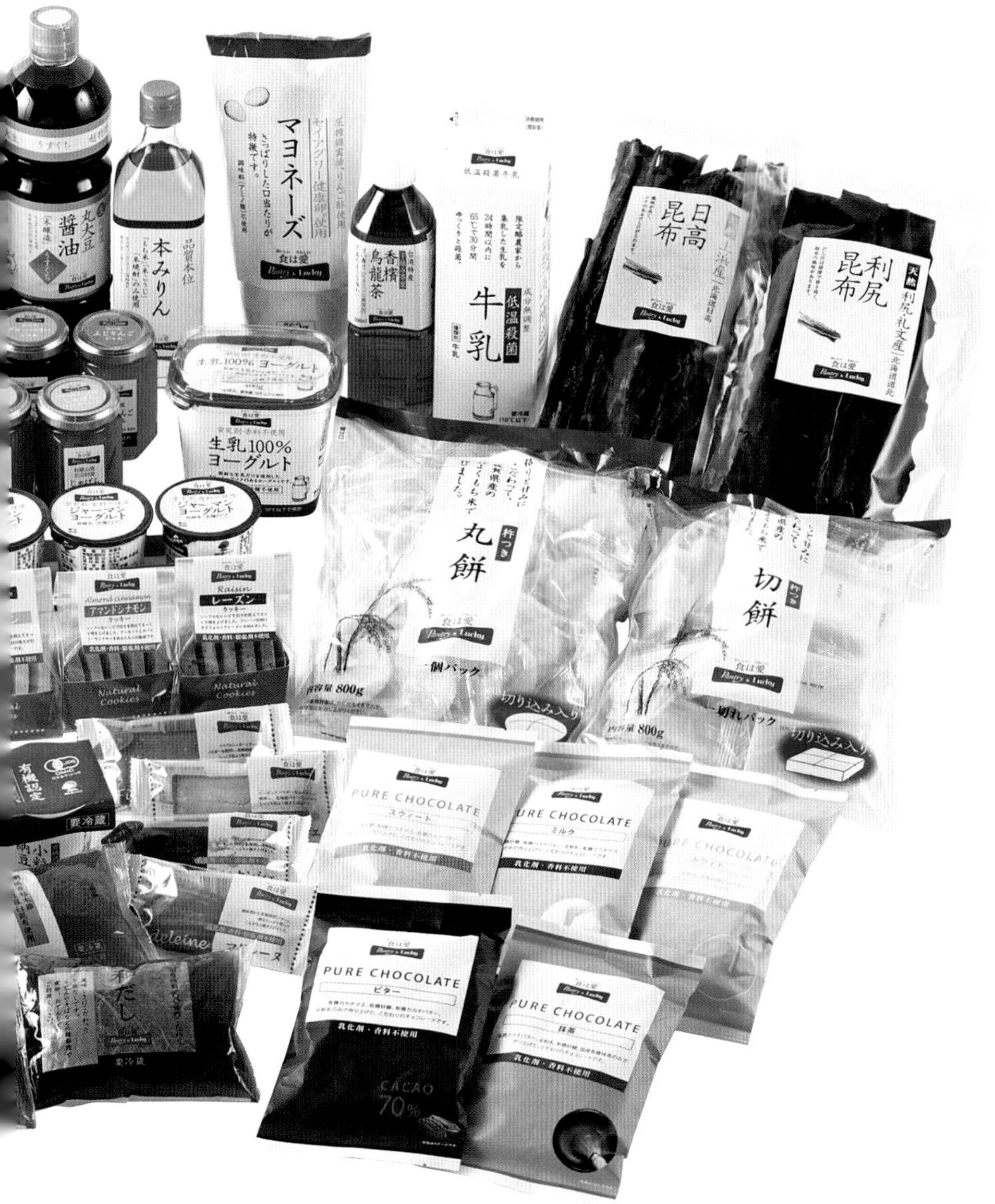

▲大近が取り扱うプライベートブランドの一例。1000品目に上るオリジナル商品を展開する

自社工場で高品質のオリジナル商品を製造

「食品偽装など食の安全・安心を脅かす事件が時々起こりますが、事件がひと段落すると人々はこの問題を忘れがちになります。食品添加物について注意を払うということもほとんどありません。消費者も売る側も、もっと食の安全・安心について考え、知識を得ていただきたいと思います」。食品スーパーマーケット・大近の中津裕彦社長はこう力説する。

大近は、食品添加物を極力使わない食品をおもに扱うことをコンセプトとするスーパーである。創業は1949年。中津社長の義理の祖父に当たる橘和佐吉氏が起こしたメリヤス製品問屋が始まりだ。その創業者が衣料問屋とはまったく違う業態のスーパー経営に乗り出したきっかけがおもしろい。

60年、橘和氏は当時付き合いのあった、レジスターメーカーが組んだ米国視察旅行に参加した。その視察旅行で、自分で商品を選んでレジに持っていくスーパーマーケットのビジネススタイルに衝撃を受け、日本でスーパーを経営してみたいと思

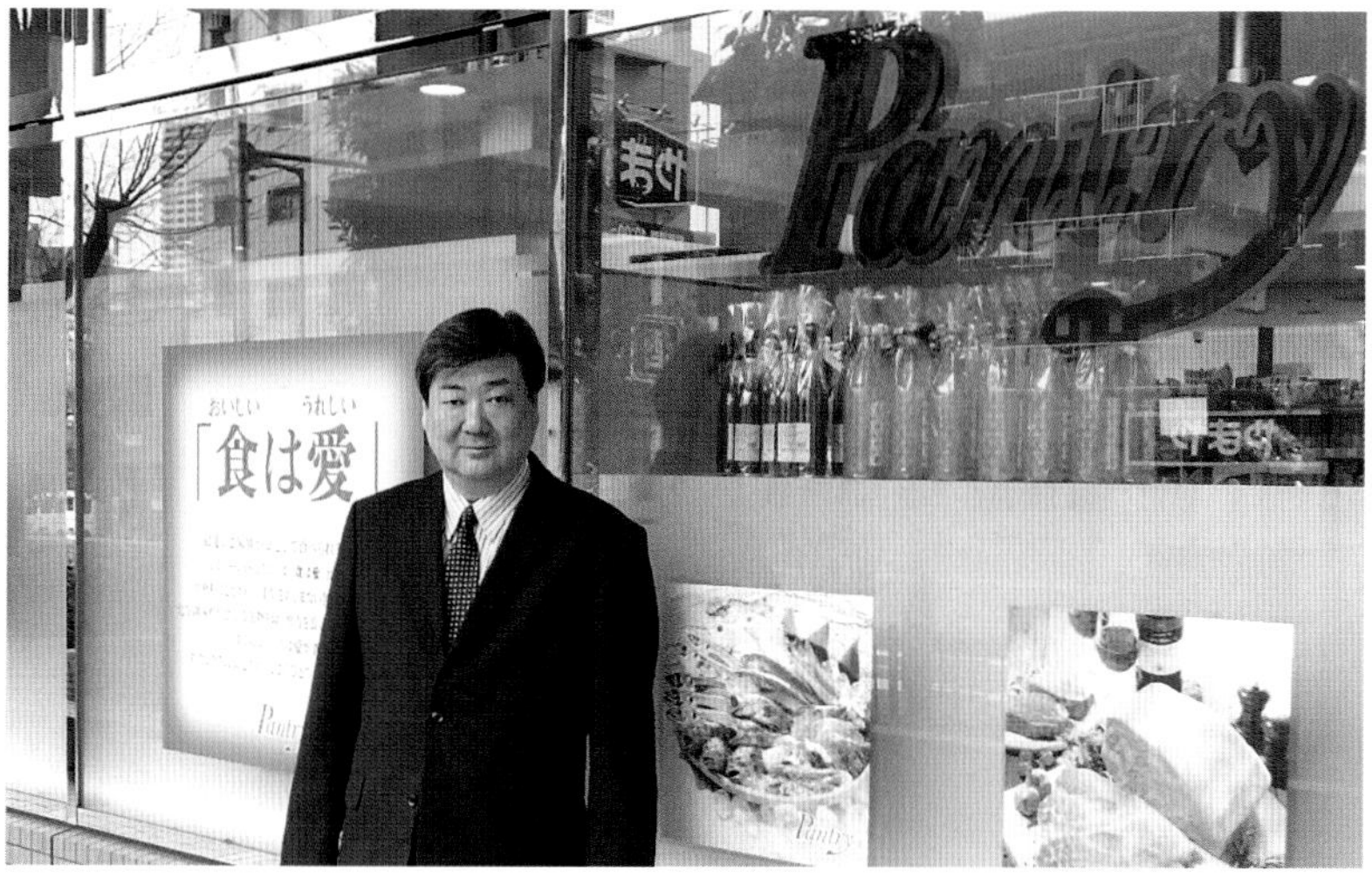

▲食品添加物を極力使用しない安全・安心を追求する中津社長

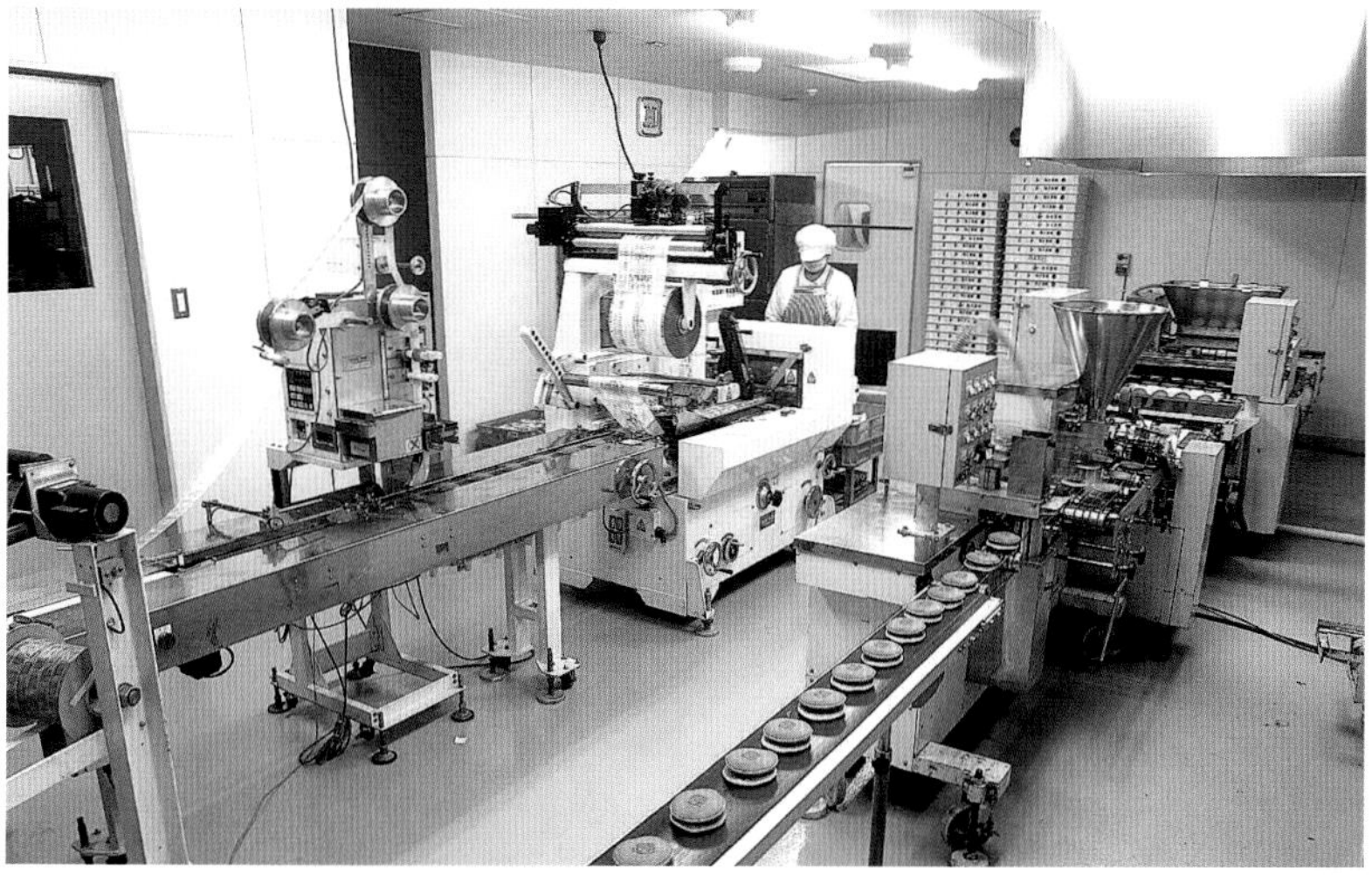

▲6つの自社製造工場でオリジナル商品を数多く生み出している
写真はどら焼きの製造ライン

い立った。実はこの旅行にはイトーヨーカ堂の創業者・伊藤雅俊氏も参加している。この旅行が日本におけるスーパーの勃興に、いかに大きな影響を与えたかがわかる。

大近が食品スーパー「ラッキーボクサー（現・ラッキー）」の1号店を開いたのが翌61年。その後、順調に店舗数を拡大させていったが、70年代後半に入ると他のスーパーマーケットとの競争激化などで売上が頭打ちになり、安売りスタイルだけではない独自の付加価値が求められるようになった。

その付加価値を同社は食品添加物をほとんど使わず、安全・安心を追求するという商品に求めた。この食品添加物を極力使わない商品を展開するスーパーを「パントリー」と名付け、80年に1号店を開いている。この安全・安心の追求姿勢が、消費者に受け入れられた。スクラップ・アンド・ビルドを繰り返しながらも、店舗数は増加を続け、現在は関西を中心に、パントリーとラッキーを合わせた店舗数は30を超えている。ラッキーも現在は食品添加物を極力使わない商品を扱っており、違いは百貨店への出店が多いパントリーの方が、高品質商品が多いという点だけである。

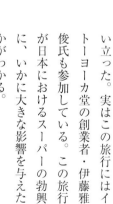

廃棄ロス回避へ工夫凝らす

もっとも、この安全・安心追求姿勢も、すぐに受け入れられたわけではなかった。商品によっては、味が変わるからである。「おいしくないといわれて売れなくなった商品もあり、少しずつ添加物を抜いていったこともありました。3カ月ほど販売を休止して一気に添加物を抜いたうどんのような商品もあります」と、中津社長は当時の試行錯誤を語る。

それでも大近の安全・安心な商品が受け入れられていったのは、同社が計6つの自社製造工場を持ち、およそ1000品目に上るオリジナル商品を提供しているからである。食品の品質に対する信頼感を生み、コアな大近ファンが増えるのだ。中津社長は「食品添加物を極力使わない商品をこれだけ多く自社で

▲JR 新大阪内に開店したパントリーアルデ新大阪店

▲2011 年開店のパントリー姫路店

▲2020 年開店のパントリー池袋ショッピングパーク店

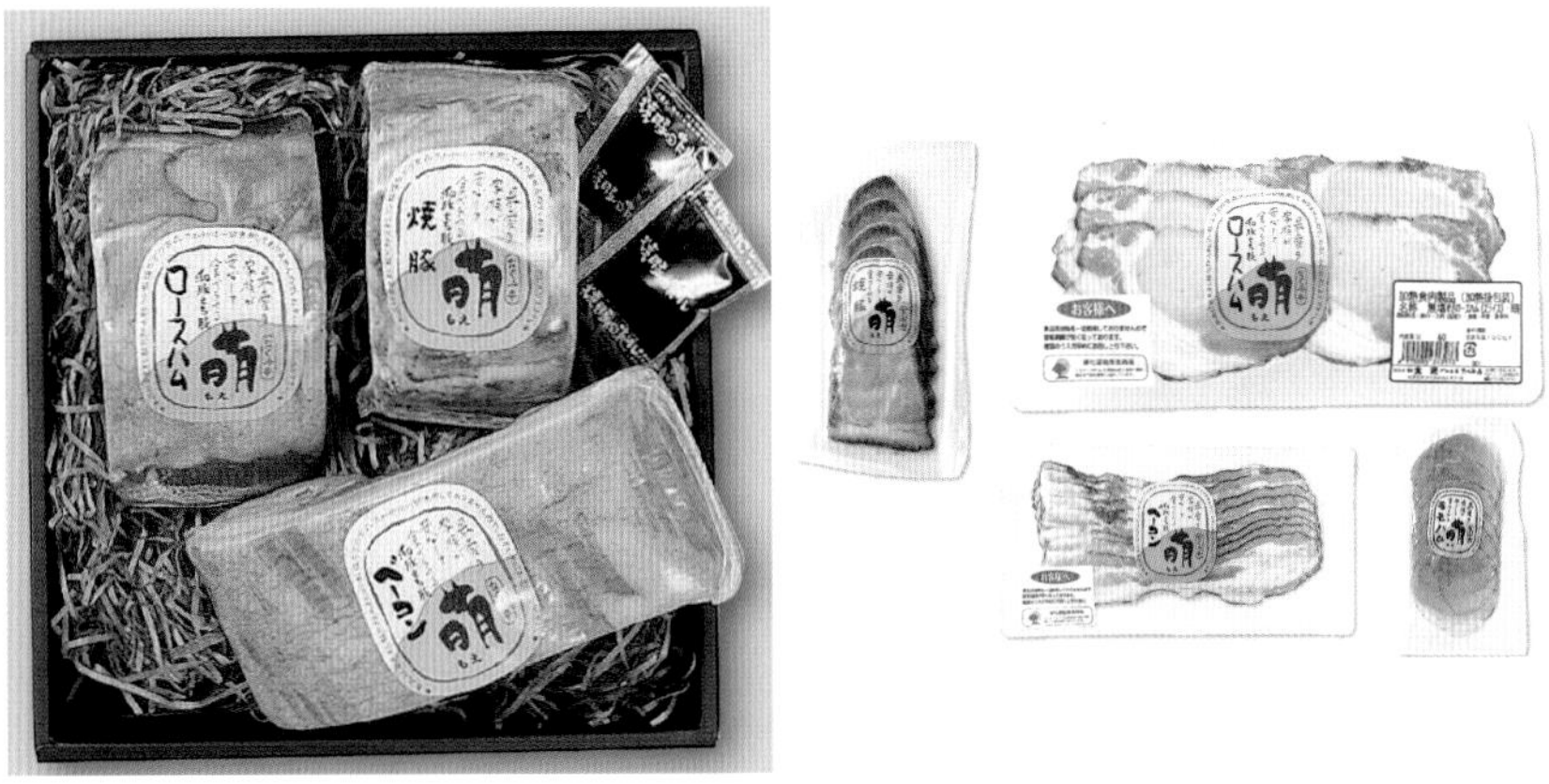

▲和豚もちぶたの持ち味をそのままに安全で自然なおいしさが特徴の「萌シリーズ」

▲厳選素材を用いたおにぎりも好評を得ている

▲丹波大納言を使用したどら焼き

製造している食品スーパーは、大近以外にはありません」と話す。食品スーパー業界のリーディングカンパニーといってよい。

　ただ、添加物を使わない食品は賞味期限が短い。廃棄ロスや値引きロスをできるだけ減らすためには、在庫管理が極めて重要になる。大近は自社製造工場のほか、各地の食品メーカーの協力を得た安全・安心な商品を仕入れている商品部と、2つの物流センターと配送部門をグループ内に持っており、相互の連携を密にし、データのやり取りを迅速化することで在庫の適正化に努めている。「納入日の前日に発注すれば、商品の売れ行きや天候の変化などに適切に対応することが可能で、在庫を適正化できます」と中津社長はいう。

　また、食品の種類により、真空パックを使ったり衛生管理を厳格に行ったりして、賞味期限を長くする工夫もしている。これらの努力が業績を安定させ、安全・安心へのこだわりを続けさせる原動力になっている。

従業員の「人間教育」も徹底

　サイクルの短い商品を扱う店舗の従業員にとっては、気の抜けない仕事が続くことになる。仕事に習熟してもらうための従業員教育も重要だ。手順を早くおぼえてもらうための教育には力を入れているが、同時に、中津社長が重視しているのが、店に愛着を持ち、仕事に真剣に取り組む姿勢を引き出す「人間教育」だ。

「朝の店舗内の掃除も、雑巾を使って丁寧にやってもらっています。また、賞味期限が迫った商品を従業員に引き取ってもらうことがあるのですが、無償ではなく、レジを通して買ってもらっています」という。無償で引き取る〝うま味〟を覚えてしまうことが、不正を働いても構わないという気持ちにつながることを恐れているのだ。不正は何よりも大事な従業員の輪を崩壊させかねないからである。

「卑怯な振る舞いは絶対にしない」が信条の中津社長。大近のトップに就任したのは2013

「卑怯な振る舞いは絶対にしない」

中津裕彦

▲在庫の適正化の役割を果たす第一センター

年だ。それまでは証券会社や損害保険会社に勤務しており、食品スーパーの社長としては異色の経歴を持つ。要請に応じてまったく異分野の大近に転じたのは、義理の祖父が創業者ということもあるが、安全・安心で品質の高い商品を提供し社会に貢献するという、同社の経営姿勢に惹かれた面が大きい。

「食品の廃棄ロスが大きな社会問題になっていますが、それを減らすために曲がったことはしたくありません。食品添加物を使って賞味期限を延ばせば簡単に減らせますが、そのために品質の悪いものを消費者に売るわけにはいかないのです」。生真面目で正義感の強い中津社長らしい言葉である。

関東・名古屋圏の市場開拓へ

その中津社長が今後狙うのは、地盤とする関西圏以外の市場の開拓だ。「本業の食品スーパーの店舗は、現在は首都圏に3店舗と広島に1店舗を置くだけです。これを関東と名古屋圏で拡大したいと思っています」と語る。賞味期限の関係で、関西から関東に運べない商品もあるため、製造に協力してもらえそうな工場をリサーチしているところだ。「ゆくゆくは関東で自社工場も持ちたいと考えています」と構想を話す。

また、地盤の関西圏では、自社工場で製造している食材を生かした、食品スーパー以外の別業態店の出店を検討中だ。具体的には菓子店や弁当店などで、小規模な持ち帰り専門店形式を考えているという。

食品以外に手を広げることは、いまのところ構想にはない。かつては経営の多角化に乗り出した時期もあったが、「ほとんどが失敗に終わり撤退しました」。この苦い経験があるためだ。今後、新たな事業を起こすとしても、「食」に限ったものになる見通しである。

「食は愛」。〝おいしいはうれしい〟と読ませる、大近のモットーだ。同社の社是も「いい人生を送りましょう」という、一風変わったものである。愛情と「いい人生を」というメッセージは、「食」を媒介として、顧客、従業員、そして、それぞれの生産者の方にも注がれる。

COMPANY HISTORY

1949年	衣料卸問屋・東永創業
1960年	大近設立
1961年	東永の販売額門（スーパーマーケット）第一号としてラッキーボクサーを開店
1966年	福島区に本社ビル完成　東永、ラッキーボクサー、東伸を大近に併合
1970年	店名ラッキーボクサーをスーパーマーケットラッキーに変更、福島区に豆腐工場開設
1975年	摂津市に配送センター一新設
1978年	大阪市此花区に豆腐および麺工場新設
1979年	門真市に惣菜工場新設
1980年	パントリー設立、パントリー庄内店「高品質型スーパー１号店」開店
1981年	摂津市に食品加工センター新設
1984年	福島区に麺工場移設
1992年	摂津市に麺工場移設
2013年	チルド配送センター新設
2015年	大近第１センター新設

COMPANY PROFILE

●代表者　代表取締役社長　中津　裕彦
●住　所　〒553-0003
大阪市福島区福島 6-10-11
●設　立　1960年
●資本金　9,800万円
●事業内容
食料品を中心としたスーパーマーケット業
● URL：https://www.pantry-lucky.jp/

CASE.021
Leading company

ダイキンMRエンジニアリング株式会社

船舶用空調・冷凍システム設計・施工で実績

▲ウイルス対策に寄与する製品を多数扱う

グループの技術力を活用し顧客からの信頼を獲得

ダイキンMRエンジニアリングは、空調事業最大手・ダイキン工業の100%子会社である。船舶用に特化した空調・冷凍システムの設計・施工を事業としている。「船舶用空調・冷凍システムの施工を手がける国内企業で大手と呼べるのは、当社を含めて2社しかありません。2社で国内シェアの9割ほどを占めています」。鶴田幸大社長がこう語る通り、同社は稀有な存在だ。しかも、同社は空調事業で世界一の売上を誇るダイキン工業製の装置を主力製品にしている。顧客の造船会社からの信頼は厚く、一般商船から客船・艦船に至るまで数多くの船舶で施工実績を上げている。国内でのシェアはもとより、海外の造船・海運市場の主力拠点である中国、シンガポールにも拠点を構え、積極的なグローバル展開も図っている。

親会社のダイキン工業は、最初から空調装置を製造していたわけではない。1924年の創業当時は、航空機のラジエーター部品を製造していた。空調装置を製造するようになったの

▲未来船プロジェクトの展開に意欲を示す鶴田社長

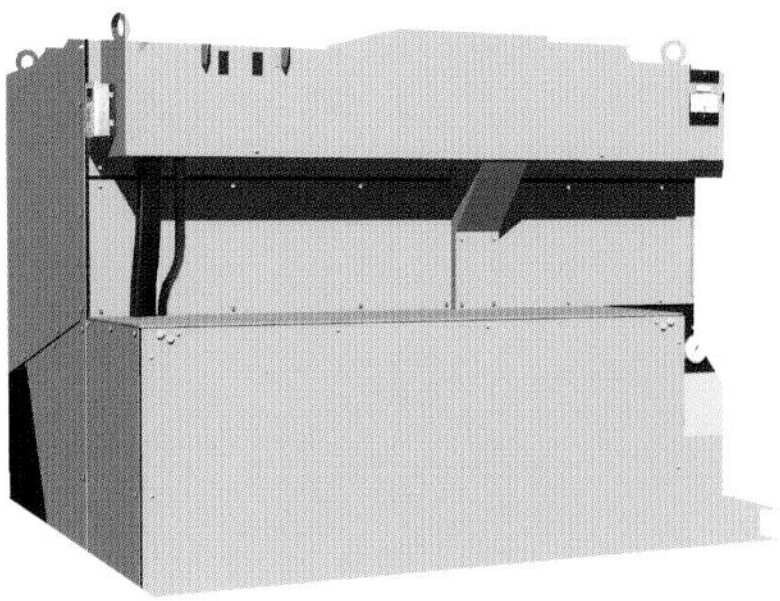

▲一体型セントラル空調機デッキユニット

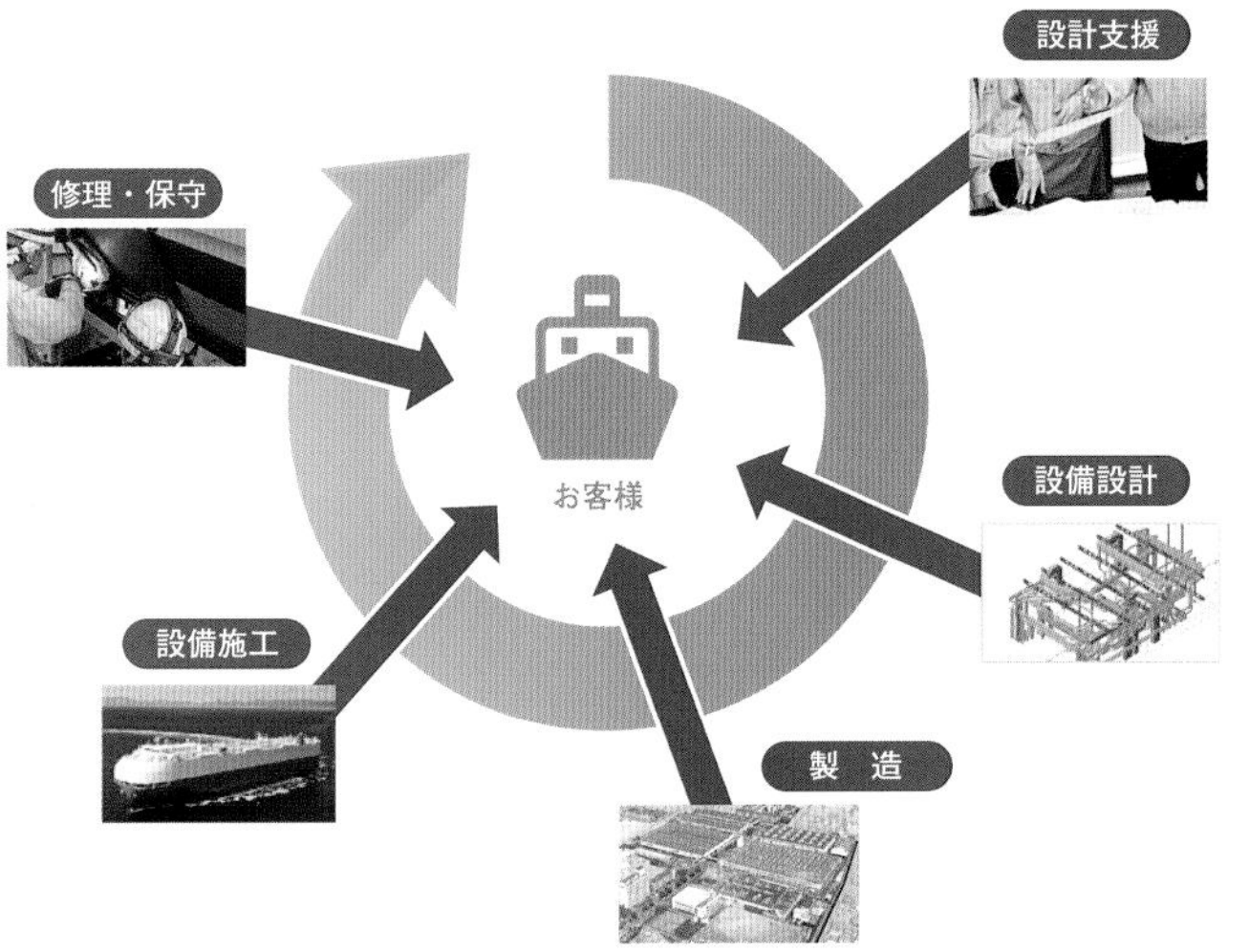

▲設計から修理・保守まで手がける

▲小型冷凍機

▲船舶用に特化した空調・冷凍システムの設計・施工を手がける

は30年代半ばだ。実は、その空調事業で最初に手がけたのが船舶用の空調装置なのである。

伊号潜水艦。かつての日本海軍が誇った大型潜水艦だ。連合国軍に恐れられたその潜水艦の空調装置を、海軍に納入したのがダイキン工業（当時大阪金属工業）である。潜水艦という密閉された狭い空間に居住する乗組員たちに、快適な空間を提供するための技術開発は、後の空調事業拡大への礎となった。ただ、その船舶用空調事業も2008年9月までは装置を製造・販売するだけの事業だった。システムの設計・施工まで手がけるようになったのは08年から。同年、船舶用空調・冷凍装置の設計・施工会社の昭和ナミレイという企業が経営破綻。ダイキン工業は子会社を設立して同社の事業を引き継ぎ、その事業を継承した子会社こそダイキンMRエンジニアリングである。

ウイルス感染対策システムを展開

同社の強みは、あらゆる種類の船舶の空調・冷凍装置の施工ができることだ。大手造船所から中小の造船所に至るまで幅広い顧客の要望に応えられる。一般船舶のほかに艦艇の空調・冷凍装置まで施工できる企業は同社しかない。戦時中のダイキン工業の実績が生きているのだ。

近年は特に、国内でのモーダルシフトやビジネス客の需要増によりフェリーの空調・冷凍装置の設計・施工実績が増えた。最近フェリーは部屋数が多いうえホテル並みの快適さが生命線となるので、部屋ごとに要求に合った温度調節が求められる。このような細かいニーズに応えられるのも、空調業界をリードしてきた技術力を持つダイキン工業のグループ企業ならではといえる。ただ、2020年に発生したダイヤモンドプリンセス号内の新型コロナウイルス集団感染によって、クルーズ船のみならずフェリーなどの身近な船舶でも「乗船は危険」というイメージが広がった。将来の業績に少なからず影響を及ぼす可能性があるという。それでも、「船舶の空調システムのニーズが完

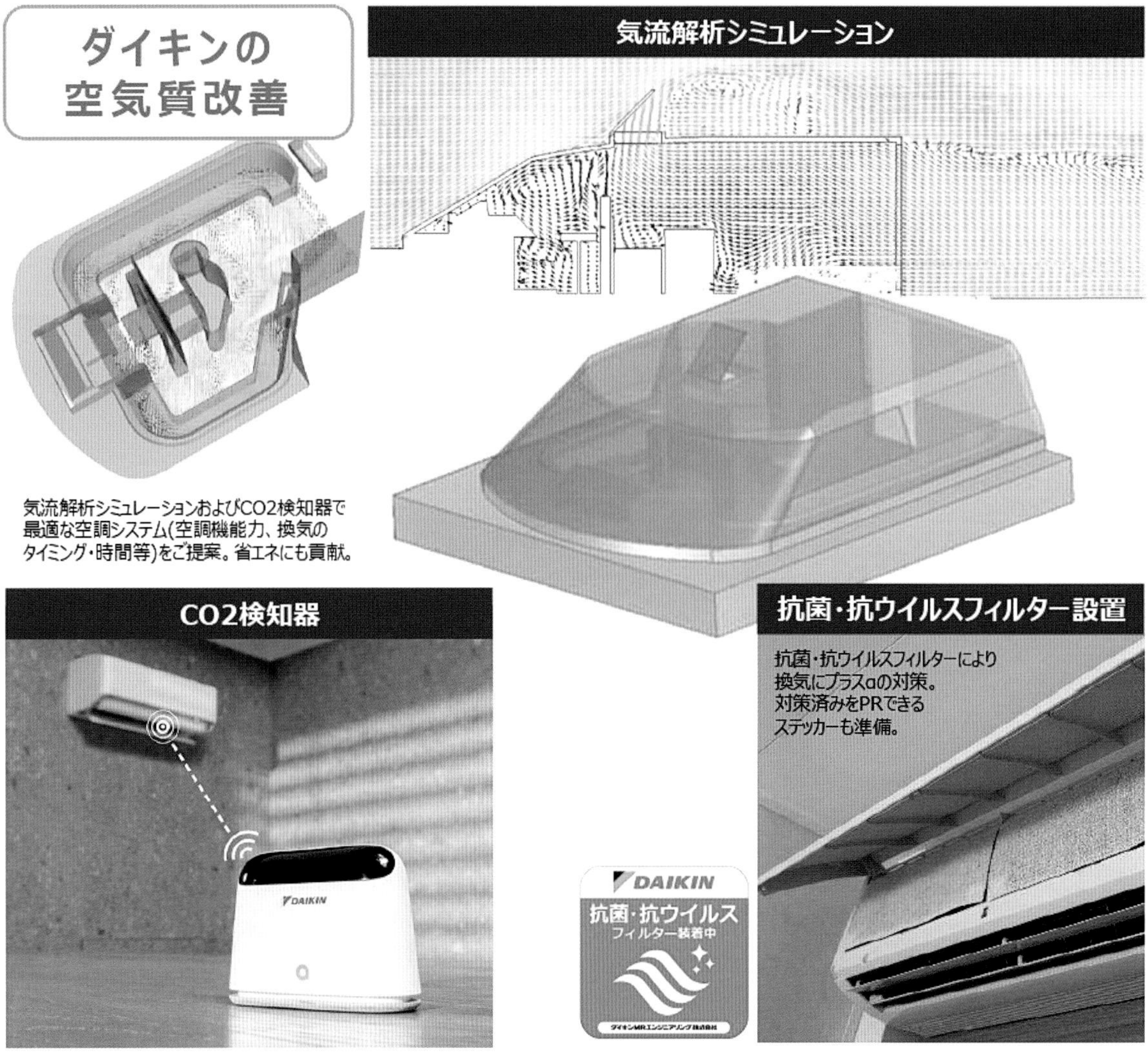
ダイキンの
空気質改善
気流解析シミュレーション
気流解析シミュレーションおよびCO2検知器で
最適な空調システム(空調機能力、換気の
タイミング・時間等)をご提案。省エネにも貢献。
CO2検知器
DAIKIN
抗菌・抗ウイルスフィルター設置
抗菌・抗ウイルスフィルターにより
換気にプラスαの対策。
対策済みをPRできる
ステッカーも準備。
DAIKIN
抗菌・抗ウイルス
フィルター装着中

▲未来船プロジェクトの取組概要

全になくなるわけではありません。悪いイメージを払拭するのが私たちの使命です。むしろ新たなビジネスチャンスが生まれたと捉えたいと思います」と、鶴田社長は前向きだ。

その前向き姿勢の根拠となっているのが、客船・商船向けに始めた「ウイルス対策システム」の設計・施工だ。新鮮な外気を取り入れるオールフレッシュエアコンのほか、エアコンに組み込む除菌ユニット、抗菌・抗ウイルスフィルター、空気清浄機、そして、感染者を隔離するためのブースなどのクリーン機器、これらを組み合わせたシステムである。換気、抗菌・抗ウイルスから隔離までの機能を備えることで、利用客だけでなくクルーの安全も確保できる。ダイキン工業の技術力とダイキンMRエンジニアリングの施工力が最大限発揮できるシステムだ。すでにフェリー会社などで採用され始めているという。

「未来船プロジェクト」も

ダイキン工業との連携は、今後も一層強めていく方針だ。船舶用空調・冷凍システムの工事の設計はダイキンMRエンジニアリングが担当するが、装置の仕様は親会社の船舶用機器開発グループの担当である。「その開発グループに、当社の社員も参画しています」と話す鶴田社長。ダイキン工業とともに装置を開発することで、営業から上がってきた得意先の要望をできるだけ早く実現するのが狙いだという。

現在のダイキンMRエンジニアリングの従業員数は約140人。このうち営業には25人ほどを配置している。ほかに設計者が約35人、現場エンジニアが約30人といった陣容だが、新入社員を営業に配属する場合、まず設計者の下で技術を学ばせてから配属している。これも得意先の要望を的確に吸い上げるための工夫だ。

今後のターゲットは海外市場の開拓である。現在、海外拠点は中国・上海の現地法人とシンガポール支店の2カ所。海外売上比率は15％ほどで、ほとんどが中国向けだ。その中国では今

「仕事に繁閑があっても、常に力を発揮できるように」

鶴田幸大

▲ダイキンの『空気で答えを出す会社』の広告

後も新造船が増えると見て営業活動を活発化させる。海外売上比率30％を当面の目標とする方針である。国内では、艦艇用空調システムの周辺機器の取り扱い拡充や、環境負荷軽減のための修繕などに力を入れていく。

同社は今後の造船所向け新規提案、さらにその先の船主への新規提案の武器となる「未来船プロジェクト」をスタートさせた。その柱の1つが、環境負荷軽減に向けた代替燃料の熱利用である。近年、環境負荷の小さいLNG（液化天然ガス）やLPG（液化石油ガス）などの液化ガス燃料船の導入が進んでいる。その液化ガス燃料の熱を利用した空調システムを実現しようという内容だ。

このほか船舶用空調システムの遠隔監視技術で省エネや故障探知などを可能にするIoT技術の開発や、洋上風力発電関連設備を冷却システムでサポートする技術の開発も「未来船プロジェクト」の柱になっている。いずれもダイキン工業が培ってきた技術が生きる、同社との連携強化によるプロジェクトである。「チャンスがあれば海外でもニーズを掘り起こして、このプロジェクトを展開したいと思います」と、鶴田社長は抱負を述べる。

設計一筋の苦労人が陣頭指揮

鶴田社長がダイキンMRエンジニアリングのトップの座についたのは2019年。陣頭指揮を取るようになってからまだ日は浅いが、もともと出身は昭和ナミレイ。ほぼ一貫して設計畑を歩んできたベテランである。

その鶴田社長の座右の銘は、「仕事に繁閑があっても、常に力を発揮できるように」。所属していた会社の経営破綻という激動を乗り越えてきた、苦労人らしい含蓄のある言葉だ。

確かに船舶用空調・冷凍システムは、大口案件が多く繁閑の差が大きくなりがちな事業。新造船ブームと、その後のダイヤモンドプリンセス号内集団感染という大きな波も経験した。それでも社員が常に力を発揮できるDNAが、ダイキン工業と昭和ナミレイ双方から受け継いでいるように感じられる。

COMPANY HISTORY

2008年	ダイキンMRエンジニアリング設立
2009年	中国に大金船舶空調貿易（上海）有限公司を設立
2010年	大型スポットエアコン「クールパートナー」販売開始
2011年	舶用大型エアコン向けファンインバータキット「FUBO」販売開始
2013年	舶用空冷エアコン「CooPA」販売開始
2015年	ササクラと船内空調騒音予測の精度向上の取組みを開始、中国市場向け舶用エアコンの中国生産開始
2017年	東京支店の事務所移転、豪華客船「アイーダ」向けの空調システム設計支援
2018年	環境規制に対応する新冷媒「R407H」仕様の舶用エアコン販売開始、シンガポール支店設立
2020年	九州支店の事務所移転、舶用「抗菌・抗ウイルスフィルター」販売開始

COMPANY PROFILE

●代表者　代表取締役社長　鶴田　幸大
●住　所　大阪市淀川区西中島5-5-15
新大阪セントラルタワー11階
●設　立　2008年9月
●資本金　1.8億円
●事業内容
船舶の各種空調設備・糧食庫冷凍設備の設計施工、船舶の各種保温・保冷・防熱・防音の設計施工、船舶機器および配管の組立・据付及び修理工事一式など
● URL：https://www.daikin.co.jp/group/dmre/

▲世界最大級の口径を誇る電波望遠鏡の設置工事を手がけた

CASE.022
Leading company

大日通信工業株式会社

経験と実績で〝通信工事のデパート〟実現へ

日常生活から国レベルまで活躍の場幅広く

〝通信工事のデパート〟を目指せ――。大日通信工業の創業者である故・吉森紀一氏が常々口にしていた言葉である。吉森直紀社長はその教えを引き継ぎ、通信工事なら何にでも対応できる企業になるべく日々、奮闘を重ねている。

1960年創業の同社は2020年に60周年を迎えた。もとは日本電信電話公社（当時）時代に電話の交換機の配線工事からスタート。約20年前までは有線の業務が中心だったが、「三菱電機との取引が始まったことが大きな転機になった」と吉森社長は振り返る。これを機に無線通信や衛星通信などに業容を広げていった。「成長の後ろ盾に三菱電機があった」といまも感謝の念にたえない。ただ、これに依存するだけではなく、徐々に技術力をもとに実力を蓄えたことで、いまや元請けとしての仕事が増え、全体の約5割を占めるまでに至っている。

業務内容もバラエティーに富む。ETCの据え付けや渋滞表示板などを中心とする道路関係のほか、プラントや工場での

▲気象レーダーの設置も同社の仕事の１つ

▲道路情報板接地工事の実績もある

様々な電気通信工事、衛星通信関係では宇宙航空研究開発機構（ＪＡＸＡ）や防衛省とも関わる。こうした大型業務だけではなく、防犯カメラを取り付ける仕事もあり、日常生活から国単位まで守備範囲は広い。まさに通信工事のデパートの名にふさわしい活躍ぶりだ。

そこには「実績や経験を蓄積し信頼を勝ち得たことで元請けができる力が付いたことが大きい」。こう吉森社長は話す。また、グループ内には大日電子という製造業があり、もともとは大日通信工業の製造部門であったものを独立させ、36年前に立ち上げた。大日通信工業は通信工事がメインでサポートとして大日電子は機器や装置の開発案件を扱う。この2社がうまく連携してきたことも発展の背景にある。

脈々と息づく『誠意、誠実、謙虚』

そんな中、コロナ禍によって従来以上に情報通信を利用する局面が生まれ、通信関係の技術の重要性と活用の拡大に期待をかける。ただ、そうなれば、「競合他社も手をこまねいてはいない」（吉森社長）だけに、いかに優位性を打ち出すかがカギと見る。中でも公共事業はその出来栄えの善し悪しも評価の判断基準になり、その後の受注を大きく左右する。「コストだけでなく、品質や対応力、提案力が勝負の分かれ目」と、その強化に注力する。根底にあるのは顧客から継続して信頼を勝ち取り、いかに価値を高めていけるか。様々な方策がある中、「当たり前のことを当たり前に取り組む」としたうえで吉森社長は謙虚さも忘れない。創業者の残した言葉で、経営理念にも謳う『誠意、誠実、謙虚』が、いまも脈々と息づく。

顧客を大事にし、謙虚な気持ちを持つためには、まずは「従業員が幸せになり、充実感を持って社会生活を営む環境、サイクルが不可欠」と〝従業員ファースト〟を心がける。そこには、みんなに幸せになってもらいたいという思いが込められる。吉森社長は、幸せの定義は経済と心の両方が満たされてい

▲防災カメラ設備やラジオ再放送設備などトンネル内防災設備の工事なども手がける

ることと説く。経済は報酬であり、心は充実度や良好な人間関係などと捉え、セットになって初めて幸せになると考える。この追求が経営者として大きなテーマとして掲げる。約300人の社員1人ひとりに誕生日のメッセージを贈ることも取り組みの1つ。「メッセージをもらった社員がどう思っているのかはわからないが、ほぼ毎日の作業だけに大変だ」と苦笑するが、社員にとってはうれしいことだろう。創業者のようにカリスマ性や特徴はないと自嘲気味に話すが、それだけに周囲の有能な人材をいかに活用するかを重要視しているからにほかならない。

一方、報酬面では「純利益が出れば20％を決算賞与で還元する」と公約する。当然、厳しい時期もあり、先を見すえて内部留保に回したいところだが、それ以上に「社員の喜ぶ顔が見たいし、頑張りを評価することで会社への帰属意識を高める」ことを優先する。経営資源は人、モノ、金、情報と言われるが、圧倒的に人の価値の高さを痛感していることが見て取れる。

人材育成と対応力強化を図る

地道な取り組みを重ねた結果、当初は雲の上の存在だった企業が現在では競合相手になっている。ただ、これに満足せず、さらなる成長戦略にも抜かりはない。

まず取り組むのが、大きな売上につながる安定的な顧客の開拓。そこには、かつて大日電子が、売上の約8割を占めていた携帯電話事業の変革の波を受け、危機的な状況に陥った反省がある。さらに、成長市場の1つとして「IoT無線監視システム」に期待を込める。ため池の安全運用への活用がターゲット。近年、異常気象が急増し水位監視などが必須となっている。中でも兵庫県内には実に大小合わせて約10万ものため池があるほどで、その潜在市場の大きさから、開拓を図る。

通信工事のデパートを実践するだけに、幅広い対応が可能だが、今後のさらなる成長には現場で対応できる人材がカギと、その育成に注力する。技術職は

▲『誠意、誠実、謙虚』を胸に経営にあたる吉森社長への信頼は厚い

「従業員ファーストでみんなを幸せに」

吉森直紀

入社直後からOJTを中心にカリキュラムに沿って教育する。入社後の約3年間は実際の工事作業に携わって経験を積み、その後は工事責任者として現場の全体管理が主たる業務となる。「現場では社長の代わりであり、すべて取り仕切らなければならない」（吉森社長）ため、仕事の幅も広く、スキルも高くなければならない。こうした人材育成のスピードアップが大きなテーマとなる。

　こうした技術力の向上や人材育成と並行して、全国各地でのきめ細かな対応力の整備や強化を課題にあげる。いまも全国対応は可能だが、実際の作業は依然として本社からの長期出張に頼らざるを得ない。出張が2～3年にもわたるケースもある。この解消のため現地採用などを積極的に行い、各拠点で受注した仕事をその拠点で完結できるような仕組みづくりを急ぐ。

顧客の利の追求を大前提に

　だからといって、無理や無茶をせず、身の丈に合った経営に努める姿勢は崩さない。利益はあくまで結果と捉え、顧客の利を追求し、社会貢献と従業員ファーストを軸に据えれば利益は自然に付いてくる。会社は人がつくる。いい会社かどうかは人の心の中にあり、その醸成が重要という考えにもとづく。そこには「社員が幸せになれる会社にしたい」という吉森社長の強い思いが込められる。「大日通信工業に入社してくれたことは、奇跡の縁で採用に至っており、非常に尊い」と、その選択を尊重する。会社と従業員、社会のトリプルウインが実現することで利益を生み、必ず良い会社になれる。「自分自身を成長させる道具として会社を利用すればいいし、企業は自己実現の舞台だ」と、価値は自身でつくって自己実現に近づけ、「それを手伝うことが自身の役割」とも語る。

　過去の積み重ねは非常に大きい。創業者が残した偉業やバトンを預かっているだけ。今後も目標を高く持ちながらそれをしっかり引き継いでいくと決意を新たにする。

COMPANY HISTORY

1960年	大阪府豊中市で設立
1974年	大阪市淀川区に本社移転
1985年	機器製造部門を分離、大日電子株式会社設立
1988年	兵庫県尼崎市に本社移転
1994年	建設業（電気通信工事業）実績兵庫県内1位にランク
1996年	三菱電機の代理店に昇格
1997年	東京営業所開設
1998年	大阪・神戸営業所開設
2009年	丹波営業所開設
2009年	仙台営業所開設
2011年	東京営業所を現在地に移転
2012年	四国、名古屋、久留米営業所をそれぞれ開設
2015年	本社を現在地に移転
2016年	吉森紀一社長が会長に、吉森直紀専務が社長に就任

COMPANY PROFILE

◉代 表 者　代表取締役社長　吉森　直紀
◉住　　所　〒660-0806
兵庫県尼崎市金楽寺町1-2-65
◉設　　立　1960年6月
◉資 本 金　9,900万円
◉事業内容
情報通信インフラ設備、通信プラント設備、電気設備全般の工事計画、設計、施工、品質管理・保守、情報通信機器、映像情報機器、OA機器の総合販売
◉URL：https://www.dainichitsuushinkougyo.com

CASE.023
Leading company

田岡化学工業株式会社

伝統の染料製造で培った技術開発力に強み

電子材料

カメラレンズ用樹脂原料

医・農薬中間体

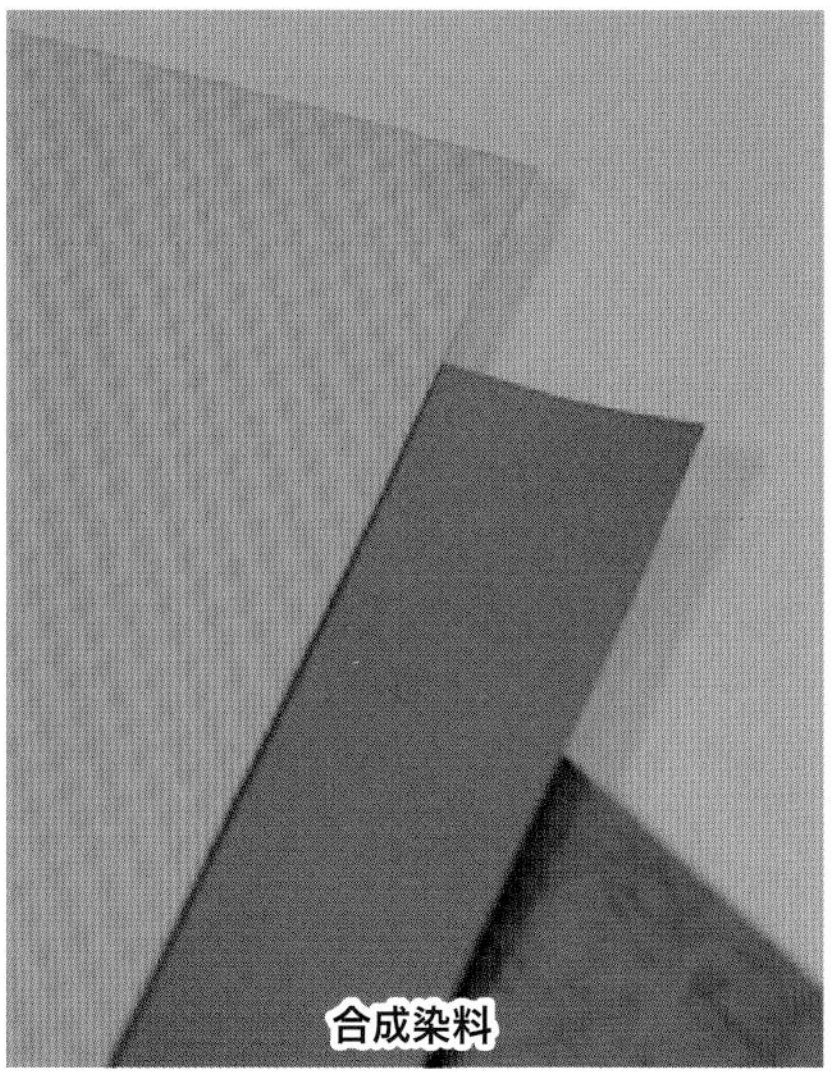

合成染料

▲精密化学品部門は田岡化学工業の業績拡大を支えている

スマホ用レンズ材料など樹脂原料が伸びる

田岡化学工業の業績が好調である。２０２１年3月期の公表予想売上高は３２０億円（前期は２５６億７１００万円）と前期比で25％伸び、７期連続で過去最高を更新する。営業利益も37億円（同26億８８００万円）と37％増加する見通しだ。このため、株主配当を4期連続で増やして1株当たり１４０円とする。化学品メーカーでこれほどの好業績を上げる企業は珍しい。

この業績急拡大と積極的な株主還元策が評価され、株価も急上昇している。17年の3月頃までは１０００円台で推移していたが、その後上昇基調が続き、21年1月には1万９５００円の史上最高値を付けた。

業績拡大のおもな理由は、主力の精密化学品（ファインケミカル）部門。特に樹脂原料が大幅に伸びていることである。中でも、スマートフォンに使われるカメラレンズの原料となる樹脂モノマーが絶好調だ。「カメラレンズの複眼化が進んでいる恩恵が大きいと思います」と、佐藤良社長は好調の背景を語る。

田岡化学工業の創業は、

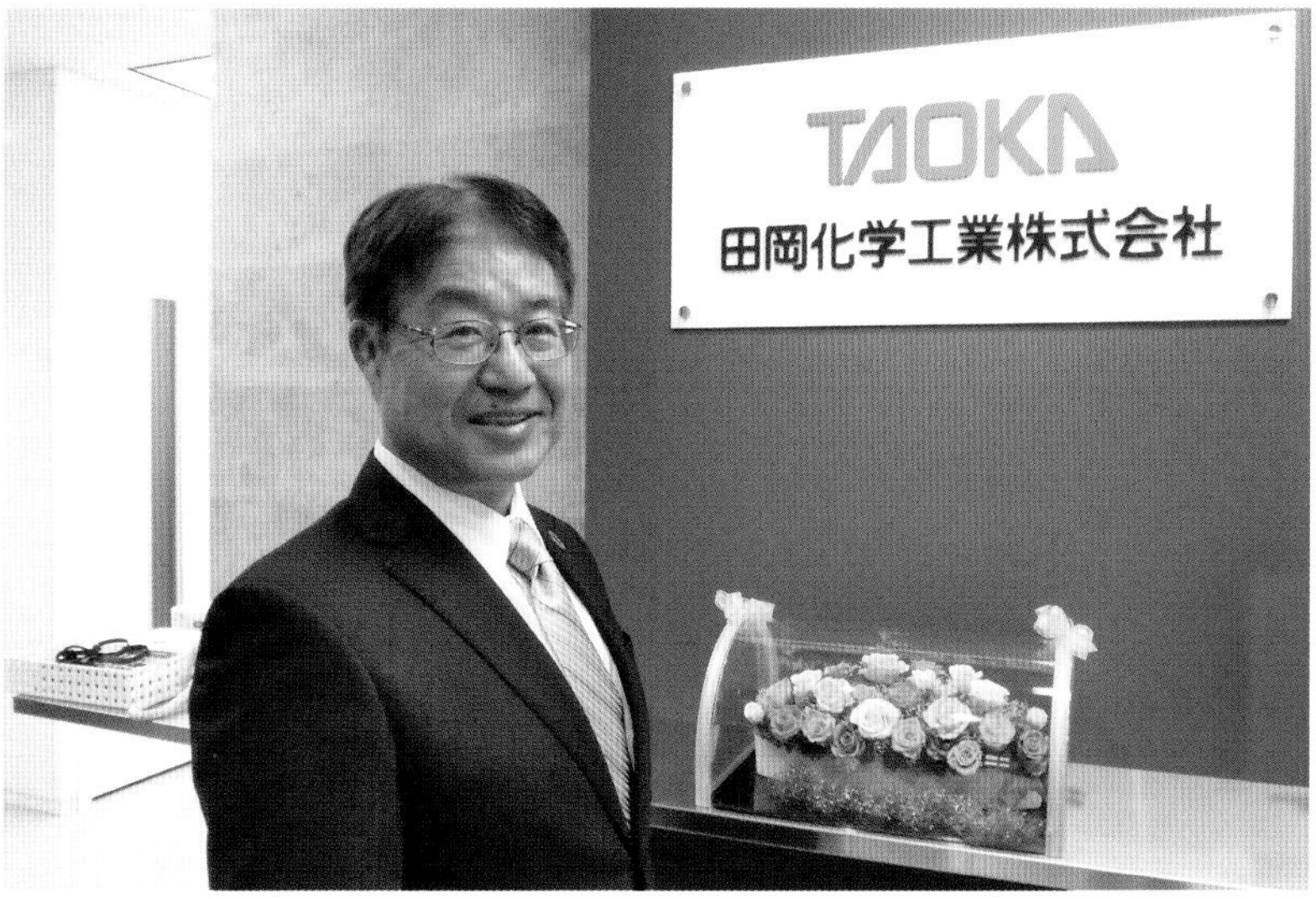

▲当社は時代の変化に応じて主力製品を置き換え業容を拡大してきたと佐藤社長は語る

シアノボンド

▲高度な工程管理で高品質の素材を供給している

エポキシ系接着剤（封止剤）

▲機能材部門では、日本初の瞬間接着剤「シアノボンド」などを扱う

1919年。染料の個人営業店・田岡商店として始まった。100年を超える歴史を持つ老舗企業である。34年には田岡染料製造という社名で株式会社化。49年には大阪証券取引所への株式上場も果たしている。

その田岡染料製造にも50年代半ばに大きな転機が訪れた。染料事業が長期にわたる繊維業界の不振により低迷し、経営が苦境に陥ったのだ。この苦境は住友化学の資本参加を得ることで乗り切り、その後は染料以外の事業にも進出して経営の多角化を推進。72年に現在の田岡化学工業に社名を変更した。

主力品を置き換えながら成長

住友化学は、いまも田岡化学工業の株式の51・55%を保有する大株主で、同社は住友化学の連結子会社となっている。人的関係は強く、佐藤社長も住友化学出身だ。ただし事業は独立しており、いわゆる親子上場で問題になることはいっさいない。

その事業内容は多岐にわたる。祖業である染料はいまも扱っているが、染料のほか医薬・農薬中間体、電子材料、樹脂原料などで構成される精密化学品が総売上高の54%、接着剤、ゴム薬品などの機能材が14%、絶縁被覆材料のワニスなど機能樹脂が12%、可塑剤など化成品が18%という売上構成比になっている。成長品目から安定した需要が続く製品まで、多種多様な製品をバランスよく扱うことで環境の激変にも対応できる。これが1つの強みである。

一見、つながりのない製品を扱っているようにも見えるが、住友化学グループ会社再編により2000年に合併した三建化工から引き継いだワニスや可塑剤を除き、大半は伝統の染料の製造・配合技術が生かされている製品だ。「例えば農薬中間体、電子材料、樹脂原料などには染料の製造技術が、接着剤には染料の配合技術がそれぞれ生かされています」と、佐藤社長は説明する。

また、「それらの技術の連続性を保ちながら、時代の変化に応じて主力製品を置き換えることで当社は成長してきました」

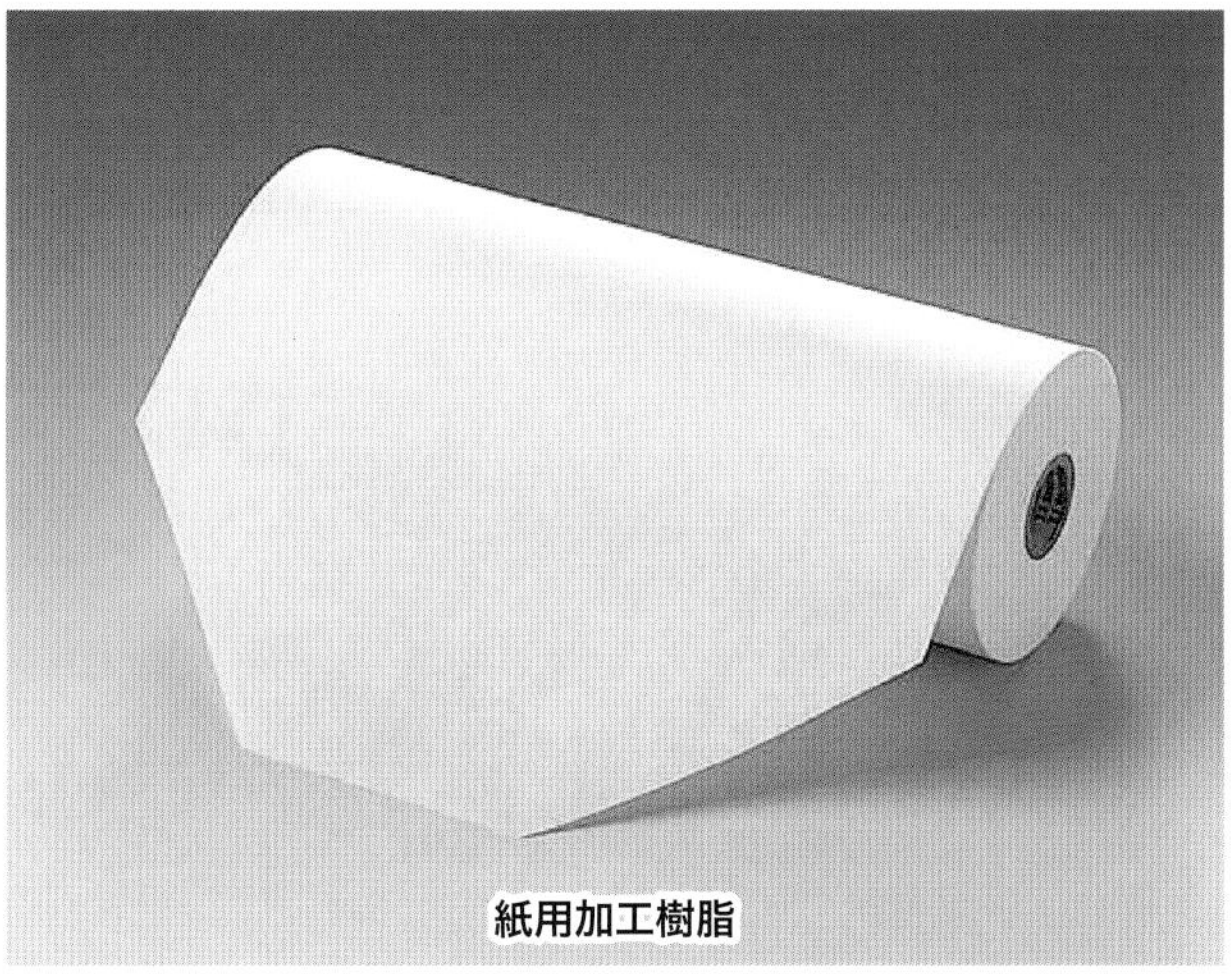

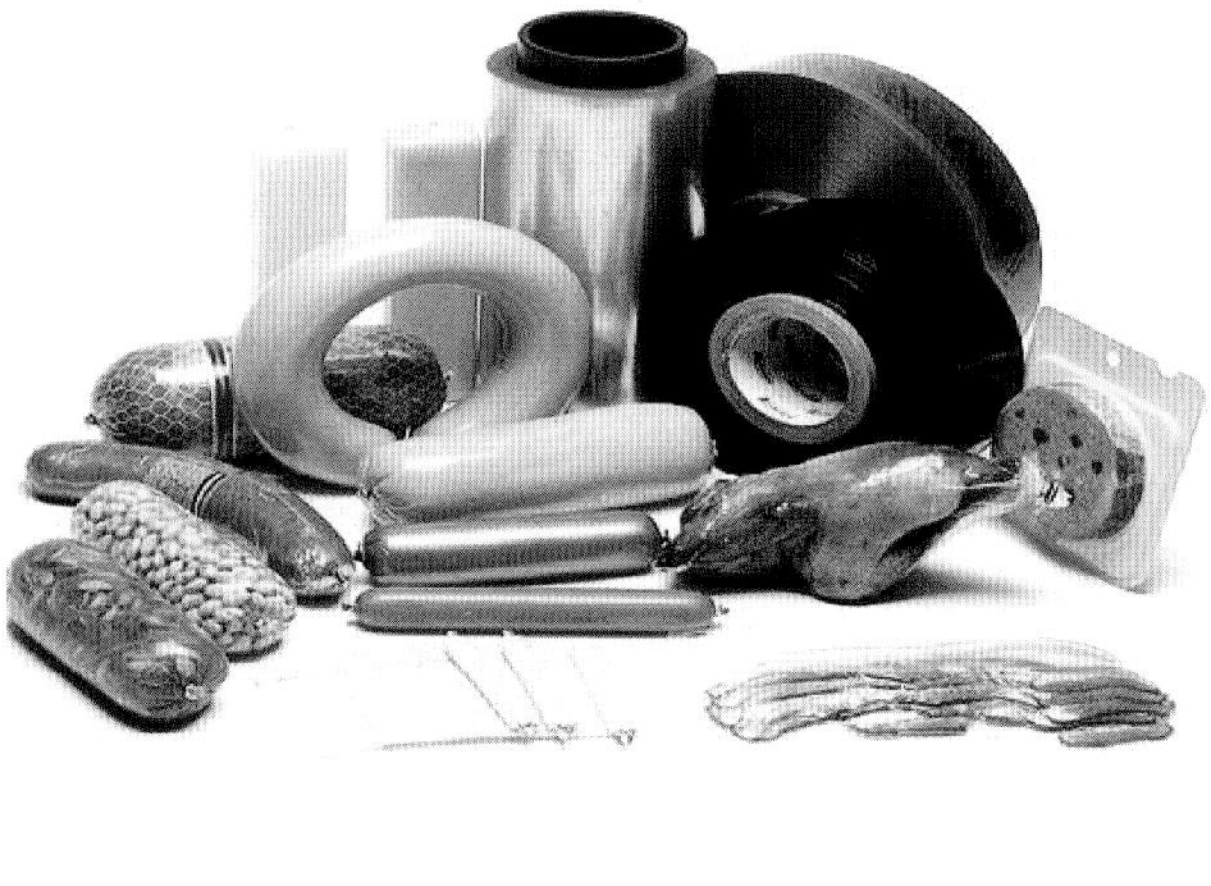

▲化成品部門は食品包装材などに用いる可塑剤などを扱う

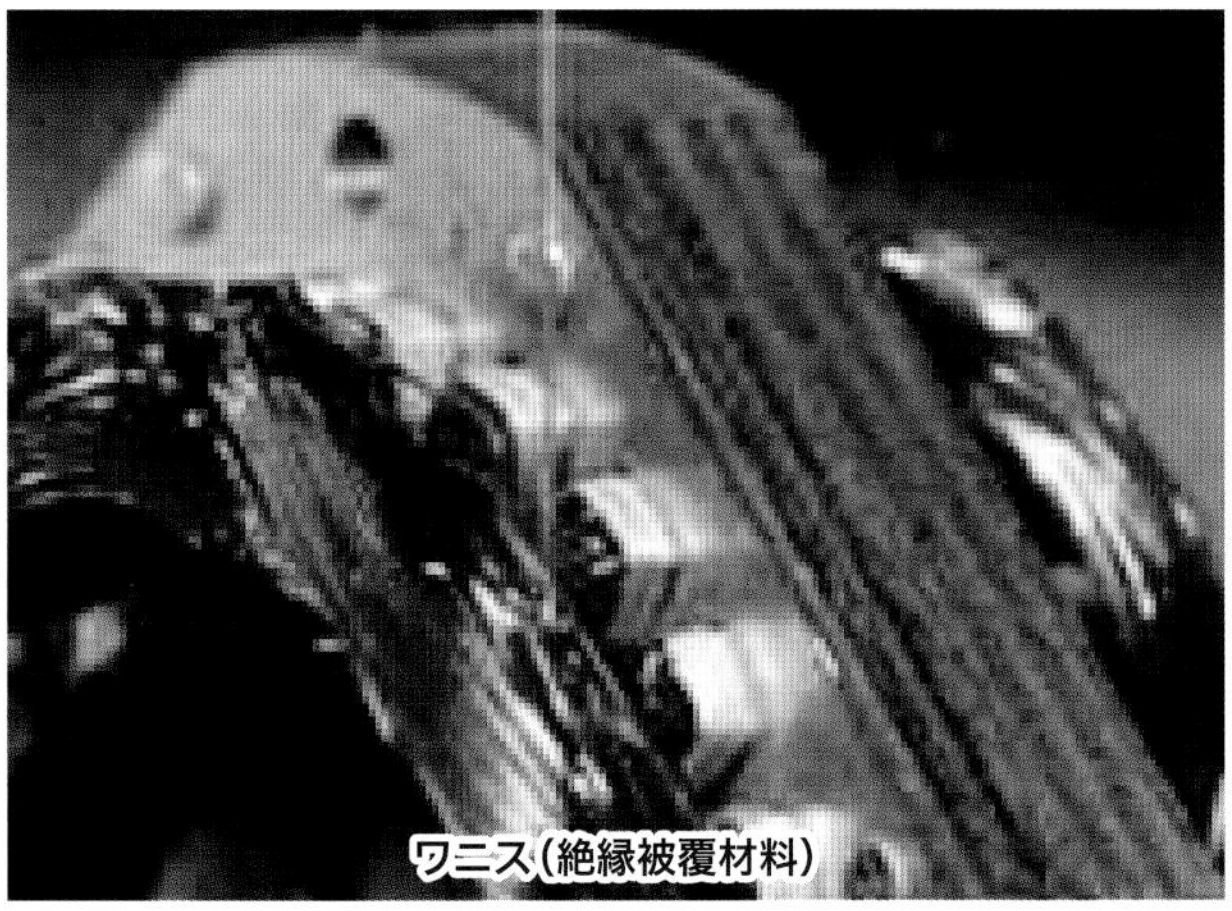

▲機能樹脂部門では絶縁被覆材料のワニスなどを扱う

とも話す。かつては染料製造技術を応用して繊維改質剤を手がけていた時期もあったが、いまは製造していない。また、2000年代初頭には写真薬が急成長して主力事業になり、中国・天津に写真薬を扱う現地法人も設立したものの、デジタルカメラ・スマホの普及とともに需要が減退したため同事業から撤退。天津の現法も解散している。このように、徹底したスクラップ・アンド・ビルドで、成長品目と安定したシェアを持つ品目に経営資源を投入していることも田岡化学工業の特徴である。

　現在の成長品目としては、樹脂モノマーのほか農薬中間体や、おもに電線に使われるワニスがあげられる。一方、安定品目としては、三建化工から引き継いだ可塑剤や、田岡化学工業で半世紀にわたり経営を支えてきた接着剤とゴム薬品があげられよう。接着剤は同社が日本で初めて上市した瞬間接着剤や、絶縁封止材料のエポキシ系接着剤など産業界に必須のもの。可塑剤もラップなどの食品用フィルムに使われる、生活に不可欠なものである。このような世の中に必要不可欠な安定品目をいくつも持つからこそ、成長分野に全力を注ぎ込むことができるのだ。

顧客と深い信頼関係を築く

「カスタマーズ・イン、プロダクション・アウト。これが私たちの基本的な考え方です」と佐藤社長は話す。一般的な「マーケット・イン、プロダクト・アウト」とは異なる概念だ。

　佐藤社長によると「市場を変えていく力は、私たちにはありません。市場ニーズというより顧客のニーズを的確に判断し、新製品をタイムリーに、既存品を安定的に供給する。これがカスタマーズ・インです」という。一方、「プロダクション・アウト」は、受託生産品においては製造技術サービスを、自社製品においては低コストの製品提供で顧客にとっての付加価値を実現することを指します」。

　すなわち、顧客本位の小回りの利く経営、そして、顧客の期

「カスタマーズ・イン、プロダクション・アウト」

佐藤 良

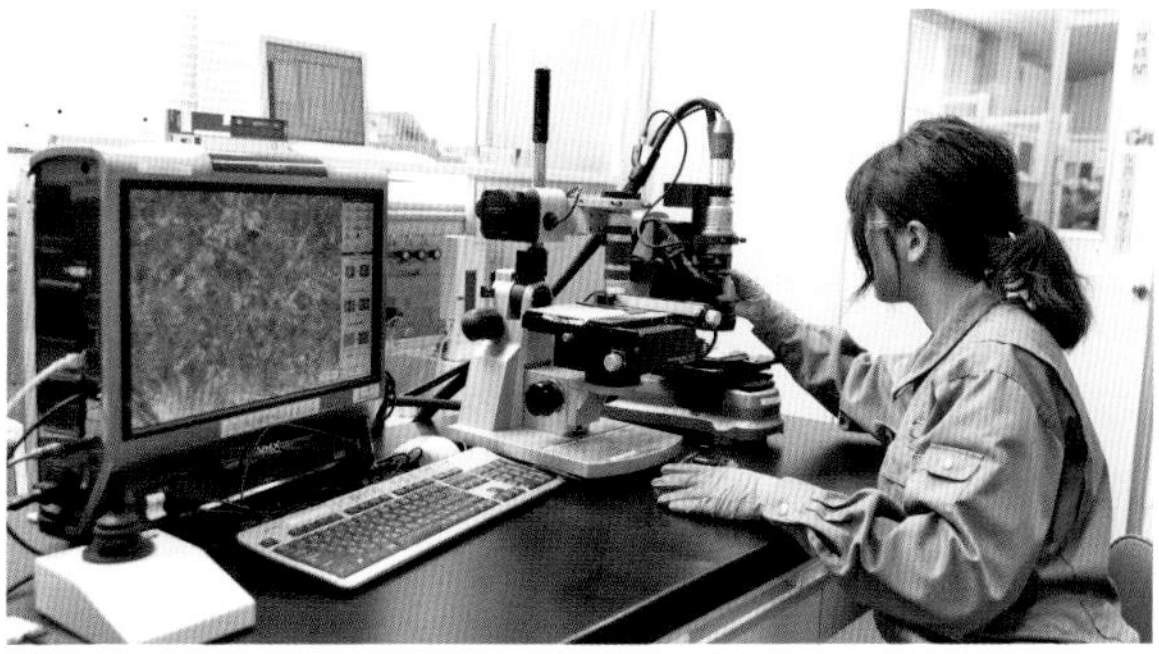

▲顧客ニーズを満たす研究開発が成長の源泉

待を裏切らない情報収集力や技術開発力、生産力という裏付けがあってのカスタマーズ・イン、プロダクション・アウトである。農薬中間体やワニスは受託生産品だが、長年にわたってこのような顧客本位の経営を続け、「信頼と相互理解にもとづく深い関係を顧客との間につくり上げてきたから」成長品目になったと、佐藤社長は強調する。

2021年3月期の業績急拡大の原動力となったレンズ用を中心とする樹脂モノマーも顧客と開発目標を共有し、共同で新規グレードを開発するという、顧客との関係を重視する姿勢を貫いている成果だ。また、精密度が要求されるレンズ用の樹脂は不純物があってはならない。モノマーの段階から高品質が求められるが、「多目的工場で生産品目を切り替えるという生産効率の向上策を進めながらも、品質管理をおろそかにすることはありません」。厳しい品質管理は顧客との関係を永続させるとの信念だ。

この考えは同じく品質管理の徹底が求められる、食品向けの用途が多い可塑剤の生産でも貫かれている。

20％成長の継続を目指す

同社は「2023年の有りたい会社の姿」という中期ビジョンを策定している。23年の連結売上高350億円を目標に、①3カ年で20％以上の成長の継続②海外事業比率20％以上の実現③新製品比率20％の継続――を目指す。

課題は現在およそ10％程度にとどまっている海外事業比率の引き上げである。新型コロナウイルス感染拡大が収束したとしても、日本の市場は低成長が続くと見られるからだ。成長市場を見極める必要がある。

今後の柱として期待できるのがワニスである。中国などで電気自動車（EV）など環境対応車が急速に普及すると予想され、電線の絶縁被覆材料としての需要急拡大が見込まれるからだ。ステークホルダー重視の姿勢で、顧客満足、株主満足の経営を貫いてきた同社が、環境への貢献で、さらに社会と暮らしの満足を実現させようとしている。

COMPANY HISTORY

1919年	田岡商店創業
1922年	合成染料の製造開始
1934年	田岡染料製造を設立
1944年	合成フェノールの製造開始
1955年	住友化学工業（現：住友化学）が資本参加
1958年	含金染料を上市
1961年	日本初の瞬間接着剤「シアノボンド」の販売開始
1965年	合成クレゾールの製造開始
1970年	レゾルシンの製造開始
1972年	田岡化学工業に社名変更
1977年	株式会社田岡化学分析センターを設立
2000年	三建化工との合併により播磨工場および愛媛工場を開設
2002年	タオカ ケミカル インド プライベート リミテッド」設立
2013年	タオカ ケミカル シンガポール プライベート リミテッドを設立
2019年	田岡化工材料（上海）有限公司を設立

COMPANY PROFILE

●代表者 取締役社長 佐藤 良
●住　所 〒532-0033
大阪市淀川区新高3丁目9番14号
●設　立 1934年10月（創業：1919年4月）
●資本金 15億7,200万円
●事業内容
医農薬中間体、高機能性樹脂モノマー、電子材料、ゴム添加剤、高機能接着剤、水溶性高分子、ワニス、可塑剤など化学製品の製造販売、
● URL：https://www.taoka-chem.co.jp/

CASE.024
Leading company

株式会社坪田測器

一品一様のプリント基板実装に強み

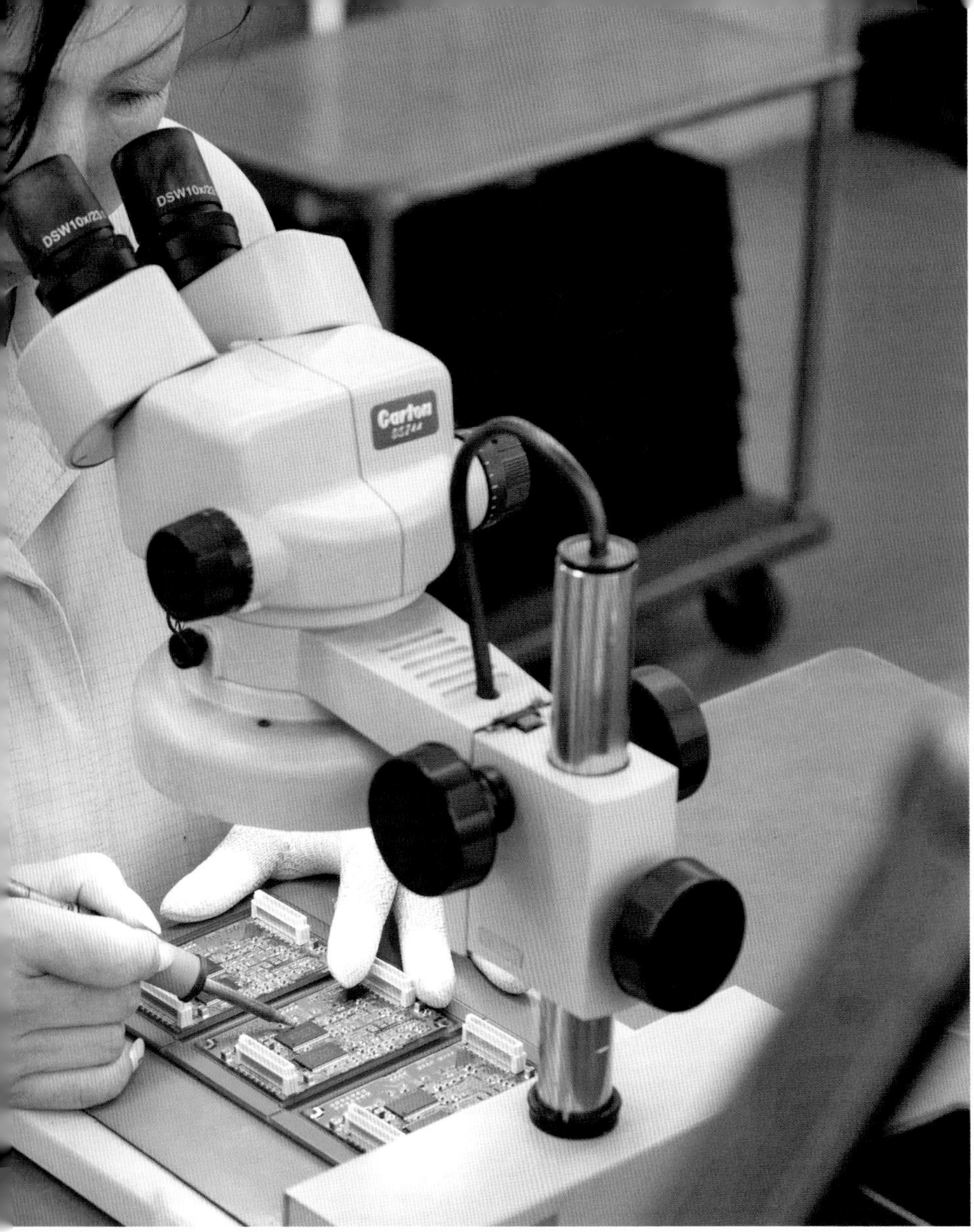

▲坪田測器では多くの女性スタッフが高品質を支えている

少量多品種で設計から部品調達・製造を一貫

兵庫県神戸市郊外に本社を構える坪田測器。同社はプリント基板の実装や電子機器の組立などを強みとし、設計から部品の調達、製造に至るまで一貫して対応できる電気機器メーカーだ。取引先の業種は工場自動化（ＦＡ）などの産業機器や医療機器、航空防衛分野など多岐にわたる。少量多品種生産を得意とし、月平均で約５００機種、１枚からの受注にも対応する。長年にわたり培ってきたノウハウと技術をもとに、今日では約１７０社との取引実績を持つ。売上の約８割を電子機器などの基板実装事業が占め、「インフラや防衛関連の産業機器にかかわる『製造装置』づくりに長年、携わってきた」と、同社を率いる坪田桂一社長はこう胸を張る。

みんなでともに考え、行動する体制へ

同社の歴史は１９７３年にさかのぼる。プリント基板のアッセンブリー、電子機器・制御盤の組立などを祖業とし、現社長の父である坪田重彦氏が創業し

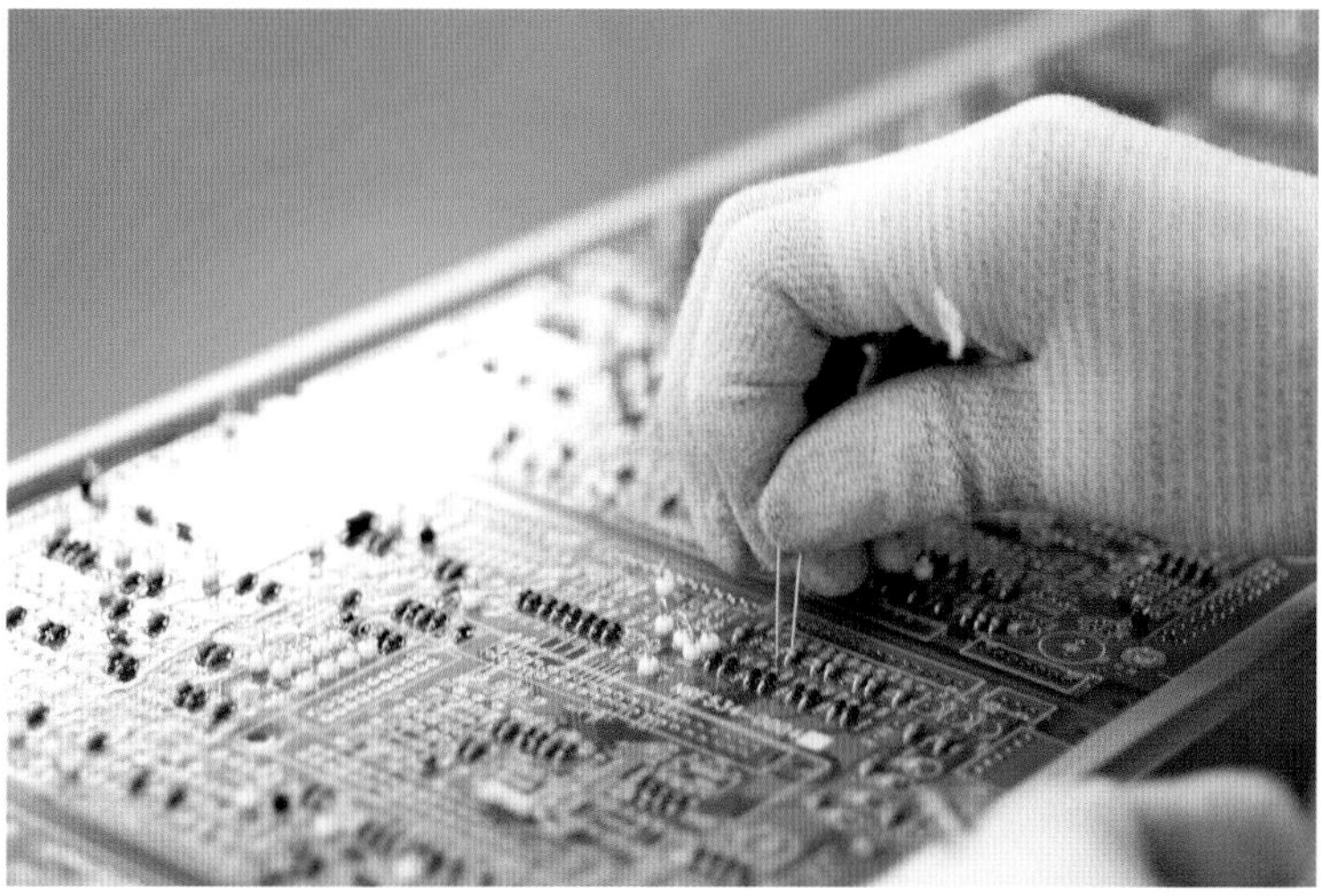

▲手作業による実装作業の様子

▲明石工場での電子機器の組立作業

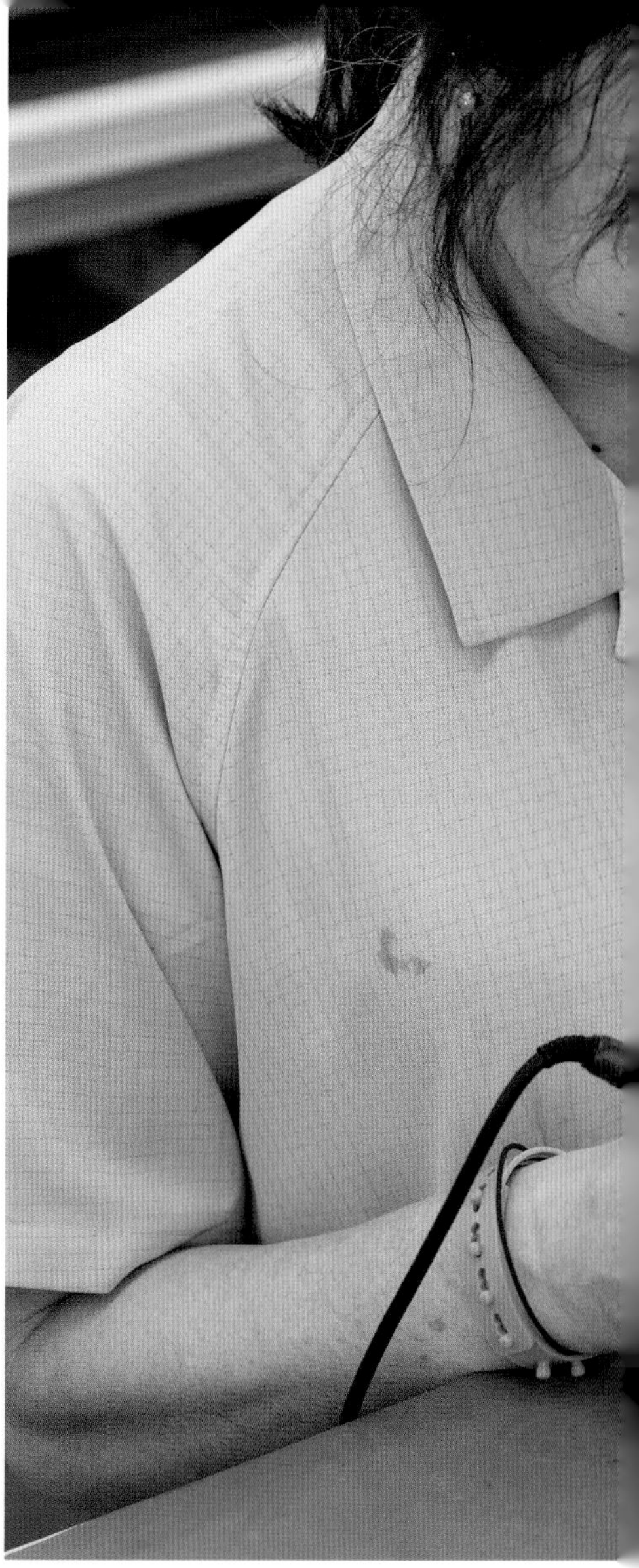

た。「モノづくりは人づくり」を経営上、重要な題目の1つに掲げ、性差や年代に関係なく長期的な視座を持ち人材育成に力を注いできた。これが今日の同社の競争力の源泉につながっている。創業以来、一貫して基板実装の技術に取り組み研鑽を重ね、また、電子機器の進化とともに業容拡大を果たしてきた。

そんな同社に2000年代に2つの転機が訪れる。1つは、2000年のITバブルの崩壊。ITバブル崩壊に端を発した世界的な市況悪化を受け、顧客の分散化を積極的に進めた。従来は上位数社への依存度が高かったが、1業種、1社への売上高に占める依存度は1割以下をめどに低減し、業種も自動車や防衛、産業機械など幅広い業種に展開するよう改めた。併せて、自己資本の増強も図り、外部要因に左右されにくい経営体制づくりに努め、景気に左右されない経営基盤を築いた。

もう1つは、08年7月に創業者である重彦氏がガンを患い、急死したこと。04年に入社した坪田桂一社長は「会社内で知らないことをなくしたい」の思いから、本社工場や明石工場の各生産工程で現場での経験を積んでいた。2代目社長の就任は、そんな状況下での急な出来事だった。「父は病床に伏していたゆえ、引継ぎや心の準備もないまま社長に就任せざるを得ませんでした」。坪田社長は当時をこう振り返る。また、同年は「リーマン・ショック」の影響により業績や受注環境に暗い影を落とした年でもあった。「自社がまさに『ボトム』の中で会社を引き継いだ」と続ける。

社長就任後は、利益率が比較的低い事業をあぶ出し、顧客と価格改定などの交渉を地道に積み重ね、会社全体の利益率の向上に努めた。また、業容拡大を図っていく過程で社員教育の重要性を認識し、社風の変革と従業員の意識改革の徹底に挑んだ。

「創業経営者である父は少しワンマン気質なところもあった。これに対し、現社長は会社を『システム』として機能させるために、従業員みんなでともに考え、行動する体制への変革に務め、成果を出してきた」。

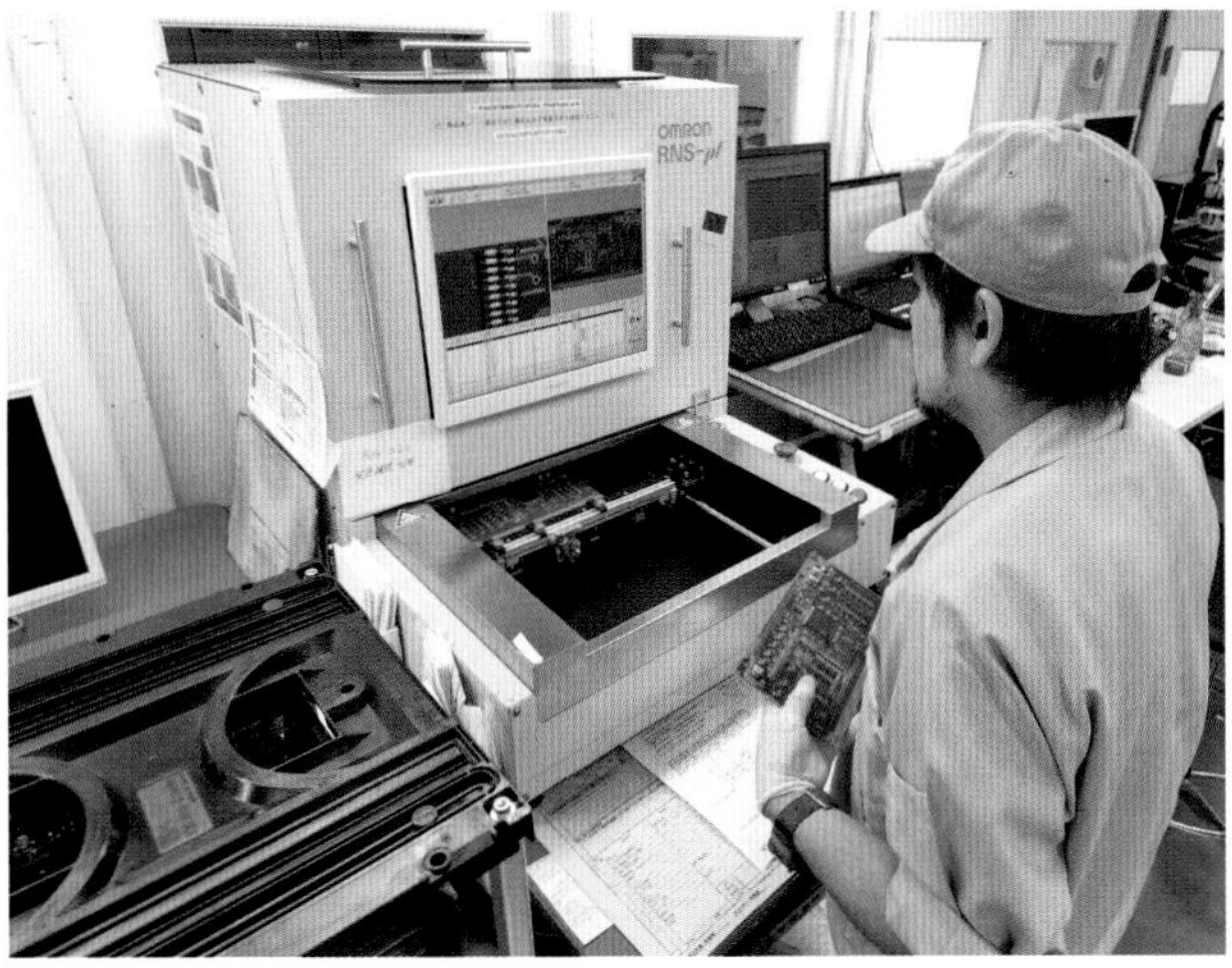

▲画像処理システムによる外観検査

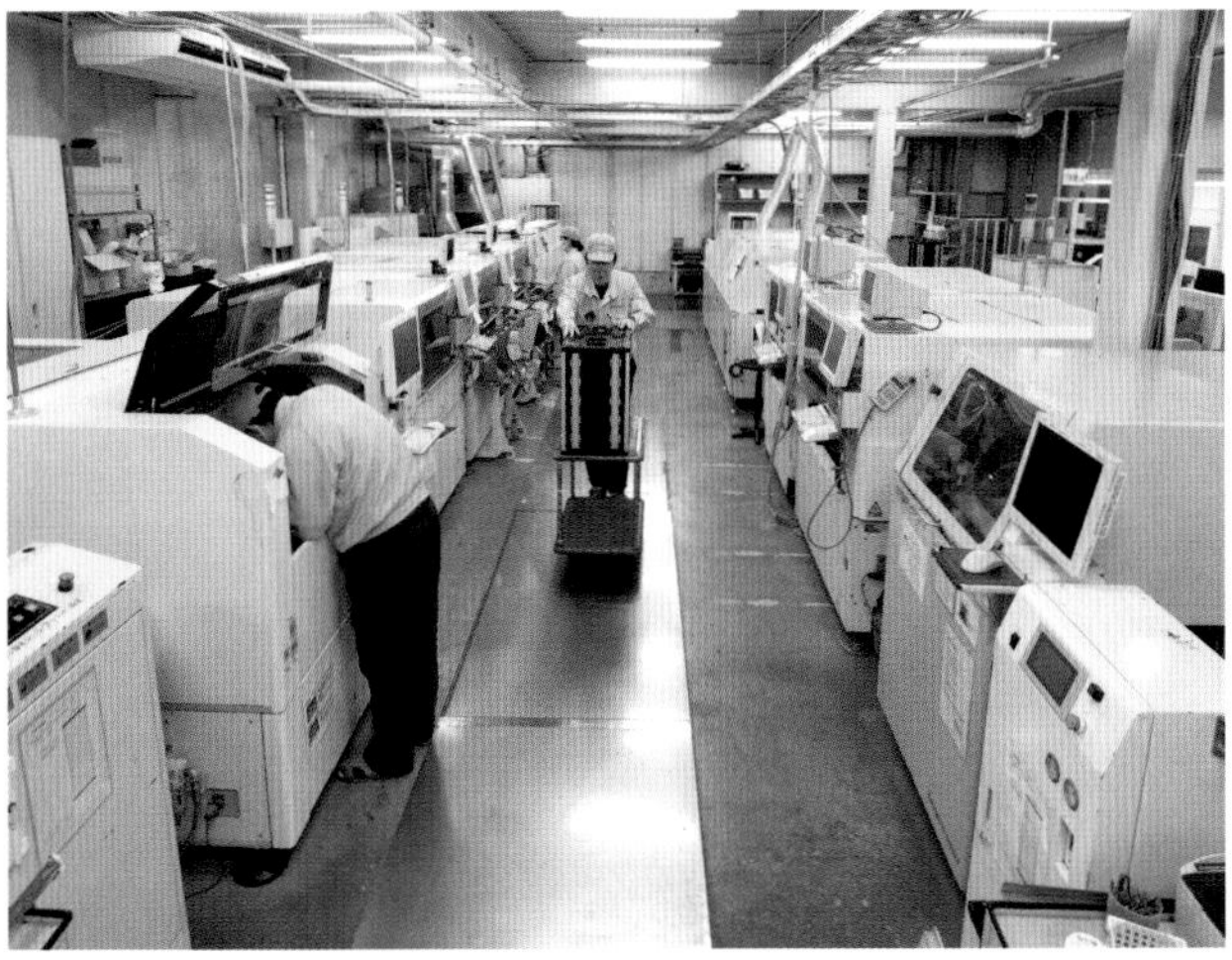
▲自動はんだ付け装置など最新設備が並ぶ

▲資材部での検品作業を通過した部品を使用する

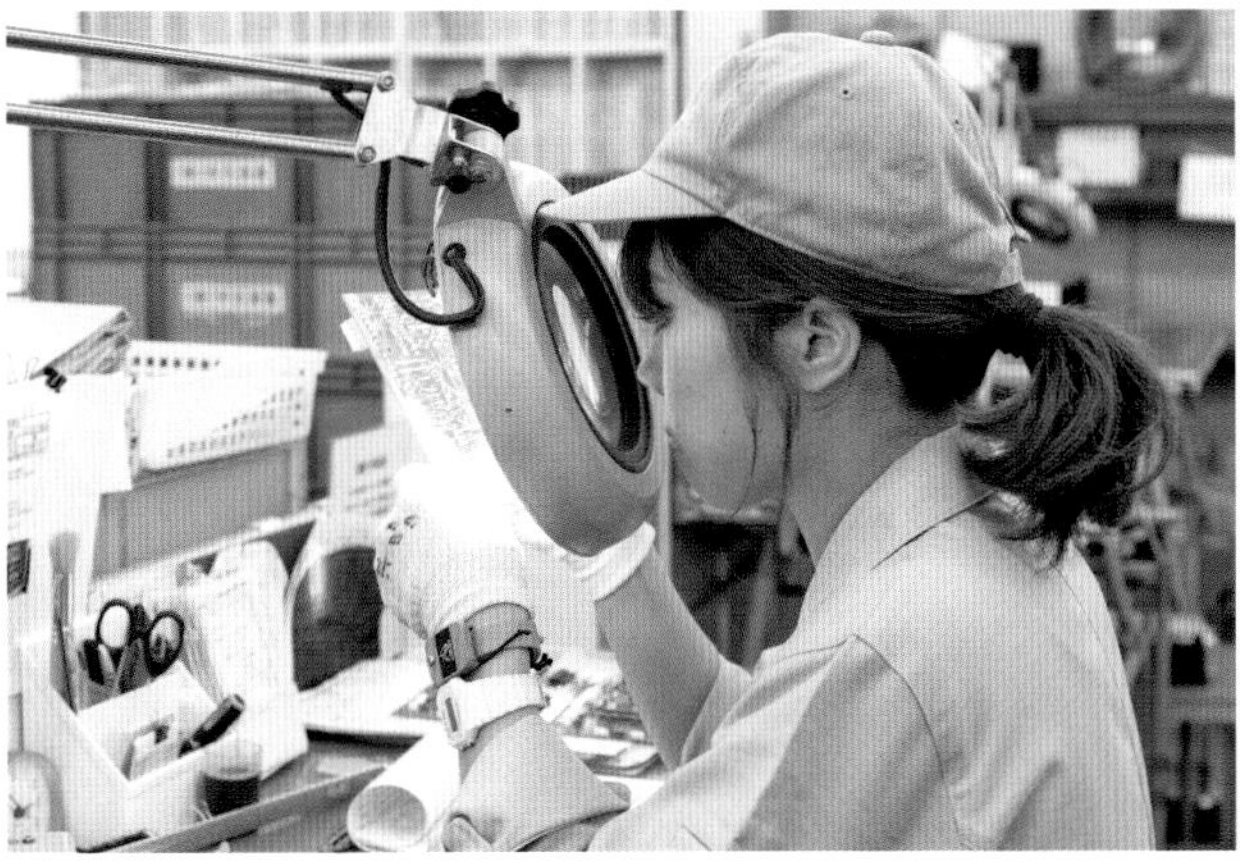
▲目視検査による検査工程

坪田社長の就任時から経営陣の一翼を担ってきた、実弟で専務取締役営業部長の坪田浩明氏は、当時の成果をこう説明する。逆境が経営者を強くすることがあるが、その典型といえよう。

コロナ禍でも好業績

　こうした改革により現在、坪田測器の経営環境・受注環境は底堅い。20年は新型コロナウイルス感染症拡大の影響により、プリント基板実装や組立事業で大きな売上を占める車載部品向けは低調だった。一方、教師の負担軽減や教育現場のデジタル化を推進する政府の「GIGAスクール構想」の前倒しによる、無線LANアクセスポイントや半導体製造装置向けの基板実装の需要が増加し、「通期全体で昨年度よりも売上の増加が見込まれる」（坪田社長）。2000年代から取り組んできた顧客分散が功を奏した。

　このような堅調な業績見通しを受け、生産能力の増大に向けた取り組みを21年度から段階的に始動する。21年度内に半導体製造装置向けの基板実装・組立などの生産ラインを1ライン増設して計3ラインに増設する。22年夏頃には、本社敷地内に新たな建屋を建設する。これらの設備投資が完了すれば、最大生産能力が倍増となる見込みだ。

「何百種類もの部品を取り扱うがゆえ段取り替えに要する時間が多い。保有設備のスペックを向上することで段取り替えなどの手間を軽減し、残業時間の削減などにつなげ、従業員のQOL（生活の質）の向上につなげていきたい」。生産能力の増強にとどまらない、設備投資の狙いを坪田社長はこう説明する。

　一連の設備投資は数億円規模になる見込み。ここ十数年の収益向上策の積み重ねとして利益剰余金も積み増すことができており、資金の大半を自己資金・内部留保で賄う計画だ。

　坪田社長は、経営の神と称された「松下幸之助氏の『ダム式経営』の言葉を胸に刻んできたという。経営環境の上下の波に対応すべく、悪いときに備えて、会社に蓄えをつくっておかねばならないという教えで、このよ

「モノづくりの現場の技術革新の一翼を担う」と胸を張る

坪田桂一

TSUBOTA-SOKKI

▶坪田社長の手腕によりコロナ禍でも安定した経営を達成している

COMPANY HISTORY

1973年	坪田重彦が明石市朝霧町1丁目で創業
1980年	資本金500万円をもって有限会社設立、代表取締役に坪田重彦が就任
1985年	明石市朝霧町3丁目に工場新築（現在の明石工場）
1994年	神戸市西区伊川谷町有瀬に本社工場を移転
1996年	資本金1,000万円に増資し、株式会社に変更
1999年	資本金4,000万円に増資
2000年	基板実装品の製造に関する品質マネジメントシステム登録企業としてISO 9002の認証取得を受ける（本社工場）
2001年	神戸市西区今寺に本社工場移転
2003年	ISO 9001-2000に改版
2008年	代表取締役社長に坪田桂一が就任
2009年	ISO 9001-2008に改版
2013年	「神戸発・優れた技術」に認定

COMPANY PROFILE

●代表者　代表取締役車両　坪田　桂一
●住　所　〒651-2114
兵庫県神戸市西区今寺5-1
●設　立　1973年
●資本金　80,000,000円
●事業内容
プリント基板実装、プリント基板設計、電子機器組立配線、LED照明販売
● URL：http://www.tsubota-sokki.com/

うな計画は、これを実践してきた証左といえいよう。

多数の女性スタッフが高品質を支える

同社は、企業理念に「製造業のプロフェッショナルとして、お客様に品質の高い『サービス』と『安心』をご提供します」を掲げる。実際、高品質な製品の提供で定評があり、それを支えているのは多数在籍する女性スタッフである。従業員の過半を女性のパート従業員が占め、20代から60代まで多様な年代が所属する。また、同社独自の教育プログラムなど各種支援制度の整備があり、勤続年数が長い従業員も多い。ゆえに、パート従業員ながら図面を正しく読み取るスキルを持つスタッフや、組立スキルが高く、生産性向上に寄与しているスタッフもいる。わが国では、結婚や出産を機にいったん離職し、育児が一段落したら再び働きだす女性が多く、このような女性の労働力率を示す「M字カーブ」という現象があるが、同社では無縁だ。共働き夫婦の坪田社長自身が「イクメン」ということも、女性が働きやすい会社にしているのであろう。現在はウィズコロナ時代を見据え、クラウドの利用による柔軟な働き方と生産性の維持の両立に努めている。

２０２３年には創業50周年を迎える。同時に、坪田社長は社長就任からちょうど15年を迎える。「会社を大きくする、次のステージを迎えている」と話す坪田社長。「堅実かつ着実な設備投資計画を練っている」とし、これまでと同様、わが国の電子機器の発展に寄与しつつ、さらなる業容拡大を図るものと期待される。

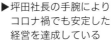

CASE.025
Leading company

株式会社テクノフローワン

コーティングとラミネート、2つのコア技術を軸に オンリーワンの技術でナンバーワンを目指す

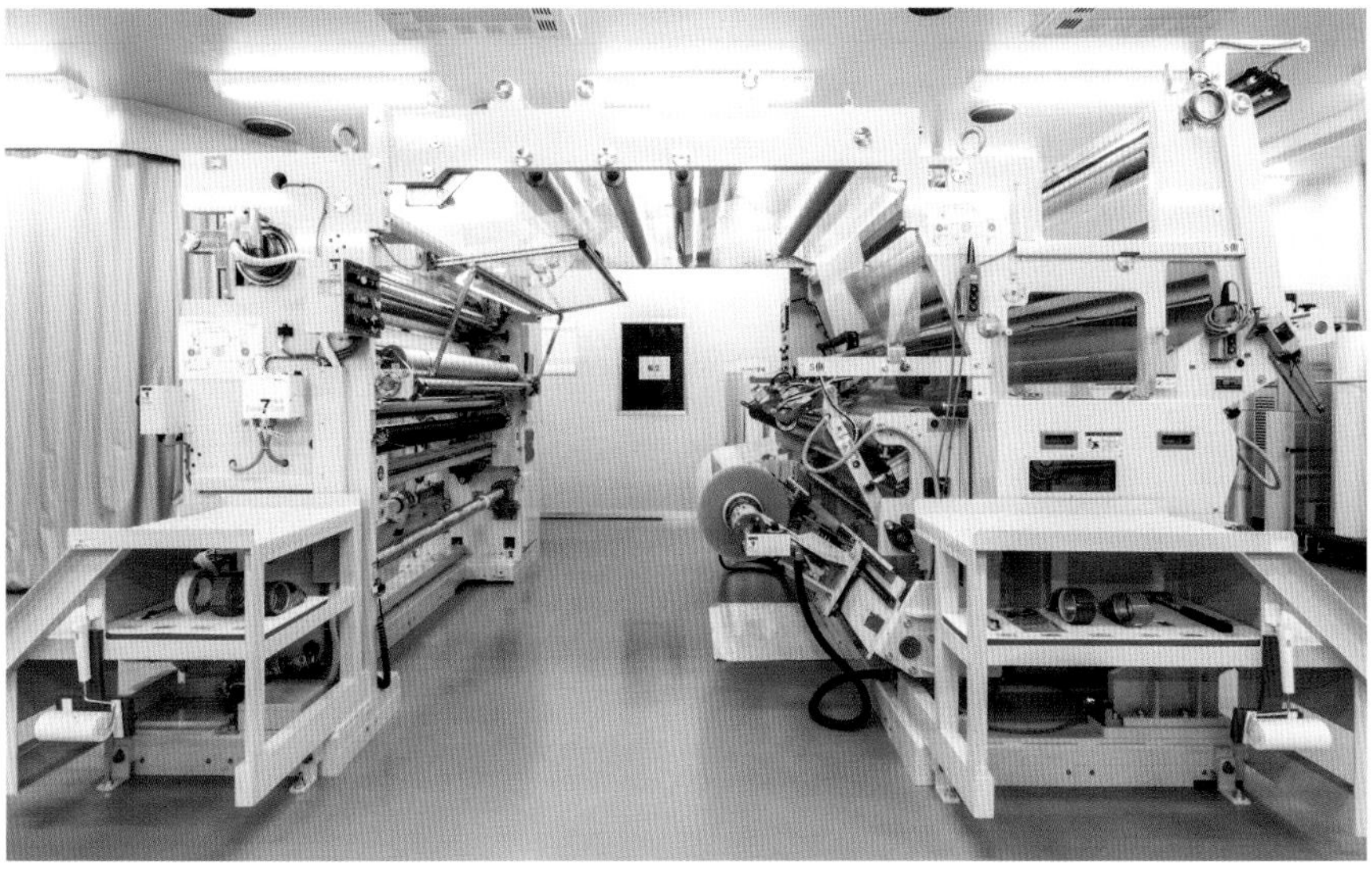

▲クリーン環境下での精密塗工から最終仕上げまで対応

アクリルフォームや特殊粘着テープなど自社製品売上比率は約５割

テクノフローワンが特化するのは、モノの表面に塗膜を形成し新たな機能を付与する「コーティング」と各素材を貼り合わせて層にする「ラミネート」の加工技術。「相対的に突出した柱のない利益構造を目指す」というポリシーのもと顧客ニーズに応じて提案し、IT・エレクトロニクス・医療・建材・自動車・アパレル、生活関連製品など幅広い業界で同社製品が貢献している。

掲げる企業理念は、「私たちは技術の研鑽と自己変革で、社会と家族に誇れるオンリーワンでナンバーワンの企業を目指します」。そして、「狙ったアイテムは大企業にも負けない製品開発でリーディングカンパニーを目指している」と伊藤世一社長は言い切る。

近年では、特にIT・エレクトロニクス分野の発展に同社製品が寄与している。世界のスマートフォン市場における近年の出荷台数は年間15億台前後で推移する。これらスマートフォンやタブレット端末などの内部に、上述の同社技術が各種部分

▲伊藤社長は航空業界の架け橋となるよう、2017年にフライトシミュレーターセンター「テクノバード」を立ち上げ、社内研修にも活用している

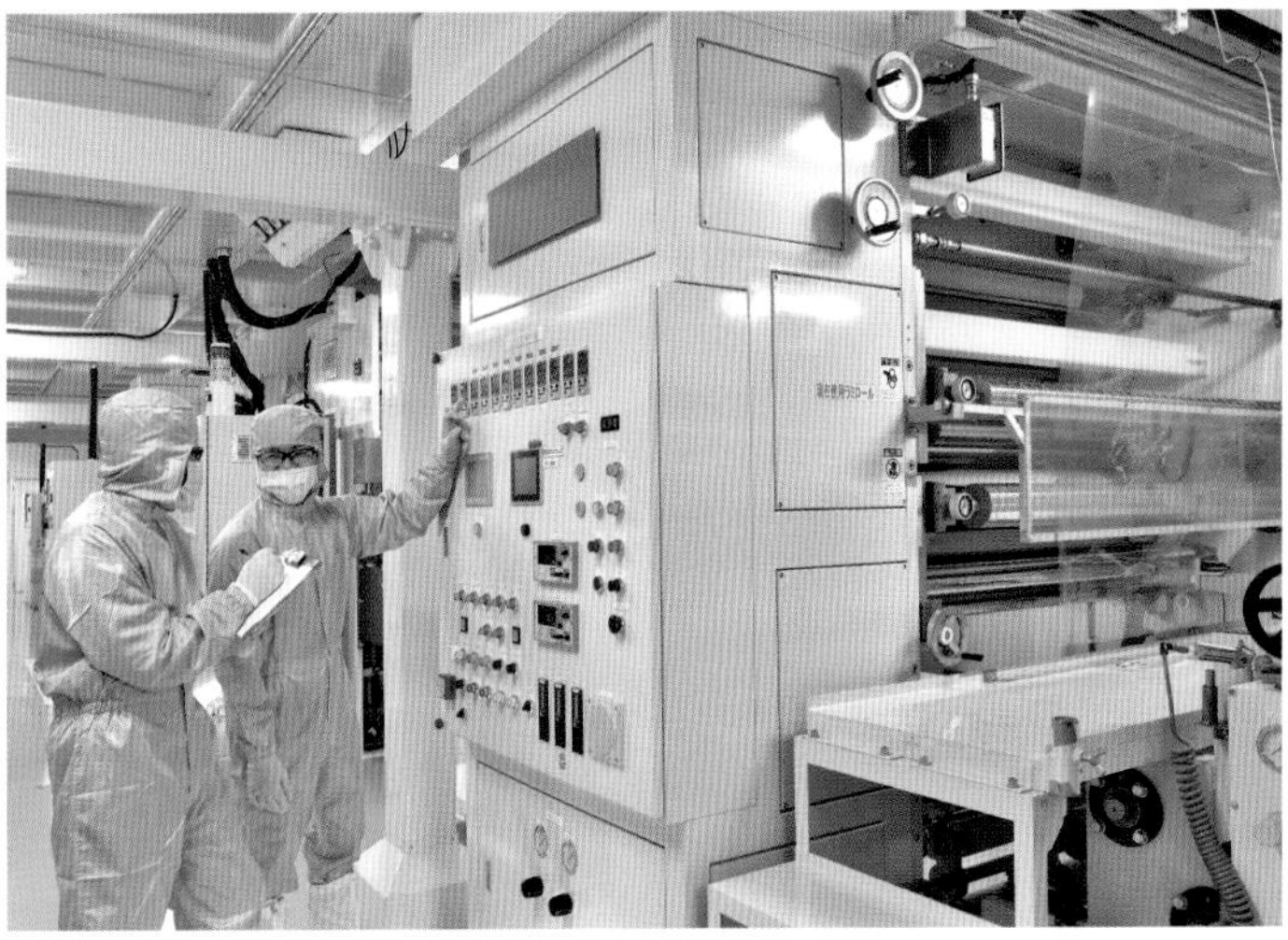

▲クリーンルームで高品質なモノづくりを行う

▲相反する特性を持つシリコーンとアクリル粘着のどちらにも対応できる、高度な管理を実現した藤枝第二工場

で必ず採用されている。例えば、アクリルフォームは柔軟な発泡構造を有しており、ディスプレーの内側に積層することで落下時の破損を防止する。「ＡＢフィルム」と呼ばれるスマホのディスプレー保護ガラス用両面テープも近年のヒット商品の１つ。同様に、傷つき防止のハードコートやぎらつき防止、指紋防止のコーティングも行っている。

液晶画面に最適な シリコーンＯＣＡ

スマートフォン用資材としては、タッチ画面とディスプレーの間にある空間を埋め、両者をつなぎ留める「ＯＣＡ」と呼ばれる高透明な両面テープを提案している。特にシリコーンＯＣＡはアクリル樹脂製に比べて屈折率が低いのが特徴で、画面がよりきれいに見える。不燃や難燃性の製品が求められる部分にも適しており、飛行機のファーストクラス用４Ｋ液晶テレビで採用されている。また、シリコーンＯＣＡ自体が難燃性を有していることから、一番外側に使われているガラスパネルの代わりに、ポリカーボネートなどのフィルム仕様が可能となり、軽量化にもつながっている。

ビジネスクラスへの採用も始まっており、今後、エコノミークラスへの採用が進むことで燃費向上にも寄与すると期待されている。さらには、曲面ディスプレーにも適しており、車載用ディスプレーなどへの採用拡大も見込まれている。

自動車分野ではタイミングベルトや耐熱ダクトホースなどエンジンルーム内で使われる部材への加工をはじめ内装材への粘着加工などを行っている。現在、自動車の電動化（ＥＶ）が加速する中、ＥＶバッテリー用部材の開発を進めている。

また、家電分野ではスピーカーエッジ材や白物家電に組み込む粘着テープ類および各種素材の粘着製品などで採用されている。中でも、国内トイレメーカーの暖房便座用ヒーターに使う熱伝導シートのシェアは１００%を占める。そのほか、アパレル関連では生地と生地を貼り合わせるボンディング加工を、医療・介護分野ではテーピングテープやひざ用、腰痛用のベルト向けの加工を手がける。このように、同社のコーティングとラミネート加工技術は、あらゆる分野を支えているのである。

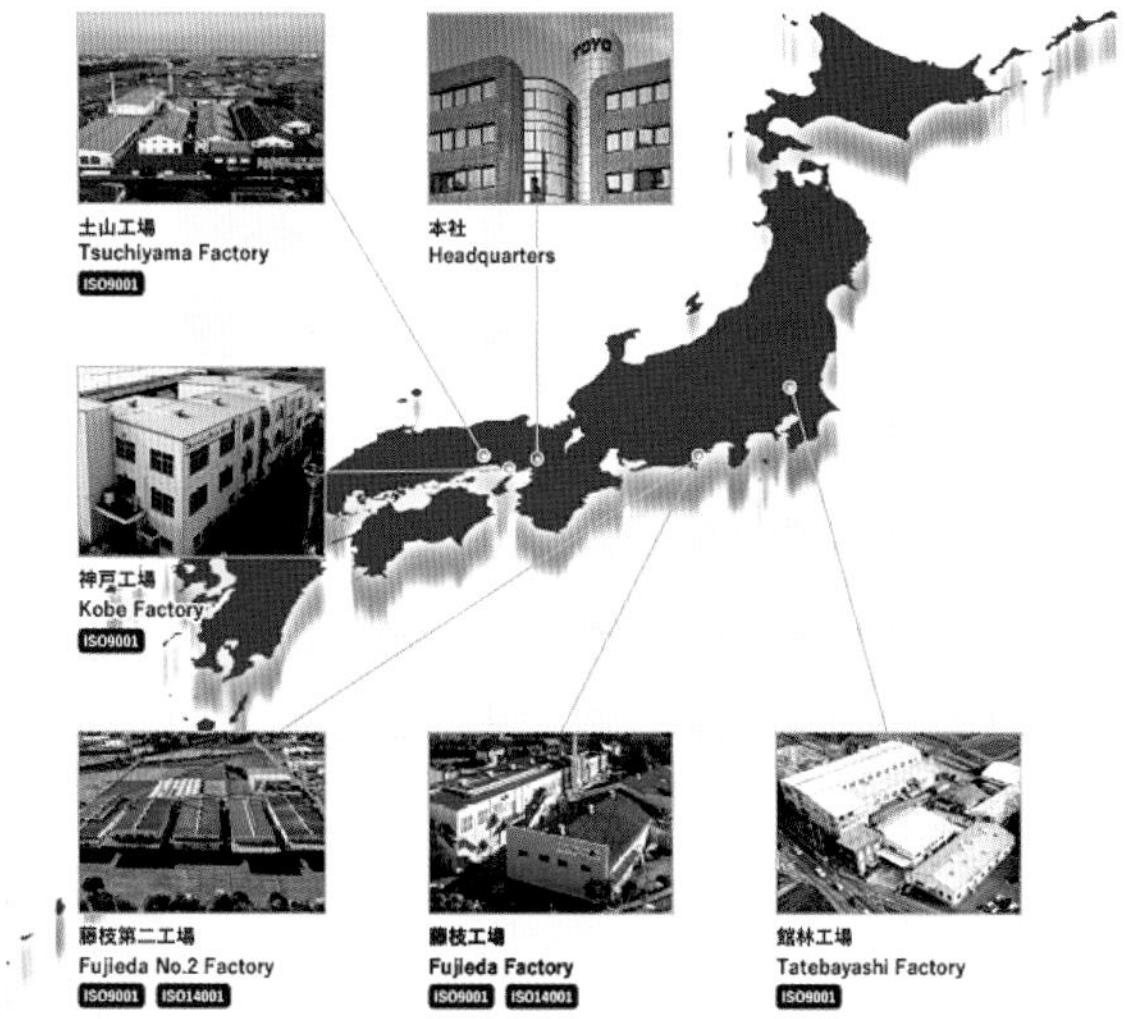

▲同社ネットワーク。5 つの生産拠点には 40 台超のコーターマシンを揃え、多様なニーズに応える

▲伊藤社長自らが指導する社長塾。写真は飛行機を題材にした物事の原理原則を学ぶ講義風景

▲次代の経営幹部の育成にも力を入れている

技術提案型企業へ

　テクノフローワンの歴史を紐解くと、1949年にケミカルシューズ集積地の神戸市長田区で伊藤社長の父の伊藤善吾氏が履物縫製業として創業したのが始まり。51年には履物の「糊引き」と呼ばれる生地にゴム糊を塗布する加工を手がける東洋糊引工業所（現テクノフローワン）を創立した。その後、業容拡大のため静岡や東京・浅草の履物業界の受注拡大に向け神戸（神戸市兵庫区）、土山（兵庫県稲美町）の兵庫県内の生産拠点以外に、藤枝工場（静岡県藤枝市）、藤枝第二（同）、館林（群馬県館林市）と関東や中部地域に新工場を建設する。

　いまから約45年前、当時は履物向けの加工で忙しかったが、創業者の伊藤善吾会長（当時）が「将来日本では履物産業の海外シフトは避けられない。履物の加工をしながら同時に脱履物を目指す」と宣言。糊引き加工の延長線上にあるコーティングとラミネートをコア技術に据え、“技術提案型企業”としてスマートフォンなど最先端のIT・エレクトロニクスや自動車、生活関連、医療、建材、アパレルなど幅広い分野に参入し活路を見い出した。2008年のリーマン・ショック以前は売上の大半が受託加工だったが、アクリルフォームをはじめ自社製品の開発にも力を入れ、いまでは自社製品の売上比率は約5割にまで上昇している。

　現在、同社を率いる伊藤社長は1987年に米ノートルダム大学大学院修了後、89年にテクノフローワンの前身となる東洋ケミテックに入社。そして、2004年に中興の祖である2代目の松岡淳也会長から社長を託された。

　「バトンを渡す人とバトンを渡される人、会社の3つの健康が揃っているときがベストタイミング」

　このような松岡会長の考えのもと事業承継がなされ、コーティングとラミネートという2つのコア技術を軸にオンリーワン技術でナンバーワンという地位を築くのである。

「狙ったアイテムは大企業にも負けない製品開発でリーディングカンパニーを」

伊藤世一

強みを持ち寄るアライアンスでより強く

経営理念を受け継ぐ伊藤社長は、製品開発力の強化や生産体制の充実、組織改革や人材育成にも力を入れている。

製品開発においては、近年、他企業とアライアンスを組むことで大企業に負けない競争力を育んでいる。「弱点を補うアライアンスではなく強みを持ち寄るアライアンス」を志向する。例えばスマホなど電子デバイス分野への進出などは、岩谷産業のマテリアル事業部と製品開発ニーズの発掘、開発・製造、販売という各局面で、それぞれの強みを持ち寄ることで実現させた。

生産体制に関しては、5つの工場に最新鋭の各コーターやスリッター、糊引機、クリーンラミネート機などを多数の設備を保有するが、さらなる強化を目指している。EVの電装部品用の設備投資などの検討を進めるほか、国内5工場のさらなる連携強化と事業継続計画(BCP)に関する機能強化を図る。さらには10~20年先を見すえた製造現場の自動化を推し進め、設備のIoT(モノのインターネット)化やAI(人工知能)の適用による製造工程の人的ミスの低減や製造コストの削減を推し進め、海外勢に負けない国内でのモノづくり体制を構築していく。堅実経営を続ける同社は、自己資本比率90%前後の維持により、コロナ禍のような不測の事態が起きても新規開発や設備への迅速な投資を可能にしている。

人材教育では、2年ほど前から伊藤社長らを講師に迎え「社長塾」を開始。飛行機を題材に物事の原理原則を指導したり、経営幹部や中堅管理職、開発者それぞれに経営感覚を掴んでもらう研修も実施したりして次代の経営幹部の育成も進めている。ユニークなのは、前者は西日本唯一のフライトシミュレーターセンター「テクノバード」で実施していること。かつてエアラインパイロットを夢見ていた伊藤社長が、より多くの方に飛行機の操縦を身近に感じてもらい、また航空業界への架け橋となるよう、2017年設立のグループ会社・トゥーエイトレフトが運営する施設で、楽しみながら学ぶことができる。加えて、英語への苦手意識の解消を主眼とした英会話研修やビジネススーツの着こなし塾も実施。様々なアプローチから社員1人ひとりの成長を後押しし、海外勢に負けない人材の創出につなげている。

コーティングとラミネートという2つのコア技術は生活のあらゆる場面で生かされている。これらを保有するテクノフローワンは、さらに自分(自社)の強みを生かし、自分(自社)らしく社会に受け入れられながら「社会と家族に誇れるオンリーワンでナンバーワン」を目指し続けている。

COMPANY HISTORY

1949年	創業
1963年	東洋化学糊引(資本金2,500万円)設立
1971年	群馬県館林市に東洋化学糊引 館林工場を新設
1979年	東洋コーティング(資本機2,500万円)設立
1980年	兵庫県加古郡に東洋化学糊引 土山工場を新設
1981年	静岡県藤枝市に東洋コーティング 藤枝工場を新設
1986年	神戸市兵庫区に東洋化学糊引神戸工場を新設
1988年	東洋化学糊引を東洋ケミテックと改称
1989年	神戸市長田区に本社社屋新設
1998年	東洋コーティング第2工場を新設
2016年	東洋ケミテックと東洋コーティングをテクノフローワンとして合併
2016年	資本金を9,800万円に増資

COMPANY PROFILE

◉代表者　代表取締役　伊藤　世一
◉住　所　神戸市長田区神楽2-3-2
◉設　立　1951年3月(創業は1949年6月)
◉資本金　9800万円
◉事業内容
コーティングやラミネート加工の受託加工および自社製品の製造販売
◉URL:https://www.tfone.co.jp/

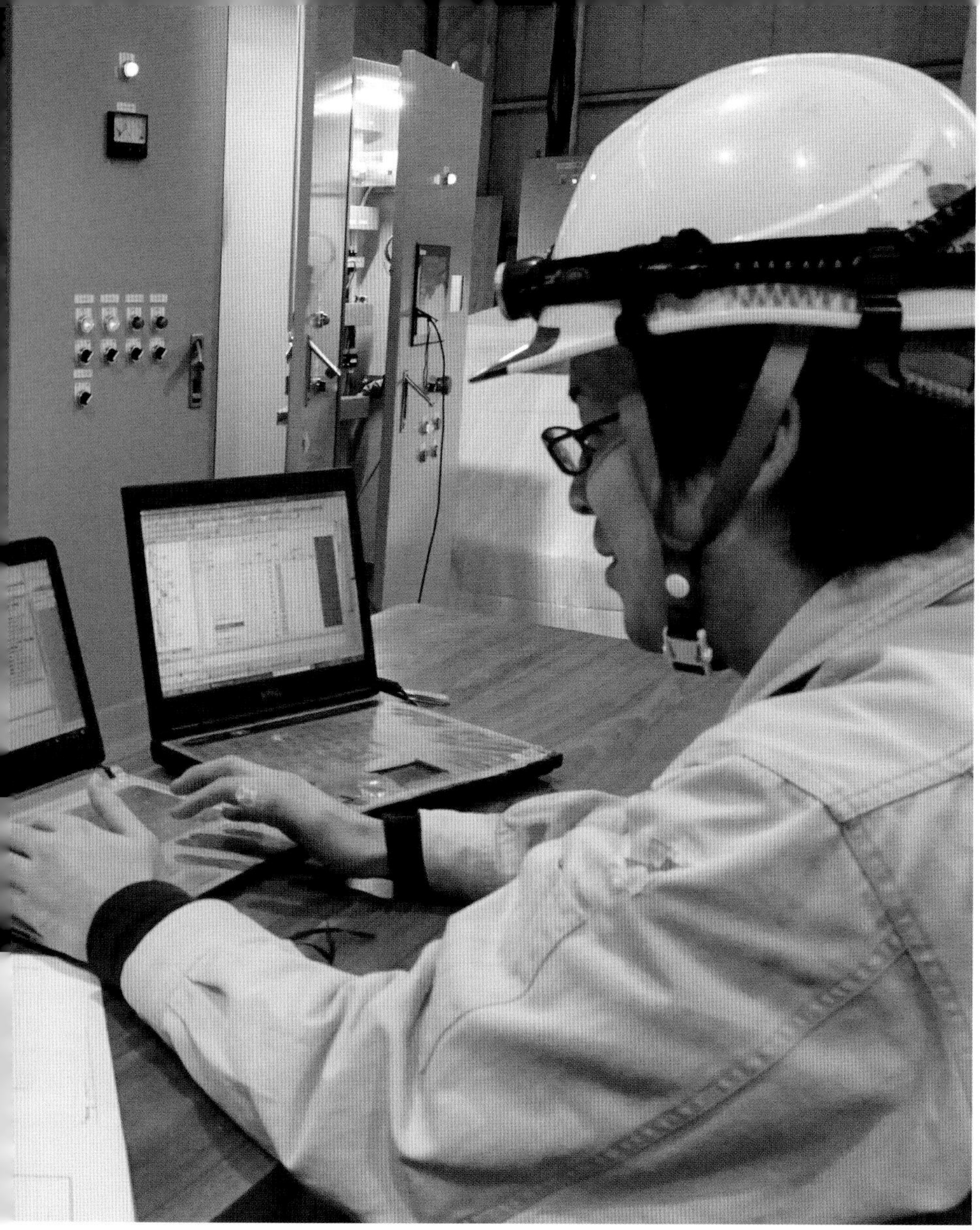
▲穀物関連プラントの設計、製作からメンテナンスまでワンストップサービスで提供する

CASE.026
Leading company

東亜機械工業株式会社
粉粒体関連技術で次代を拓く技術者集団

全国に展開する粉粒体プラント総合メーカー

兵庫県神戸市郊外に位置する大型工業団地・西神インダストリアルパーク。緑豊かな環境であるこの地に本社を構えるのが東亜機械工業だ。

サイロプラントをはじめとする製粉・飼料・製油プラントや、これらに付随する物流マテハン機器の開発など幅広く展開する。設計から製作・施工・メンテナンスに至るまでワンストップサービスで展開するのを強みに、東証一部上場企業を主要顧客とし、直接取引により顧客のニーズにきめ細かく対応する。

半世紀にわたり粉粒体関連の独自技術やノウハウを積み重ねてきた。国内では数少ない、大手企業の系列に属さない独立系として唯一無二の存在感を持つ総合プラントメーカーとして知られている。

粉粒体の処理・搬送・貯蔵技術を磨く

「製粉や製油など『食の根源』に携わっている。当社は長年培ってきた粉粒体の技術によって生産現場を下支えしている」。

▲設備更新が続く見通しで、同社の堅調な業績につながっている

こう力を込めるのは砂泊昌浩社長だ。その昔、畑に実る五穀を「イネ」と呼んだ。古代語で「イ」は「いのち」の「イ」、「ネ」は「根っこ」の「ネ」。この2文字をつなげて「イネ」とし、「命の根源」を表現した。いわば私たちの食、そして命の根源を支える一翼を担うのが東亜機械工業である。

経営理念に「我が社は信義と愛情を根底に　和気合々の中で活気に満ちた集団となり　顧客に満足していただける良い製品を作り　社会に貢献することを目的とする」を掲げる。新型コロナウイルス感染症拡大に伴い世界経済の情勢は厳しい状況にある。が、食という命の根源を支える同社の足元の業績は、高度経済成長期に建造された設備の更新ニーズが続く見通しも相まって堅調だ。時代の変遷とともに数多の困難を乗り越えながら業容拡大を図ってきたことも、その要因にあげられる。

東亜機械工業創業の歴史は1964年にさかのぼる。時は東京オリンピック、そして高度経済成長期の頃、飼料プラントのメンテナンス工事業で創業した。創業時はわずか3名という小さな所帯で、神戸で立ち上げた。顧客の生産設備の安全かつ安定した稼働の実現に向け、技術開発や施工・設計技術者などの人材育成に力を注いできたことが、今日の競争力の源泉につながっている。創業以来、一貫して穀物や食品を中心とした粉粒体の処理や搬送、貯蔵などの技術に取り組み、研鑽を積み重ねてきた。

安定成長時代に突入した70年代、主戦場としてきた関西圏、特に神戸港においても、客先である食品コンビナートの需要が急増し、その流れに対応すべく神戸市郊外に小規模の製作工場用地を確保して取り組みを始めていた。が、当時の神戸市が開発に力を入れていた西神ニュータウン地区への移転話が舞い込み、81年に現在地に本社工場を完成させる。

さらなる業容拡大を見すえ、関西圏以外の新たな拠点開設に力を注ぎ始めたのは80年代後半のこと。89年には鹿児島県志布志市に工場を新設した。九州・

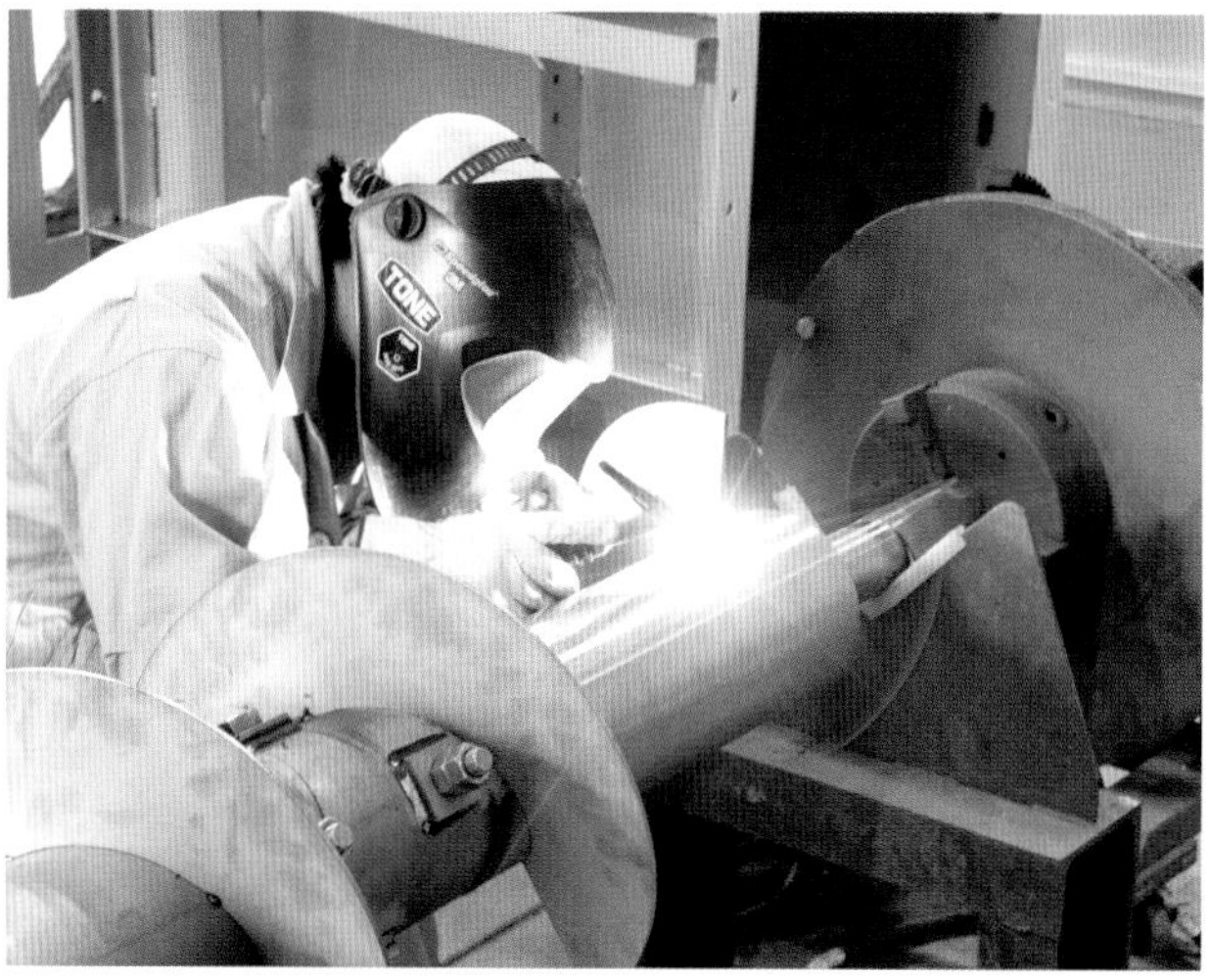

▲同社のワンストップサービスは高品質な製造やメンテナンスを担う各スタッフにより支えられている

▲神戸市西区にある本社工場（写真左）と第二工場・研究技術開発センター（写真右）

沖縄地区をカバーする生産拠点と位置づけた同拠点の設置により、同社にとって初となる九州進出を果たした。90年には、高まる需要増加などを背景に、工場建屋の増設を行うなど規模拡張を推進。太平洋ベルト地帯を中心に、北海道から沖縄に至るまで営業網を拡充し販路を広げる。

また、この頃から物流自動省力機械や穀物以外の粉粒体プラントも手がけるようになる。穀物関連プラントの設計・製作からメンテナンスまでをワンストップサービスで提供する強みに加え、こうした対応により取引先における上流工程から下流工程へ関わる機会が増え、東亜機械工業の活躍の場がより一層広がることになった。

生産能力を最大2割増に

食の安全・安心へのより一層のニーズの高まりを受け、ここ数年の東亜機械工業の経営環境・受注環境は底堅く推移し、繁忙さを堅持している。そこで次代を見すえ、2021年度には生産能力の拡充、効率向上に向けた取り組みを開始する。総投資額約2億円を投じ、本社工場の周辺に立地する第2工場の敷地内に建屋を増設し、生産能力を現行比で最大2割増にする。4月にも着工する見通しで、同年10月の完成と本格稼働を予定する。

新たな建屋内には、穀物貯蔵サイロ設備や製油などの製造プラント機器の塗装・組立・検査・工程のラインを、本社工場から移設する計画。空気を押し出す装置と吸引する装置を対に配することで、気化した有機溶剤などを含む空気の拡散を防ぐ「プッシュプル型換気装置」を備えた塗装ブースなどを新建屋内に導入する。これにより、作業効率の向上を図るとともに、より一段と環境に配慮した設備となり、かつ作業従事者に対しても職場環境の改善がなされることを見込む。砂泊社長は「1997年の第2工場取得に次ぐ大型投資に踏み切る」と力を込める。

2020年3月期の決算においては、売上高が創業以来最大となったほか営業利益も過去最

「従業員とともに食の根源の一翼を担う」

砂泊昌浩

▲社内親睦会で焼きそばをつくる砂泊社長
社内の雰囲気の良さも同社の強みとなっている

高水準となった。ただし現在のコロナ禍においては、顧客企業の設備投資の動向や景況感の変化があり、「運や状況に左右されやすく、予想が立てにくいところがある」。「売上が下がる曲面を迎えたとしても、着実に利益を積み上げることのできる体制をつくる」とし、砂泊社長は気を引き締めることも忘れない。

100年企業見すえて布石

2015年に、6代目社長に就任した砂泊社長。自社の利益率をさらに向上させるべく、各作業・各工程の見直しやカイゼンに力を注いできた。各従業員の生産性向上に向けた意識改革などと併せて、19年度には完全週休2日制を新たに実現した。

また21年度には、設計部門に新卒3名を迎え入れるほか、需要増を背景とした人員増に向け、引き続き採用活動に力を入れる。

東亜機械工業を取り巻く業界の動向は今後、急激な伸長は見込みにくいかもしれない。それでも、食品メーカーをはじめ取引先の設備更新を段階的に迎え、受注環境は堅調に推移する見通しだ。

「より良い経営状態で『次代にバトンをつなぐ』のが自身の使命」と話す砂泊社長。「60年、そして100年企業を見すえ、顧客企業のために付加価値の高い技術やサービスにさらに磨きをかける」と続ける。粉粒体プラントの総合メーカーとして、より高みを目指そうとする同社の動向に、今後も注目される。

COMPANY HISTORY

1964年	東亜機械工業設立
1976年	資本金3000万円に増資
1978年	資本金4500万円に増資
1980年	資本金5500万円に増資
1981年	西神インダストリアルパークに本社および工場竣工移転
1989年	鹿児島県志布志工業団地に九州工場建設（現西日本エンジニアリング株）
1990年	本社工場に研究開発棟完成
1994年	創立30周年を迎える
1995年	西日本エンジニアリング設立
1997年	西神インダストリアルパークに第二工場及び研究技術開発センター開設
1998年	愛知県東海市に名古屋営業所開設
2000年	ISO 9001認証取得
2008年	岡山県倉敷市に水島営業所開設
2009年	茨城県鹿嶋市に鹿島営業所開設
2014年	創立50周年を迎える

COMPANY PROFILE

◉代表者　代表取締役社長　砂泊　昌浩
◉住　所　〒651-2271
兵庫県神戸市西区高塚台3-1-21
◉設　立　1964年
◉事業内容
一般産業用機械装置製造業
◉URL：http://www.toakikai.co.jp/

▲全世界のショベルカーの70%に関わるトモエシステム
専門商社としての経験・知見・ノウハウを生かした提案力に定評がある

CASE.027
Leading company

株式会社トモエシステム

「共創」精神で世界に新しい価値を生み出す

全世界のショベルカーの70%に関わる業界トップの専門商社

トモエシステムは、神戸市に本社を置く建設機械・農業機械などの産業用機械部品を扱う専門商社。独立系の建設機械商社として国内最古参であり、業歴による信用・信頼で売上高は業界トップとなっている。

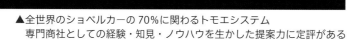

油圧ショベルカー市場では圧倒的な商流の強さを持ち、主軸の建設機械、とりわけ油圧ショベル市場では全世界で生産する約70%、国内は約１００％の建設機械メーカーの生産ラインに納入している。近年は、建機業界にあってグローバルな事業展開を進める商社として、海外メーカーの調達窓口として高い評価を得ている。

同社は柳瀬秀人社長の祖父で創業者の柳瀬朝永氏が、戦後直後の１９４７年、自動車用補修部品や用品を取り扱う部品商（自動車補修市場の二次卸問屋）の巴商会を創業した。当時の建設機械部品はトラックなどの商用車から転用することが多く、設立数年後に神戸近郊の建設機械メーカーへ部品販売を始めた。高度経済成長とともに建機業界が発展するなか順調に事業

▲建設機械業界のトレンドを捉えつつ上手に失敗しながら挑戦し続けたいと意気込む柳瀬社長

▲風通しの良い職場環境も同社の特徴

規模を拡大し、67年には機械部として建設機械部品を取り扱う部門を分離し、本格的に建機業界へ参入。2002年に分社化し、トモエシステムを設立した。

世界を巻き込むものづくり

2000年頃には独立系の建機商社の強みを生かし、現在の地位を確立し建機業界で存在感を高めた。単にモノを仕入販売するだけでなく、商社の枠を超え、広く深い専門性と豊富な情報を駆使している。柳瀬社長は「企業と企業を信頼にもとづいた『つなぐ力』を発揮し、従来になかった新たな価値を提供し、伝播することが当社の使命である」と強調する。

大手機械メーカーの企画・開発段階から参画し、コンセプトに応じた部品の組み合わせをサプライヤーとともに提案、納入する。専門商社としての経験・知見・ノウハウを生かし、建機メーカーから得たヒントを用いて機能とコストのバランスを図る新たなコンセプトやモジュール化をサプライヤーとともに提案する力がある。

このものづくりへのこだわりが高く評価され、そこから生まれてくる製品が世界を豊かにしている。世界のサプライヤーの中には、技術は高くも顧客との接点がなく、顧客1社では経済ロットに合わない企業が多々ある。サプライヤーが持つシーズだけでは、市場に導入できない場合も多い。品質における価値観も海外サプライヤーは大きく異なる。サプライヤーが抱える様々な課題に対して、ニッチ市場であるが圧倒的な商流の強さを背景に、同市場に合致するよう提言し、製品投入に貢献することが強みになっている。

また、商社や問屋は各取り扱い製品の品質管理をメーカーに任せることが多い。しかし、同社は品質管理部を設けて、品質問題に積極的に対応している。建機業界に特化した商社の強みを生かし、長い歴史のもと培ってきた知見を活用して製品の供給責任を果たす。こうした事業特性は、「次世代に伝えるべき価値あるビジネスモデル」として外部からも多数評価されてい

▲やりがいを感じる女性社員は多い

▲若手社員の成長が同社の成長につながっている

▲デザイン性の高いオフィス空間も働きやすさに寄与している

る。20年には、世界最大の建設機械メーカーの油圧ショベル開発・生産拠点より開発・物流・最優秀賞と3冠を受賞した。「商社の立場にありながら、開発に寄与した賞を頂戴した」と柳瀬社長は説明する。

働きやすさと働きがいの追求

現在、同社では働き方改革を猛推進している。中長期的な「少子高齢化による労働力人口の大幅減少」「ボーダーレスな競争社会の激化」を予想し、社員の「働きやすさと働きがいを追求」すべく、社員満足度を高める次の政策を継続的に打っている。

①社員個々の能力を磨き、個性を発揮し、自己の成長を感じながら仕事にやりがいを感じること、②価値に見合った賃金体系とすること、③より快適な場を提供し、福利厚生制度の充実を図ること。

これにより、多くの外部機関より認定や表彰を受けている。２０２０年には「ホワイト企業アワード２０２０」において「価値あるビジネスモデル部門」「福利厚生部門」の2冠を獲得。また、「Ｗｏｒｋ Ｓｔｏｒｙ Ａｗａｒｄ ２０２０」では「働きがい、モチベーション、エンゲージメント賞」を受賞した。民間団体だけではなく、兵庫県からも「ひょうご仕事と生活の調和推進企業」に認定された。

成長のカギは海外市場強化

建機市場は、景気連動型産業でありながらも右肩上がりの成長を続け、グローバルな視点では、ますます成長が期待されている。これに呼応し、海外展開の顧客ニーズが高まった。２００９年、上海に現地法人を設立して中国市場へと進出。続けてタイ・バンコク、米国・アトランタにも現地法人を設立し、ボーダーレスな競争社会に対抗できる体制を固めている。

今後の持続的な成長に向け海外事業の拡大は不可欠だ。特に海外現地法人の強化は重要なカギを握る。建機メーカーは世界最適調達を目的に「クロスソーシング」を推進。コロナ禍においてニューノーマル（新常態）

「挑戦と失敗を糧に新たなステージへ」

柳瀬秀人

▲船上パーティを行うなど社内行事も活発に行っている

への対応も迫られている。10年先に起こり得ることが一気に加速し、建機メーカーが複数拠点から常に調達を進めるなか、建機市場で大きなシェアを占める中国市場のさらなる活性化が見込まれ、中国法人の強化を急ぐ。中国やアジア市場では、高品質な商品であっても従前の価格では参入が難しくなっている。競争が激化するなかで、既存サプライヤーとより密な関係を築き顧客ニーズに応える必要がある。

建設機械業界におけるメガ・トレンドは「自動化」「情報化」「環境」「電動・電子化」「モノからコト（既存技術のコモディティ化）」。使用部品も大きく変容している。そのなかで顧客との共通価値を創造し、顧客の知り得ない潜在ニーズも提言する。安定供給を託された商社としてだけでなく、ものづくりのブレーンおよびステークホルダー間の意思疎通のプロとして、他社にはない付加価値を提供する希少価値の高い存在となるだろう。

トモエシステムは現在、建機市場の約5割を構成する顧客に製品を供給している。残り半分以上の企業には同社のサービスを届けられていないが、「われわれのサービスを体験し、価値を理解していただければ、さらにシェアは高まる」と柳瀬社長は確信する。「チャレンジに失敗はつきもの。上手に失敗しながらチャレンジしていく」と続ける。

今後は自動化など新たなトレンドがより一層求められる市場で同社の存在価値を発揮するチャンスも増す。その中で「共創（ともに創る）」精神を重視しながら次のステージを目指す。

COMPANY HISTORY

1947年5月	創業
1951年6月	株式会社組織に変更
1967年4月	自動車部品より部門分離し、建設機械産業車輌部門強化のため商事部設置
2002年7月	株式会社トモエシステムに社名変更し自動車部品部門を分社
2007年2月	ISO 14001 認証取得
2009年6月	上海現地法人を設立
2011年6月	ISO 9001 認証取得
2011年11月	会社分割を実施
2012年6月	タイ現地法人を設立
2014年8月	アメリカ現地法人を設立

COMPANY PROFILE

◉代表者　代表取締役社長　柳瀬　秀人
◉住　所　〒652-0803
神戸市兵庫区大開通 7-1-17
◉設　立　2011年11月（創業1947年5月）
◉資本金　1000万円
◉事業内容
建設機械・農業機械などの産業用機械部品を扱う独立系の建設機械商社
◉ URL：http://www.tomoe-system.co.jp/

CASE.028
Leading company

株式会社中北製作所
バルブを中心とした流体制御装置の総合メーカー

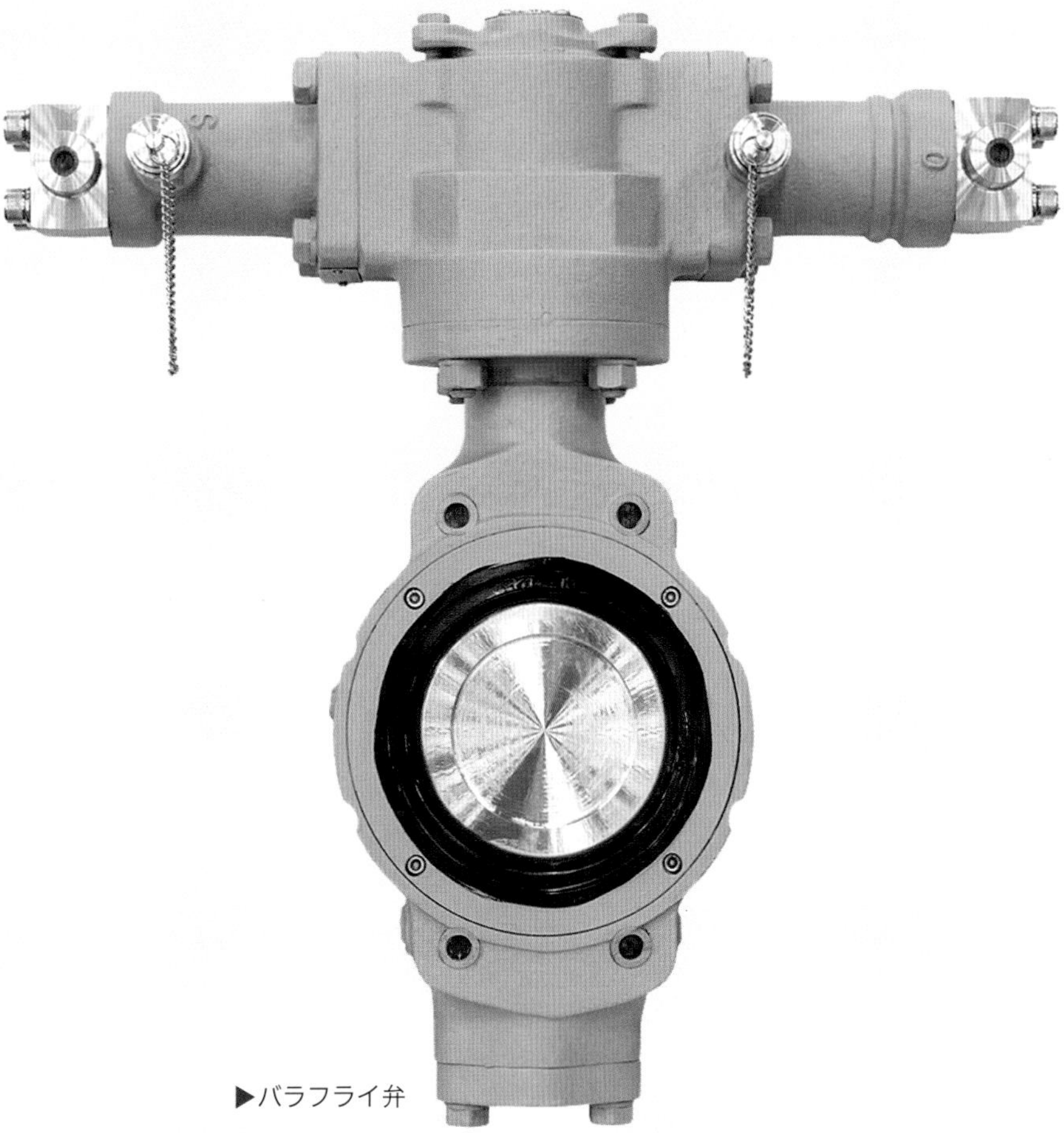

▶バラフライ弁

▲舶用だけではなく様々な産業分野で活用される自動調節弁やバタフライ弁の開発を手がける

個別仕様のバルブづくりで顧客とともに成長

中北製作所は、船舶バルブをはじめとする流体制御装置の総合メーカー。船用だけではなく様々な産業分野で活用される自動調節弁やバタフライ弁、遠隔操作装置などを取り扱う。揺るぎないノウハウと技術力を誇り、品質も「高圧ガス」「船級認定」など数々の公的認定で保証されている。製造工程においても品質管理システムである国際規格「ＩＳＯ９００１」認証を取得し、設計から製造に至るまでのトータルで高度な品質管理を実現している。

「お客さまの声をカタチにする製品開発に磨きをかけながら、新しい技術開発にも挑戦したい」。こう力を込めるのは２０１９年８月に、トップに就任した宮田彰久社長だ。

１９３０年に大阪市内で、個人組織によって自動調節弁の製作を始めた同社。70年に大東工場（大阪府大東市）が完成し、現在の礎ができた。71年に株式を大阪証券取引所に上場し、翌72年には業務の一体化につなげるため、大東工場内に新社屋を完成させて本社業務を移転。流

▶自動調節弁

▶安全弁（密閉型）

▶シリンダ弁

体制御装置の総合メーカーとしての基盤を確固たるものとした。

本社工場内ではその後、組立工場の新設や拡張、協働ロボットなど最新設備の導入など着々と生産体制を増強した。創業者が考案したフロンティア・スピリットを意味する社是「進取発展」が現代にまで脈々と受け継がれ、モノづくり企業としての進化を続けている。

強みをより確かなものに

中北製作所の大きな強みとなるバルブ。「国内の船舶向けは9割以上のシェアがある」と宮田社長も胸を張る。船舶はタンカーやLNG船、バラ積み貨物船といった中・大型船舶では荷役作業や船体のバランス維持、エンジン周辺の燃料油や冷却水の供給などを目的とした配管が張り巡らされている。そこでは流量調節に欠かせない中北製作所のバルブが数多く取り付けられている。

バルブの使い勝手の良さを向上させる製品開発にも、いち早く着手してきた。チョウの羽のような円形の弁が回転することによって開閉するバラフライ弁はその一例。弁シートにゴムライニングを施して漏れゼロを実現した。それまでは石油タンカーに使われていた上下に弁が昇降する仕切り弁は大型で設置が難しかったという。バタフライ弁ではおよそ$\frac{1}{2}$の小型化・軽量化が可能になり、建造工程の短縮にも貢献している。また、バルブの小型化は大型タンカーの建造にもつながった。

こうした取り組みは中北製作所の強さを示す例に過ぎない。「これからは自動化だ」という初代社長の先見の明により、コンピューター時代の初期からバルブ開閉の自動化を実現。船舶のバタフライ弁の遠隔操作により船体姿勢制御や荷役制御のサポートにつながっている。また、これにより以前はバルブメーカー、信号をバルブに伝える計測機器メーカー、バルブを遠隔操作する遠隔操作機器メーカーと分かれて発注していたものを、一括での製造販売とアフターサービスを可能とし、ハード・ソフトともにトータルで提

▲検査工程

▲メンテナンス作業

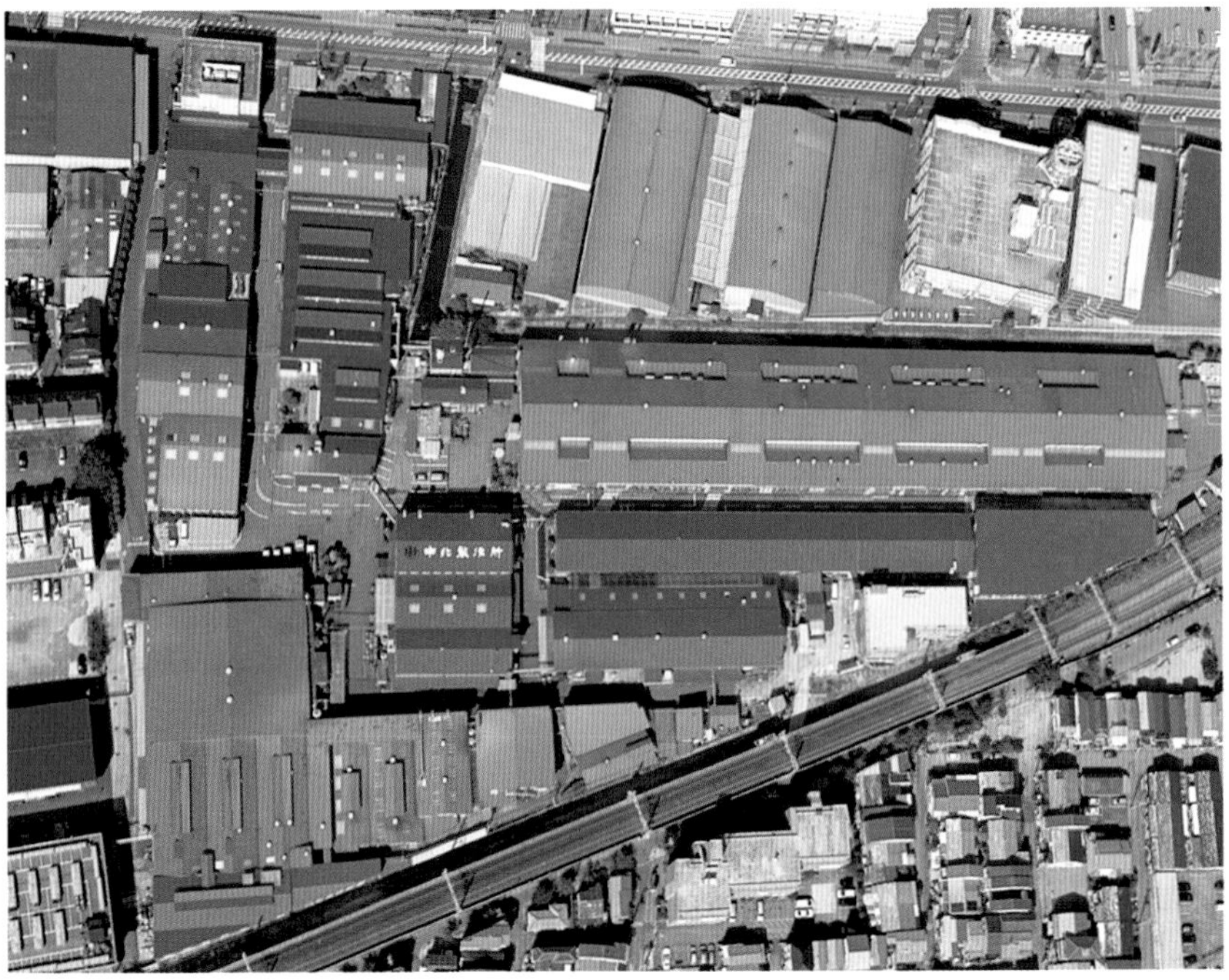

▲本社工場の航空写真

▲工場の全景

▲組立作業

▲製造作業

▲「品質を工程で造りこむ」をモットーに日々生産に当たっている

供できる、世界でも数少ない会社となった。

さらに、これまで築き上げてきた技術力を今度は発電プラントにおけるバルブへと転用する。燃料ガスラインにて高応答かつ高精度な制御で火力発電の効率化に必要不可欠な燃料ガス制御弁をはじめ燃料ガス温度制御弁、燃料ガス遮断弁など製品の信頼性が認められ、国内すべての電力会社で採用。新たな市場でのシェア獲得に成功した。

安全な環境のもとでの生産確保にも力を入れている。適切なQ（品質）、適切なC（コスト）、適切なD（納期）を徹底管理しており、取引先とユーザーから高い評価と信頼を得ている。顧客から預かる書類や情報、提出資料、品質記録などについても、セキュリティー対策を実施し万全に保護している。

製造現場の見える化を可能にする生産管理システム「NAPS」を自社開発している。長年培ったノウハウと基礎技術に加え、3次元CADや構造解析・流体解析などを駆使して高精度で高機能なバルブや制御システムの開発につなげている。NAPSは複雑な受注生産管理を一括コントロールするとともに、一連の工程のムダ・ムリ・ムラをなくすことでユーザーの幅広いニーズに応える。

中北製作所がモノづくりでモットーに掲げるのが「工程で品質を造り込む」ことでもある。これは複雑多岐にわたる各工程で社員1人ひとりが責任ある作業を進め、高度な品質管理を支えていることでもある。中でも、品質保証部では品質保証（QA／QC）システムを機能させるとともに、契約書や納入仕様書をもとにした製品検査や妥当性評価を着実に遂行している。ユーザーによる立ち会い検査や品質保証協定の締結、内部品質監査などを実施する一方で、コンピューターによる検査書類作成などの効率化に取り組む。

水素社会の到来を見すえた開発

将来に向けては、既存事業以外の開拓にも着手している。水素社会の到来を見すえ、水素サ

CASE.028
Leading company

「お客さまに新たな価値を提供する企業を目指し、挑戦し続けます」

宮田彰久

COMPANY HISTORY

1930年	初代社長中北辨造が「中北製作所」を創業
1960年	大東工場（大阪府大東市）の第一期工事完成
1963年	バタフライバルブの開発で大型タンカーの建造を可能とする
1968年	高圧ガス第二種認定を取得
1970年	バルブの自動化に付随する遠隔操作装置、センサー類の一括製造販売を開始
1970年	大東工場完成し、工場部門の大東への集約完了
1971年	株式を大阪証券取引所に上場
1970年代後半	宇宙分野への進出を図り、極低温バルブを開発
1970年代後半	LNG用高圧極低温調節弁の製造開始
1975年	資本金11億5,000万円に増資
1979年	米国機械学会（ASME）から安全弁V、UVスタンプ使用認定される
1982年	発電プラントの安定稼働を支えるバルブへの転用に成功
1985年	生産管理システムNAPSの導入
1994年	認証機関（LRQA）により国際規格（ISO9001）に基づく製品設計・製造に対する《品質システム》を認証される
2003年	CEマーキングPED（圧力機器指令）認証取得（認証機関LR）
2008年	生産管理システムNAPSの刷新
2011年	本社工場のマネジメントシステム（エコアクション21）認証取得
2020年	NEDO（国立研究開発法人 新エネルギー・産業技術総合開発機構）の水素社会構築技術開発事業に採択

COMPANY PROFILE

◉代 表 者　代表取締役社長　宮田　彰久
◉住　　所　大阪府大東市深野南町1-1
◉創　　業　1930年5月
◉資 本 金　11億5,000万円
◉事業内容
舶用（タンカーのカーゴライン、バラストライン、機関室）および陸用（発電その他プラント）の流体制御装置となる各種自動調節弁、バタフライ弁、遠隔操作装置などの製造・販売
◉ URL：https://www.nakakita-s.co.jp/

▲2019年就任の宮田社長は「進取発展」のもと経営に当たっている

プライチェーン構築に寄与する液化水素用のバタフライ弁の大型化に向けた技術開発に取り組み、NEDO（国立研究開発法人新エネルギー・産業技術総合開発機構）の水素社会構築技術開発事業に採択されている。極低温領域におけるシール構造の開発、メンテナンスホールを持つ高い真空断熱構造の開発、シール構造と真空断熱構造の解析モデルの構築と評価がその概要となる。

また、近畿経済産業局が展開する産学官連携の広域ネットワーク「Kansai-3D実用化プロジェクト」にも参画する。中北製作所はバルブ部品の設計・製造で3Dプリンターの活用を目指す。宮田社長は「溶接時の歪みをなくし、一体造形できるようにしたい」と力を込める。

さらに、中長期を見すえて人工知能（AI）やIT、デジタル技術や理論・手法を使った業務改善、業務改革も加速させたい考えだ。2022年12月に大阪府交野市で工場用地取得を予定していることも踏まえ、こうした業務改革など新たな取り組みを推進する。

こうした中北製作所のこれまでの歴史、そして将来への取り組みのすべてで、基盤となるのが「進取発展」である。宮田社長は「進取発展の再スタートを切りたい」と強調する。時代の変化に対応するため、「いまを守りながら、新しいことにもチャレンジする『挑戦』をテーマに加えた」と続ける。

社員1人ひとりがそれぞれの持ち場で責任を持って仕事に向き合い、顧客の信頼を得る——。中北製作所の新たな、そして大きな挑戦が始まった。「進取発展」という挑戦のもとで。

CASE.029
Leading company

株式会社ピカソ美化学研究所

ODMで『売れる商品』づくりを徹底追求

▲同社は化粧品づくりで 85 年以上の歴史がある。写真は創業時のメンバー。左から八木常三郎氏（当時社長）、八木常夫氏（当時専務）、八木弦三郎氏（当時副社長）。1953 年撮影

▲現在、同社を率いる八木社長。タイハーブを利用した機能性香粧品開発に関する研究で学位を取得するなど研究者も牽引する

▲創業から社是に「創意工夫」を掲げ、企画提案型 ODM メーカーとして知られる

技術・開発力に裏打ちされた提案力に定評

「美しく化する素（美化素）」。ピカソ美化学研究所の社名の由来だ。１９３５年、創業者で八木伸夫社長の祖父の八木常三郎氏が名付けた。当時の化粧品業界は東の平尾賛平商店（ブランド名レート）と西の中山太陽堂（同クラブ）が双璧。その平尾賛平商店で宣伝部長だった八木常三郎氏が独立し、一般流通の化粧品製造を始めた。現在も自然派化粧品に特化するが、創業時から自然派化粧水やファンデーションなどの研究開発型企業として知られていた。

ところが、１９６０年代半ば頃から市場が乱売状況に陥り、売れなかったらすぐ返品になるほか、ディスカウント戦争が激化して経営的な厳しさに直面し、生き残り策として化粧品販売流通からの完全撤退に踏み切る。自社製品は製造せず、保有する工場や研究設備、人材を活用、完全受託製造に業態転換した。

八木社長が入社した約40年前、化粧品による皮膚障害に端を発した「大阪化粧品裁判」が起こり、化粧品の原料や安全性

▲製造量に合わせた様々なサイズの真空乳化機

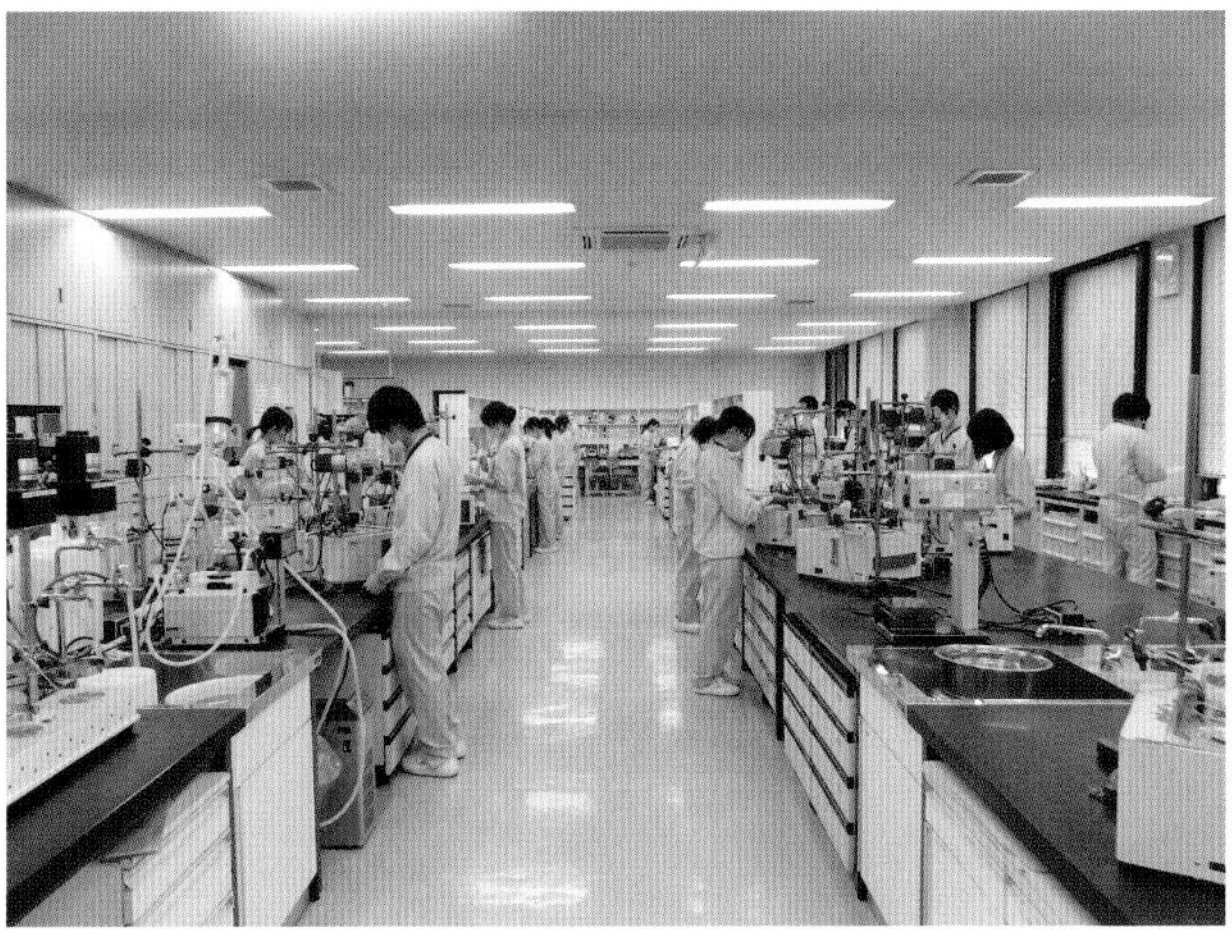

▲本社中央研究所

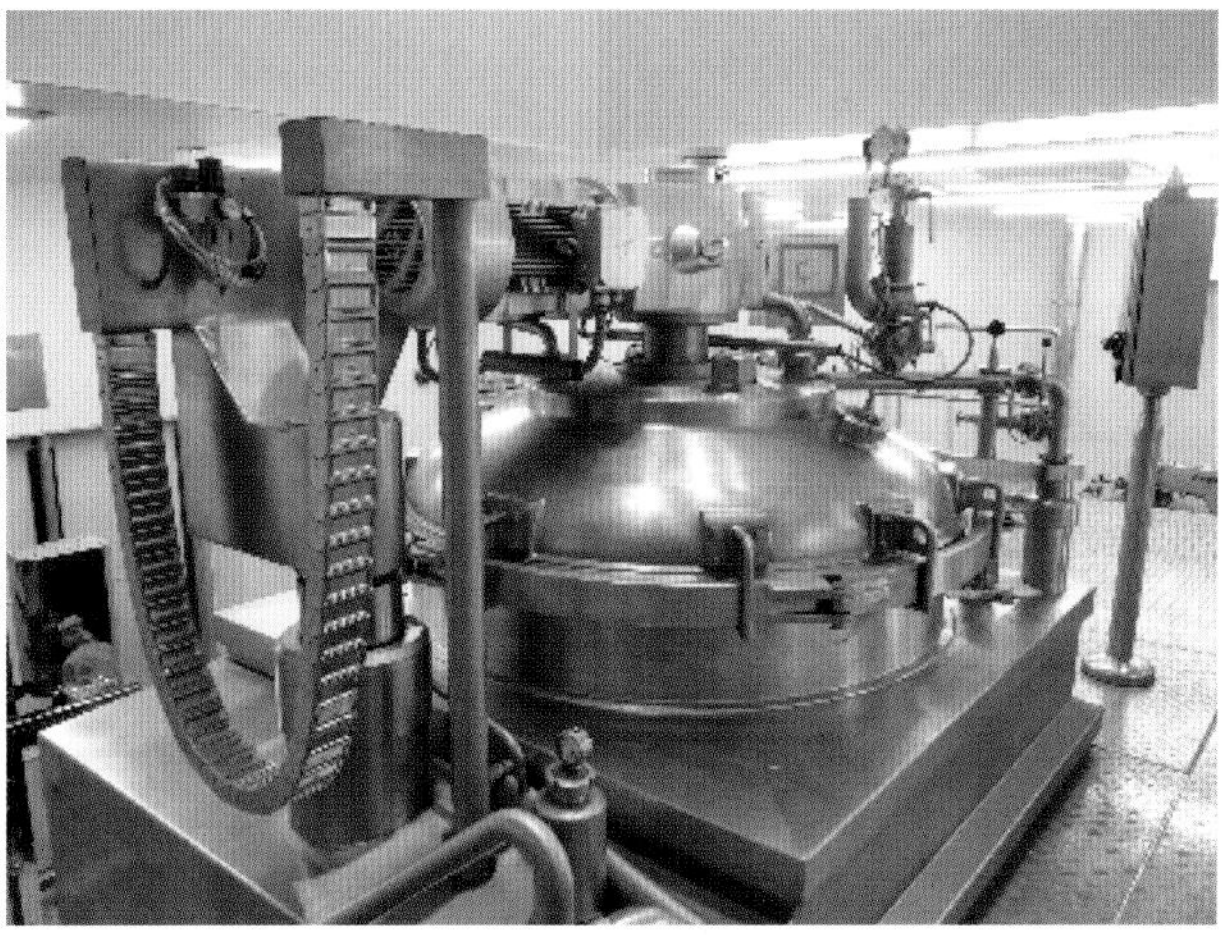

▲ベコミックス乳化機

を見直すきっかけになった。時期を同じくして訪問販売が活発になり、愛用者が自分の肌に合った化粧品を選択する時代に突入する。

　こうした商習慣の変革は様々な化粧品流通を促し、無店舗販売や通信販売も増え、工場や研究所を持たない企業が化粧品事業に参入する時代が到来した。販売面でも各社の看板が掲げられる化粧品店だけではなくバラエティーショップや郊外型ドラッグストアチェーンも力を入れ始める。そこで販売される約半数以上は「工場を持たない企業の商品で、受託製造業の位置付けが急速に高まった」（八木社長）時期でもある。

　受託製造でも他社との大きな違いは依頼された商品をつくるのではなく、顧客の販路を理解したうえで、売れる商品を提案するODM（相手先ブランドによる設計・生産）型営業スタイルにある。そこには、顧客ニーズの多様化も影響し、各企業が独自の化粧品の開発や提供に力点を置き始めたことも同社の存在感を高めた。

競争力を生む市場リサーチ力

　顧客の価値を生むには大手と比べ技術力や研究開発力、安全性の基準、品質が劣っては勝負にならない。同等あるいはそれ以上の力が不可欠だけに、「投資を続け、競争力のある製品開発や高品質の追求」を繰り返すと八木社長はいう。

　事業の強みは優れた開発力に支えられた提案力。ラボレベルにとどまらず、マーケットを熟知しているからこそのなせる技だ。マーケットにどう伝えれば使ってもらえるか、新たな美容成分の商品が市場に出ているかなど、「技術を含めたディスカッションを繰り返し、羅針盤を持ってモノづくりする姿勢が大切」と説く。研究開発はそのバックボーンで、顧客と営業が創造する商品を形づくる。そのうえで商品を量産できるか。こうしたODMメーカーに必要な力を磨き上げている。

　顧客の先にいる愛用者の要望は幅広い。それをカバーする開発力の強化は必須条件。そのた

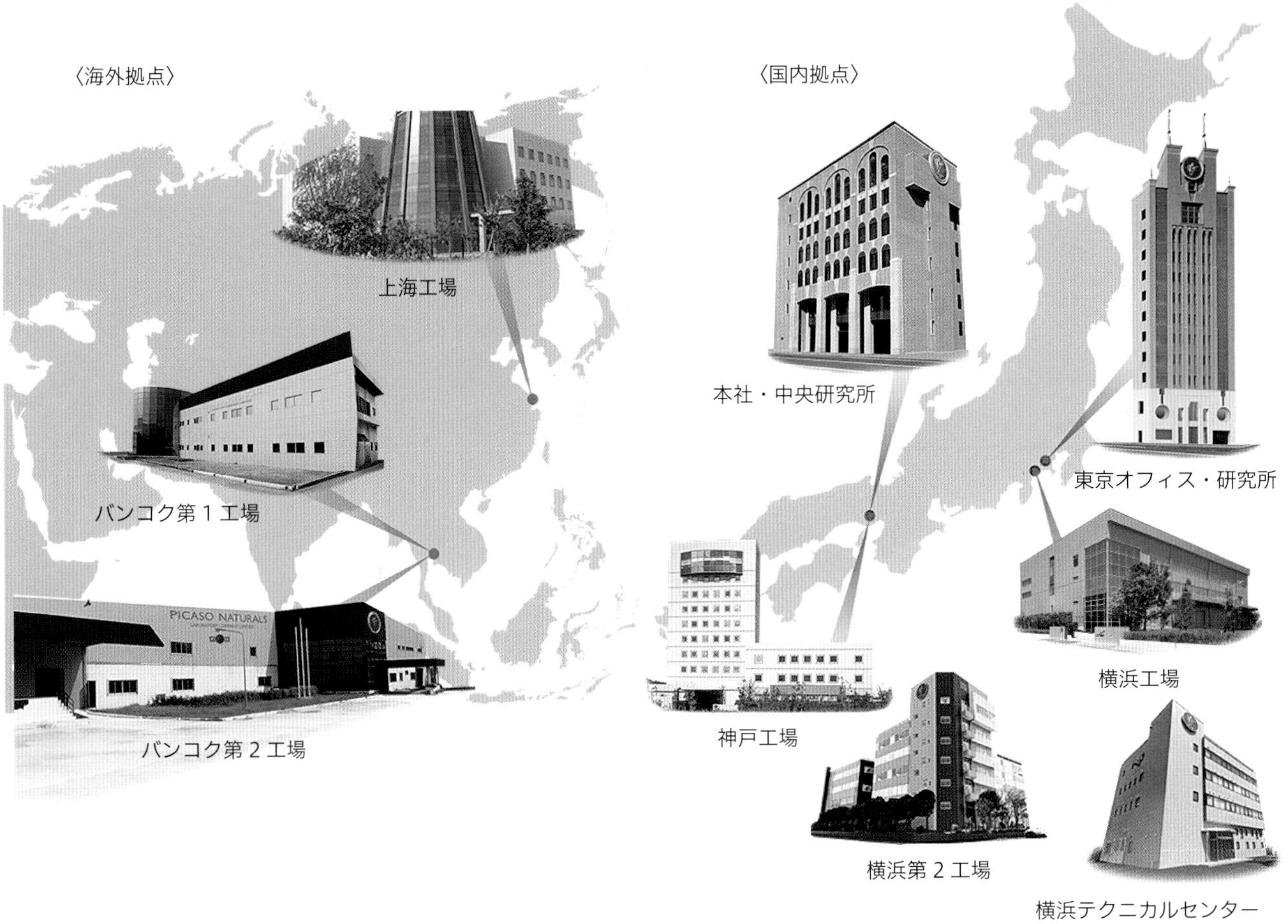

▲国内外で４つの研究開発拠点と６つの生産技術拠点を保有

め、研究にも様々なパターンを用意しコラボレーションも重ねる。その背景には80年の蓄積とともに、常に新たなものに挑む姿勢がある。原料メーカーとのタイアップによる新製剤、新原料の開発や自社での美容成分創出、それを化粧品や医薬部外品として使用するための厚生労働省の許認可取得など総合力も抜きん出る。

愛用者のブランドチェンジは早い。より長く使ってもらうためには要望をいち早く掴んで商品展開ができるかが左右する。「だからこそ、提案力や開発力のある企業が求められる」というわけだ。売れるときに売れる商品を短期間で商品化するスピード感も持ち合わせる。新型コロナウイルス感染が拡大し始める前に取り組んだ消毒用のハンドジェルは、在庫になるだけという空気感もあったが、「増産増産を繰り返すことになった」こともその好例といえる。

いかにスピーディーに動けるか、マーケットが求める商品をそのタイミングで供給できるかだ。化粧品を巡る動きは日々、激動し、「今後も多様性は広がる」と八木社長は見るが、それに対応できる「研究開発力や技術力が武器になる」と胸を張る。

成長のカギは海外展開と人材教育

さらなる差別化につなげるためにはグローバルな視点が重要と海外展開も強化する。同社が初めて海外に進出したのは20年前で、タイ工場を設立。その10数年後には上海工場も設けた。中国やASEANを中心にマーケットが豊かになりつつあり、ビジネスチャンスと捉え現地に〝くさびを打った〟が、目的は異なる。タイは成長が期待されるASEANマーケット開拓の拠点。それに加え、マスマーケット向けの低価格、大量生産の商品は日本の賃金体系では対応が難しい。そこで、中身は兵庫県西宮市と横浜市の工場で製造、容器製造や充填包装加工をタイで行う。資材は海外調達でも中身は国内生産だから、コスト競争力あるメードインジャパンが実現している。

「お客さまは恋人と思ってお付き合いを」

八木伸夫

▲ISO 9001：2015　ISO 22716：2007などの品質管理保証に加え、インドネシアMUIのハラール認証取得を取得

一方、上海は100%中国市場が狙い。中国では日本製化粧品に対する購買意欲が高い。メードインジャパンに加え、肌質が似通っていること、商品の評判がSNSで拡散していることなどが背景にある。中国国内で日本の技術を活用した化粧品の供給で、毎年30%以上の成長を続ける。単なる工場ではなく研究所も併設して組織や体制を強化、技術、購買、人材など含めたトータルなグローバル化による海外市場の開拓を進める。

開発部門の強化も並行する。特に原料開発の重要性を踏まえ、自社で独自原料を開発できれば、顧客にオリジナルで個性的な商品が提供できるからだ。「日本の発酵技術も活用できる」（同）という言葉から原料開発の余地がまだ大きいことを裏付ける。原料開発が製品のベースになるだけに、バリエーションの豊富さを前面に出す。

化粧品業界ではいま、医薬部外品が注目される。全化粧品の約30%を占め、通常の化粧品より効能や効果が明確にできることが特徴。ここ1年の注目は『抗しわ』で、大手も積極展開するが、同社の抗しわ化粧品も医薬部外品の認可を取得、生産に乗り出した。なぜなら売れるタイミングだからだ。『売れるときに売れる商品を短期間で商品化する』という、同社の姿勢がうかがえる。

商売のタネは顧客にあり

80年を経てなお成長・発展が続くが、それを強固にするために人材教育を掲げる。顧客に売れる商品を提供するには、原料の知識も必要だが、それ以上に市場や世の中の動向をリサーチするかことが欠かせない。それには、顧客といかに親密な関係を作れるかにかかる。だからこそ、八木社長は常々「お客さまは恋人と思え」と口にする。また、社是にも掲げる「創意工夫」も求める。営業も研究も提案には創意と工夫が必要。感性も磨かねばならない。新しいものを追求するハングリーさも必要。そこには自己成長という貪欲さを持ち、「価値あるものを開発する前向きで積極的な人材がカギを握る」と八木社長は語る。

いかに顧客と密接な関係が築けるか。商売のタネはそこに潜んでいる。

COMPANY HISTORY

1935年	創業
1947年	西宮市池田町（現本社中央研究所所在地）に西宮工場開設
1965年	化粧品のOEM生産を開始
1992年	西宮工場を開設、再開発事業により最新設備の研究所・工場を移転新設
1997年	西宮工場・タワー棟を竣工
1999年	株式会社コスメナチュラルズ（東京拠点のODM法人）の設立
2001年	横浜工場を開設。研究所機能と最新の製造設備を施工
2002年	研究拡充のため本社中央研究所を開設
2003年	タイにピカソナチュラルズラボラトリーの設立
2005年	創業70周年
2005年	ピカソタワー銀座を竣工。東京オフィス研究所を開設
2006年	バンコク工場を開設
2007年	美創化粧品研究開発（上海）有限公司の設立
2009年	八木伸夫が社長に就任
2010年	上海工場を開設
2015年	創立80周年
2016年	日本経済団体連合会に加盟
2017年	横浜第2工場、バンコク第2工場を開設
2019年	横浜テクニカルセンターを開設
2019年	バンコク工場にてハラールMUI認証取得

COMPANY PROFILE

◉代表者　代表取締役社長　八木　伸夫
◉住　所　〒662-0911
兵庫県西宮市池田町9-20
◉設　立　1935年11月21日
◉資本金　8,000万円（総資本金13億5,000万円）
◉事業内容　機能性・自然派コスメティックスの研究開発、企画、デザイン、製造
◉URL：https://www.cosme-park.com/
※日本経済団体連合会所属

CASE.030
Leading company

株式会社ヒラノテクシード

「塗工」と「乾燥」の技術を融合したコーティング装置のリーディングカンパニー

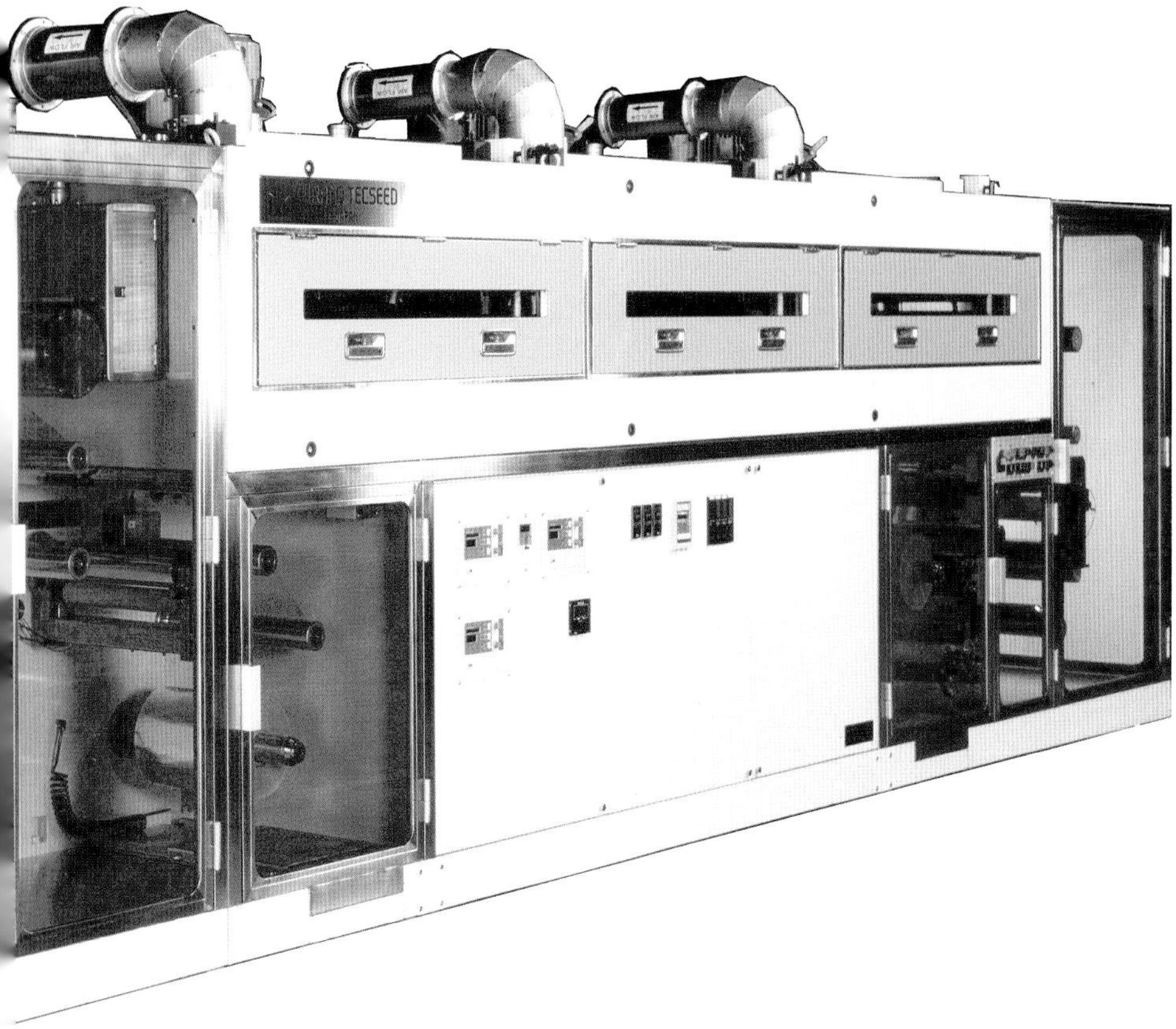

▲多様なコーターユニットを搭載し、様々なテストに対応するマルチコーター

塗工と乾燥を連続処理するフィルム走行技術も加えた総合技術力

「『塗る』『乾かす』ことに関する多様な引き出しが、われわれにはある」。自社の強みをこう語るのは、ヒラノテクシードの岡田薫社長。ロール状に巻かれたフィルムや紙、布などの薄い素材（基材）に液を均一に塗り、乾燥させて巻き取るコーティング装置を製造している。

コーティング装置は、フィルムなどの多様な基材に薄液を塗り多彩な機能を付加する「塗工機械」とフィルムを薄く延ばしたり、フィルム状の薄い膜をつくったりする「化工機械」に大きく分類される。それぞれの機械は、ともにシート状の基材を「巻き出して、液を塗り、乾燥させて、巻き取る」という基本の工程は同じ。例えば、基材のフィルムに粘着剤を塗ると粘着テープというフィルムになる。これが塗工機械の役割であり、基材の付加価値を高める。一方、化工機械はベルトコンベアのようにぐるぐると回る台紙に液体材料を塗り、乾燥させた後に引き剥がしたもの自体がフィルムなどになる。化工機械はセラミックコンデンサやフレキシブ

▲奈良県北葛城郡河合町の本社工場（写真上）と2019年竣工の木津川工場（京都府木津川市、写真下）

ル基板の基になるフィルムなどの膜をつくる成膜機械が中心だ。

ヒラノテクシードが製造した装置でつくる製品は、液晶パネルのディスプレイやスマートフォン、リチウムイオン電池、コンデンサなど、電子部材や電気自動車（EV）関連市場など多岐にわたる。近年、需要が増していく製品の製造に欠かせない装置を生産している。

一連の説明をしながら「わかりにくくて申し訳ない」と笑う岡田社長。しかし、これこそがヒラノテクシード創業時の技術を応用して生まれたコア技術なのだ。

「熱と風」の技術を応用して発展

1935年に創業し、今年で86周年を迎えるヒラノテクシード。熱交換器（ヒーター）と送風機（ファン）の専門メーカーとして、現在の大阪市平野区に誕生した。そこから、ファンで空気を送り、ヒーターで暖めて乾燥させる装置へと発展。「熱と風」の技術を応用して、熱風乾燥機や輸送機器などの設計、製造、販売を手がけていくこととなる。繊維産業が盛んだった1960年代には、染色した生地を乾燥させる染色仕上関係機械の開発も進んだ。

ところが、繊維産業の衰退とともにヒラノテクシードも事業の方向性を再考せざるを得なくなった。これまで培ってきた「染色して濡れた生地を乾燥機に入れて乾かし、次の工程へ搬送する」という工程を応用できる分野はないか。検討を重ねる中で、紙やフィルムといったシート状のものが案として浮上した。紙にコーティングしてガムテープに、フィルムにコーティングしてセロハンテープに、といった加工ができる可能性を見い出した。

ただ、当時のヒラノテクシードには塗工技術に関する知見がなかった。そこでドイツのパーゲンダム社との技術提携に至る。1971年の出来事だ。紙やフィルムなどの表面に薬剤を塗布する技術に優れるパーゲンダム社との技術提携で、ヒラノテクシードは事業の転換期を迎える。繊維からフィルムへ、乾

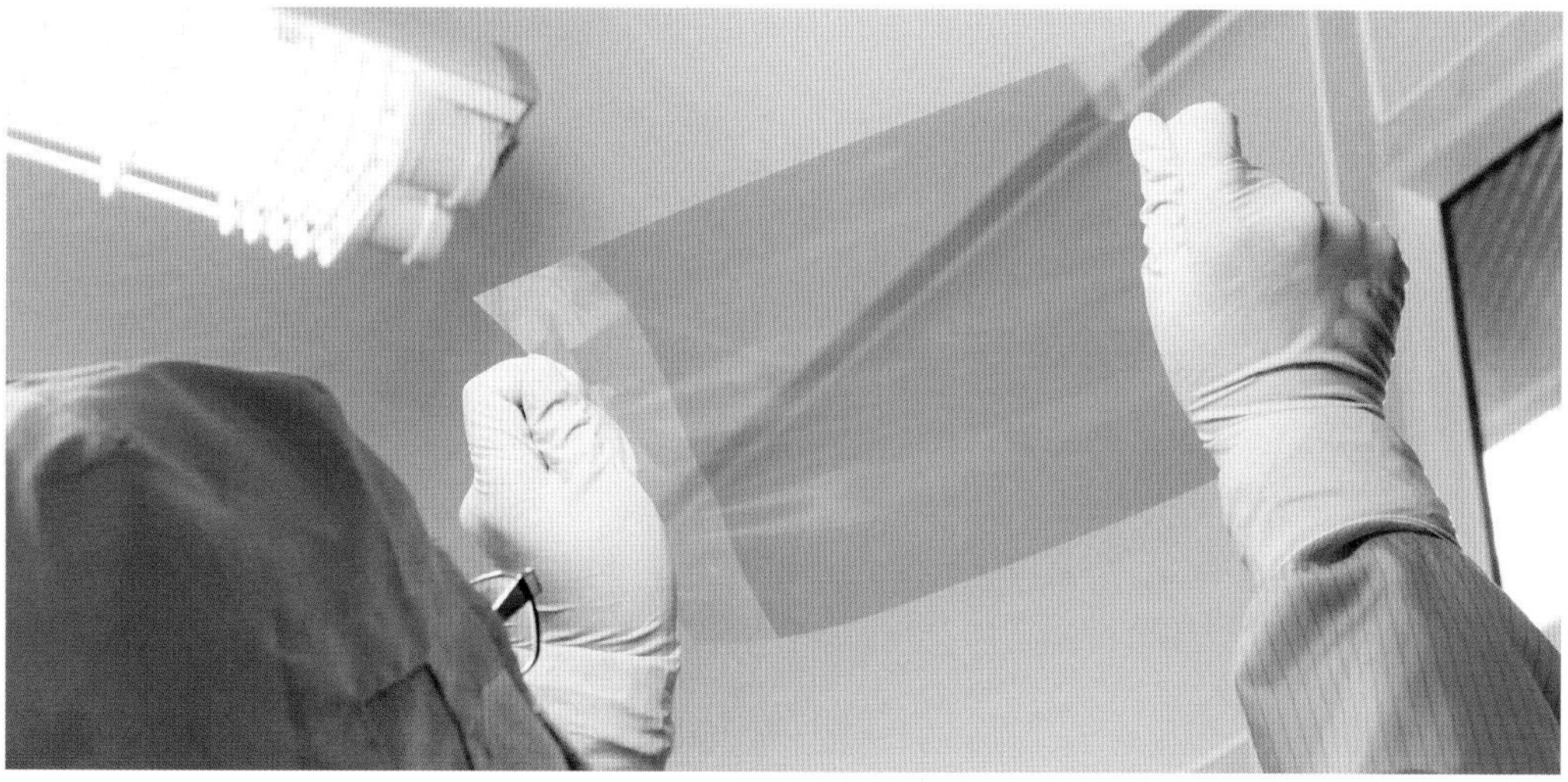

▲テスト施設「テクニカム」でのテストの様子（写真上）と各種機械（写真下）
テクニカムでは各種装置を揃えており、多様な検証が行える

燥に加えて塗工工程までカバーできる現在の体制が確立された。

時を同じくして、ヒラノテクシードとして初となる研究施設「ヒラノテクニカム」を設立した。フィルムの巻き出しから塗工、乾燥、巻き取りまで行えるパーゲンダム社の機械一式を導入。施設内でこれらの装置を用いたテストができる環境が整った。当時、顧客が実際の基材を持ち込んで試作ができる環境は珍しく、他社との差別化にもつながっていく。

時代に即した機械の需要

岡田社長が就任したのは２０１５年。営業出身の社長が続いていた中、実に二十数年ぶりに技術畑からの登用となった。就任してからこの6年ほどで大きく変わったことは「スマートフォンと電気自動車の台頭だった」と、岡田社長は振り返る。

製品の海外出荷比率は２０２０年度で約7割。ＥＶ関連の投資や部品製造などは海外が先行しており、必然的に海外比率も高くなっていった。こうした外的要因による業績への影響が大きいヒラノテクシードは、販売目標などの数値計画が立てづらい側面もあり、経営は難しい舵取りを要求される。

しかし、このような環境の中、繊維産業が国の基幹産業だった時代は、染色した反物を乾燥させる機械を開発して業容を拡大した。パソコンやスマートフォン、ＥＶが普及する現在は、二次電池などの電子部材関連の製造装置、さらに第5世代通信（5Ｇ）関連も期待できる要素だ。

コーティング装置に特化しているヒラノテクシード。製造過程において、コーティングの前後工程は別企業が担当する。岡田社長は「ＥＶや5Ｇというキーワードに執着すると方向を見誤る」という。あくまで「巻き出し」「塗工」「乾燥」「巻き取り」というプロセスを提供できる点がヒラノテクシードの強みであり、逆にこのプロセスの提供先があればどの時代にも対応していけるということが、ヒラノテクシードのこれまでの歩みが物語っている。

「『ええ買いもんした』というお客さまの声は技術者冥利に尽きる」

岡田薫

▲社長就任時から技術力の底上げに力を注ぐ岡田社長

COMPANY HISTORY

1935年	現在の大阪市平野区に「平野金属合資会社」を創業
1939年	熱交換器（ヒーター）と送風機（ファン）の応用機器の販売開始
1947年	染色仕上関係機械に重点を置いた各種乾燥機を開発
1957年	資本金3000万円となり株式会社組織とし「平野金属株式会社」に商号変更
1962年	資本金1億円となり大阪証券取引市場第二部上場
1971年	塗工技術を持つドイツ・パーゲンダム社と技術提携
1973年	研究開発施設「ヒラノテクニカム」を設立
1989年	「株式会社ヒラノテクシード」に社名変更
2000年	連続シートへの塗布を可能とした「連続式 Capillary Coater」を開発
2002年	有機EL発光層成膜プロセスを開発
2019年	木津川工場竣工

COMPANY PROFILE

●代表者　取締役社長　岡田　薫
●住　所　〒636-0051
奈良県北葛城郡河合町川合101-1
●設　立　1935年6月
●資本金　18億4700万円
●事業内容
二次電池電極や磁気テープなどのコーティングやラミネーティング関係の塗工機、プラスチックフィルムやフィルム成膜などの高分子化工機械、染色整理機械装置などの製造・販売など。
● URL：https://www.hirano-tec.co.jp/

技術継承と新たな挑戦

「『ええ買いもんした』というお客さまの声は技術者冥利に尽きる」。岡田社長が責任者として現場にいたころの印象的なエピソード。技術的に難しい要求に応えられた思い出は、いまも色あせることはないという。

コーティングマシン業界のリーディングカンパニーということは、国内の一流企業との〝お付き合い〟がある。最新情報を入手できる反面、最先端の技術的要求に応えて機械を製造していくのは容易ではない。社長就任時からの思いでもある「技術力の底上げ」は喫緊の課題だ。

ベテランから若手への技術継承は、どの業界・業種にも共通する課題でもある。これらをクリアするため、ベテラン社員の技術共有と若手社員の実務経験の蓄積に取り組む。技術共有は、個人が持つデータの一元化なども含めてベテランのノウハウを誰でも共有できる仕組みを強化している。並行して２０２０年より若手社員の育成強化の新しい取組みをスタートさせた。これまではオン・ザ・ジョブ・トレーニング（OJT）として製品を納める現場で機械の動きなどを指導していた。ただ、現場での作業がスムーズに行えないなどの課題もあり、思うように若手育成が進んでいないのが現状だ。新たに始めた取り組みは、現場ではなく社内で実際に機械を動かしていく方法。これにはヒラノテクニカムなどの社内環境を活用する。出荷前により製品の完成度を上げるため、現地ではなく社内で電気を通して動作確認などを行う。現場での修正時間が短縮でき、顧客側にとってもより完成度の高い製品を購入できるメリットがある。加えて、若手社員にとってはじっくり装置に触れられる絶好の機会にもなる。

新たな挑戦も動き出そうとしている。子会社のヒラノK&Eが手がける真空成膜装置と、大気中でのコーティングを融合させた全く新しい装置の開発構想だ。製品によっては空気が混ざると性能や品質が落ちてしまう。特に電子部材関連は精密さが求められる。現在基礎研究をしている段階だが、いままでにない製品ができる日もそう遠くないかもしれない。

CASE.031
Leading company

松浪硝子工業株式会社

不断の改革で２００年企業を目指す ファインガラスの総合メーカー

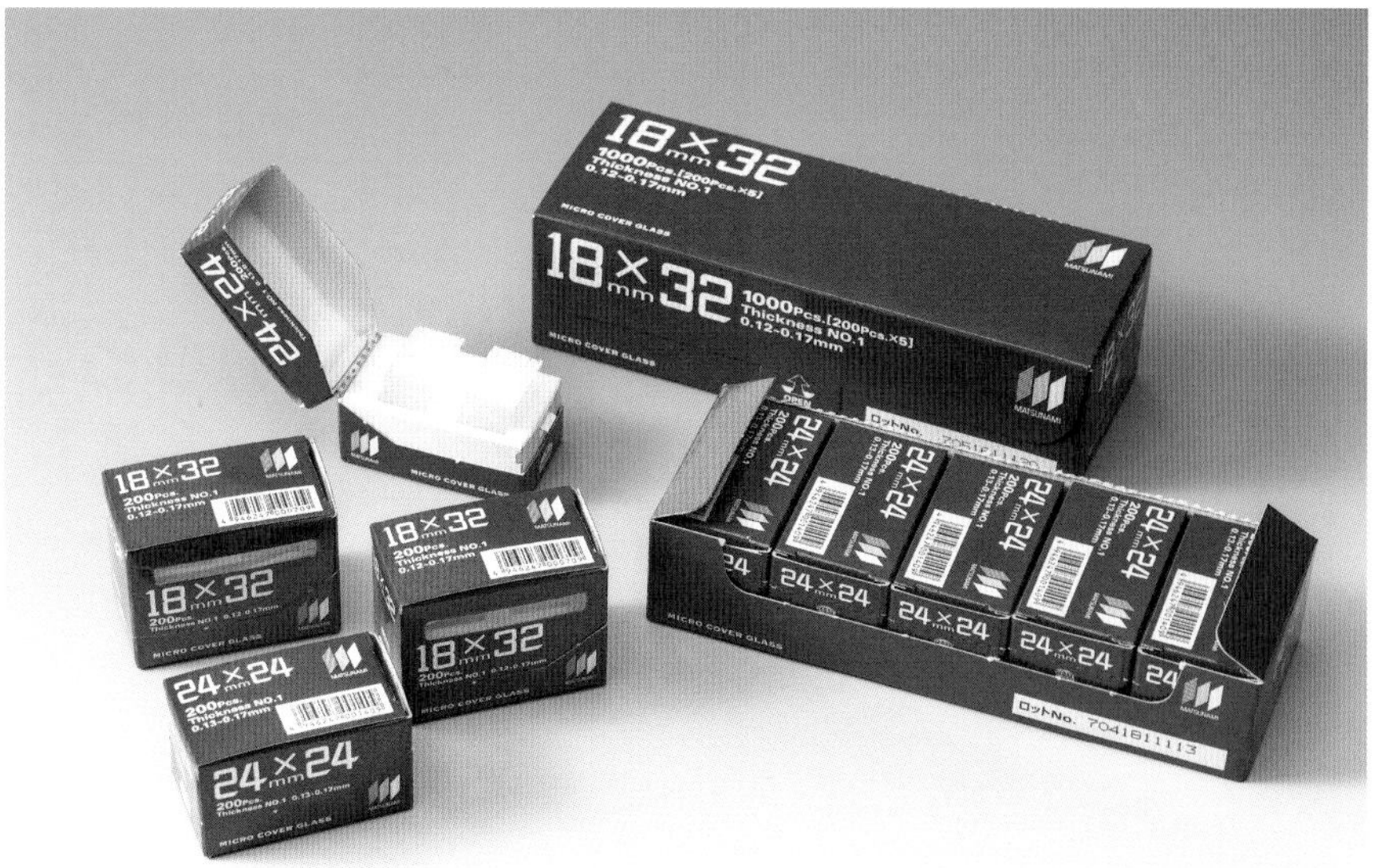

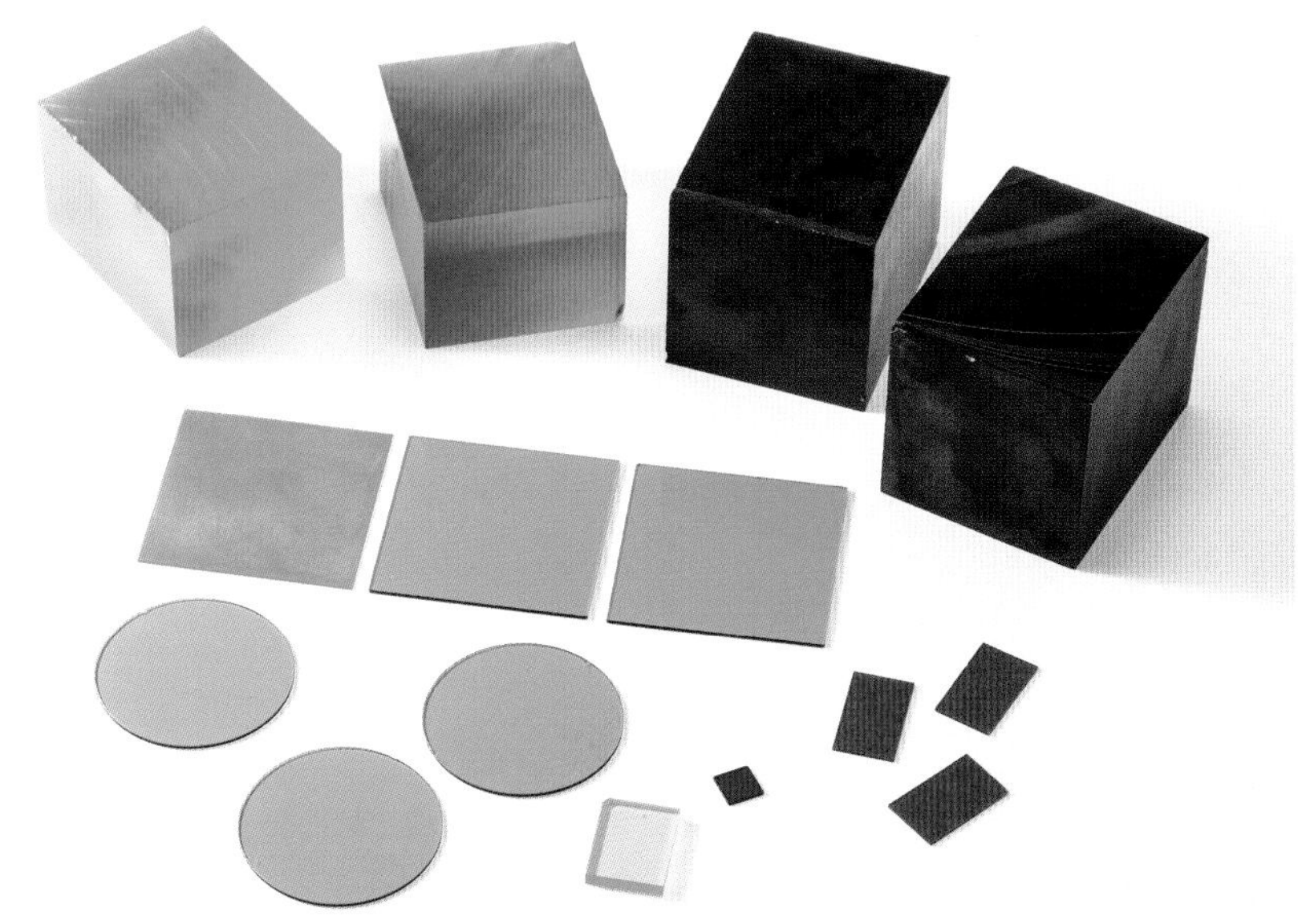

▲松浪硝子が手がけるカバーガラス製品（上）と自社溶融赤外カットフィルター（下）

品質管理の徹底で組織の活性保つ

「２００年企業の実現を目指す」。松浪硝子工業の松浪明社長が掲げる経営目標も決して壮大には聞こえない。同社にはそれだけの歴史と実績があるからだ。

起源は江戸時代にさかのぼる。１８４４年（弘化元年）、松浪藤右衛門が「木綿屋」の屋号で薄玻璃（薄いガラス）による合わせ鏡づくりを始めて以来、１７０年以上にわたってガラス製造を続けてきた。ただし製造するガラスは時代に応じて移り変わり、常に新しい技術に挑戦し、発展を続けてきた。特殊薄板ガラスの製造技術をコアに、用途拡大を図っている。

１９０４年には島津製作所の2代目島津源蔵氏からの要請を受け、日本で初めての顕微鏡用ガラスを製造した。カバーガラスを手始めにスライドガラスの製造を始め、昭和40年代まで最大で世界38カ国に輸出していた。

１９７３年にはプラズマディスプレイ用のスペーサーガラスを製造、工業用ガラス分野に進出した。現在はファインガラスの総合メーカーとして、ライフ

▲松浪社長は「老舗ののれんは信用第一」と品質向上に常に努めている

▲1912年発売の国産顕微鏡「エム・カテラV」にガラスを納入

▲第1回内国勧業博覧会花紋賞牌

サイエンス事業と電子事業部門を2本柱としている。

伝統守りながら大胆改革

松浪明社長は5代目として1987年、社長に就任した。長く続く企業を承継する社長として脈々と受け継いでいるものは「本業重視」「品質重視」「経営理念の継承」の3点。さらに経営目標として「100億円企業」「200年企業の実現」「地域貢献の経営」の3つを掲げ、伝統を基盤に大胆な改革を進めながら成長を図っている。

モノづくりの改革では、高収益企業を目指し、2006年からトヨタ生産方式（TPS）を導入した。松浪社長は「改善の意識は3年続ければ習性(くせ)になる」とし、現場リーダー人材の育成や5Sの徹底、リードタイム短縮などのテーマに向かって日々改善に取り組んだ。同時に自社の保有技術を切断、研磨、表面処理、微細加工など11の要素技術に分類し、それぞれを磨き上げることで強みを際立たせることを意識する。

その結果、一時は海外進出も検討していたが、モノづくり改革で生産性を向上し、地元の工場を維持できるようになった。そればかりか19年に、本社と同じ岸和田市内にロボットや自動化設備をふんだんに盛り込んだゆめみヶ丘工場を新設した。先代社長が岸和田商工会議所会頭を務めていたこともあり、経営目標に掲げる地域貢献を、岸和田市内で2工場を稼働し続け、雇用などの面で実現している。

ライフサイエンス事業を拡大

松浪社長は生産改革を推進する一方、研究開発もテコ入れした。「自社の最も得意とする分野で勝負していく個性のある企業であること」を戦略コンセプトに、新事業拡大を進めるためだ。1996年に大阪府立産業技術総合研究所にインキュベーション開放研究室を開設し、充実した設備で開発に取り組めるようにした。工業分野進出の第一歩となったプラズマディスプレイ用スペーサーガラスを皮切りに、光・電子分野のガラス製

▲ロボットと人の協働による切断ライン

▲最新の製造設備を導入した「ゆめみヶ丘工場」

▲松浪硝子工業はQCサークル活動に熱心なことで知られる。写真右はQCサークル発表大会、左は大会後の表彰の様子

品開発に取り組んだ。

さらに、いま花開いているのがライフサイエンス事業だ。薄板ガラスの微細精密加工技術で製造していた顕微鏡用ガラス製品が大学医学部や製薬会社などの研究用に多く使われていたことが端緒となった。ガラス製品の付加価値を高めるとともに、他技術とも融合しながらライフサイエンス製品を拡大していった。現在は医療向け臨床検査用製品・研究所向けバイオ科学用製品と病理細胞診検査業務支援システムの2事業を展開している。

ライフサイエンス製品の研究開発を取り仕切る新道弘規取締役社長室ライフサイエンス関連製品・事業推進部長は「診断現場が求めるガラス特性を知る必要があるため、同社内部だけで病理臨床試験は進められない」とし、他者と積極的に連携している。大阪大学や大阪府成人病センターなどの病理部門と共同研究を行い、常にニーズを探っている。

様々な研究テーマと向かい合いながら、毎日標本を作製して顧客とともに問題を解決する中で、大きく成長した製品も多い。国産の草分けとなった顕微鏡用ガラスが発展するかたちで、臨床検査用カバーガラス、スライドガラスの国内シェアは65%と同分野のリーディングカンパニーの座を保ち続けている。がん診断に使えるコーティング液は開発当初は日産3kg程度だったのが現在は日産800kgにまで拡大した。ソリューション（問題解決）ビジネスとして開発した病理細胞診検査業務支援システムも活用が進み、院内ネットワークや病院間ネットワーク化に貢献している。

いずれも従来型の受注形態ではなく、作業が行われる現場でともに活動してニーズを吸い上げる中で生まれた製品だ。このため価格競争に陥ることなく高収益を維持でき、自社の技術を磨くことができる利点もある。ライフサイエンス事業が高収益を上げる一方で、受注型で売上が落ち込み気味の電子事業についても「開発段階から（発注元）に入り込めるようにしたい」と改革を図る。

「品質とは企業経営そのものである」

松浪明

▲大阪府岸和田市にある本社

COMPANY HISTORY

1844年	和泉国（現在の泉佐野市）で松浪藤右衛門が薄玻璃製造を開始
1886年	松浪ガラス製造所として岸和田市本町に移転
1904年	顕微鏡カバーグラスを日本で初めて製造
1905年	顕微鏡用スライドグラスを製造
1908年	カバーグラスの米国への輸出を開始
1944年	創業100周年を迎える
1948年	岸和田市下松町に本社、工場を建設、松浪ガラス製造所を松浪硝子工業に改組
1997年	新本社工場を完成
1999年	ISO9001認証を取得
2003年	ISO14001認証を取得
2013年	米国にマツナミUSA社（ワシントン州）を設立、ISO13485認証を取得
2019年	ゆめみヶ丘工場（岸和田市）を開設、IATF16949認証を取得

COMPANY PROFILE

◉代表者　代表取締役社長　松浪　明
◉住　所　〒596-0049
大阪府岸和田市八阪町2-1-10
◉設　立　1948年12月（創業1844年）
◉資本金　9,000万円
◉事業内容
顕微鏡用カバーガラス、スライドガラス、医療理化学用ガラス、病理・細胞診検査業務支援システム、ディスプレイ用基板ガラス、一般電子工業用ガラス、光学部品用精密加工ガラスの製造
◉ URL：https://www.matsunami-glass.co.jp

老舗ののれんは信用第一

２００年企業を目指すにあたり、松浪社長は「老舗ののれんは信用第一」を口にする。そのために品質を重視し、「品質とは企業経営そのものである」という考えを全社員に浸透してきた。

毎月初めに行う全社朝礼の場で繰り返し説き、ＴＰＳや品質管理（ＱＣ）活動を実際に展開する中で、社員もその意味を理解できるようになった。十数年前に会社に届いたＱＣに関する通信教育講座を受けた社員から「社長のおっしゃっていることがよくわかりました」と告げられた。松浪社長が手応えを感じた瞬間だった。

その後はＱＣ講座受講に拍車がかかり、品質管理検定３級以上の合格者は全社員の70％以上に及ぶ。全社的な品質管理活動として継続している「ＱＣサークル活動〝改善提案制度〟」においても70件もの提案を発表する社員がいるほど活発になっている。

品質管理の徹底を反映して、品質マネジメントの国際規格「ＩＳＯ９００１」をはじめ、環境マネジメントシステム「ＩＳＯ１４００１」、医療機器品質マネジメントシステム「ＩＳＯ１３４８５」、さらに自動車産業品質マネジメントシステム「ＩＡＴＦ１６９４９」の各認証を取得した。

単に伝統を守るだけでなく、日々革新を続けながら組織を活性化していくことは並大抵のことではない。

CASE.032
Leading company

株式会社マルイ

顧客の要望に沿うカスタムメイド試験機のリーディングカンパニー

▲高強度コンクリート耐圧試験機「HI-ACTIS 2000kN」

▲コンクリートや地盤、建築材料の強度や耐久性などを測定する試験機を開発・製造している

100年の技術の蓄積を生かして多方面に展開

マルイはコンクリートや地盤などの強度、建築材料の耐久性などを測定する試験機を開発・製造している。マルイの名前が一般に出ることはあまりないが、社会インフラの安全性確保のために欠かすことのできない重要な役割を担っている。

創業は１９２０年。圓井健敏社長の祖父である圓井房吉氏が勤めていた川崎重工業から独立して、理化学機器、試験機などの製造を始めた。第二次大戦時は乾燥機の製造を中心としていたが、72年に日本列島改造論が打ち出され建設ブームに乗って土木試験機需要が急増し、同社事業も建設関連の試験機にシフトしていった。以降、大学や研究機関などとも連携しながら研究開発に力を入れるとともに、計量法校正事業者登録制度（JCSS）の「力」及び「一軸試験機」の区分で校正事業者に登録認定されたことなどで、試験機分野のリーディングカンパニーとしての地位を固めてきた。現在の事業分野は、土木・建築（コンクリート、土質、土壌・岩石など）70％、環境装置

▲大阪ものづくり看板企業（匠）の認定証を掲げる圓井社長。同社の試験機は各方面で高い評価を得ている

▲本社前での凍結融解試験装置

▲照射散水試験装置

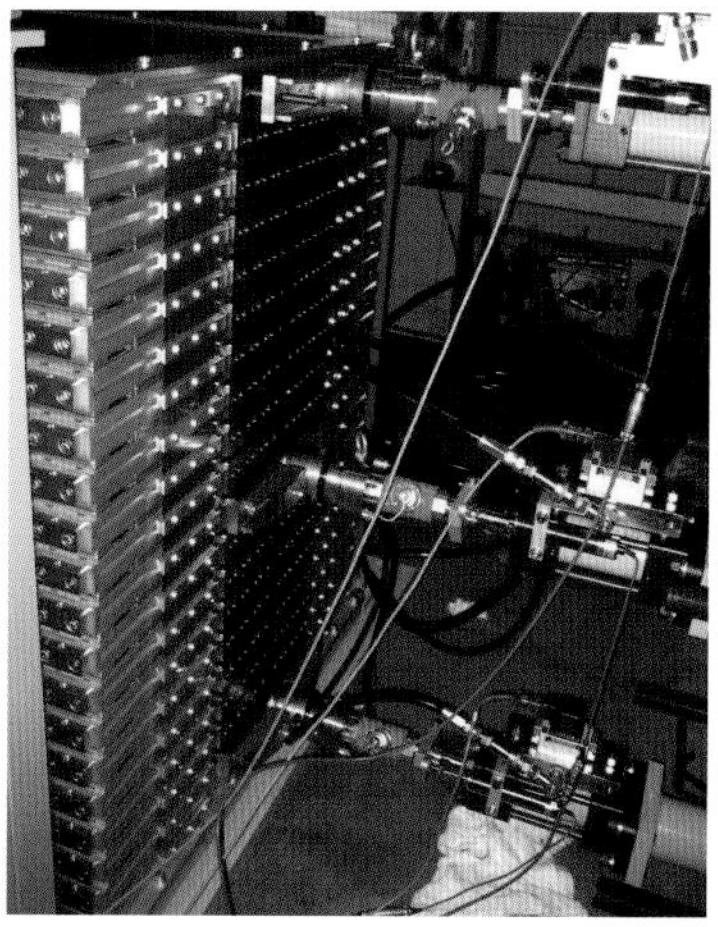
▲振動土層試験機

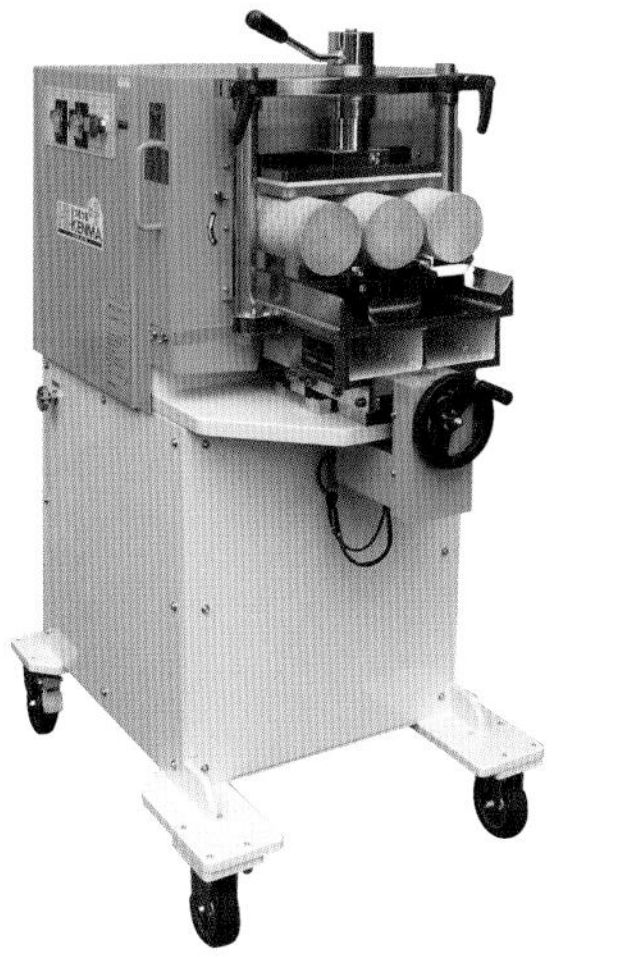
▲供試体端面仕上げ機「ハイケンマ」

（医薬品、食品・材料、医療・バイオなど）30％となっている。

小回り利かせて要望に即応

マルイは試験機を設計から組立まで一貫生産、顧客の要望に応じてカスタムメイドできることを強みとする。社員75人の中小企業ならではの機動力ときめ細かい対応で、開発時や導入後にも顧客の要望に即応できる。時代や状況の変化に応じて製品にさらに改良を加えて、新たな製品開発を重ねてきた。

同社のメイン製品であるコンクリート耐圧試験機は生コンクリートプラントや建設会社などになくてはならない試験機で、関西地域において同社のシェアは70％以上のリーディングカンパニーだ。強度試験に使用するコンクリート供試体（サンプル）の端面を平面研磨する供試体端面仕上げ機「ハイケンマ」も開発し、こちらは国内で90％以上、海外でも50％以上のシェアを有している。

また、近畿地方整備局と共同で開発した、地盤の強度を調べる簡易支持力測定器「キャスポル」は、建築予定地の地盤支持力を簡易に調査できる利便性が受け入れられ、年間100台前後を販売するヒット商品となっている。

建材試験機でも、外壁材や塗料などの耐久性を調べるための人工気象装置や凍結融解試験機などを開発・製造。フリーズドライ食品や医薬品向けの真空凍結乾燥機などを目的に応じてオーダーメイドで製造する。

組織・意識改革で業績回復

圓井健敏社長は1987年の大学院修了後から10年間、大手企業の研究所で技術営業を行っていた。新素材として脚光を浴びていた炭素繊維関連の複合材料などを手がけ、充実した仕事だったが、「自分で事業をやりたいという思いがあった」。イチからの起業も考えていたが、研究活動と企業経営を両立できる器として「圓井製作所が最適だと気づいた」という。97年に入社し、2000年に社長に就いた。

▲社員同士の交流も盛ん。写真はソフトボール大会に出場したときのもの

▲小学生の社会見学も受け付けている

▲同社の製品・技術を現場スタッフが支えている

圓井社長が入社した頃の同社は業績が大変厳しい時代だったが、「優良顧客が多かったので、うまくやればなんとかなる」と立て直しへの自信はあった。事業再構築の資金確保のために金融機関を昼夜を問わず駆け回り融資を受けることができた。製造、販売部門を分社化していた３社を統合した新会社マルイとして、本社工場も大阪市内から現在地に移転、再スタートを切ることができた。同時に、社員に対し意識改革を呼びかけた。年長者の社員も多かったが、高い技術がありながら販売に結びついていない原因を「お客さまの目線で動いていない」と指摘した。ＩＳＯ９００１認証やＪＣＳＳ校正事業者の認証取得などをきっかけに、会社として決めたことを徹底する風土が定着し、圓井社長の思いも社員の間に浸透していった。

その後は、持ち前の研究開発力に磨きをかけ、大学や研究機関との連携を活発に行いながら製品の幅を広げていった。医療分野への進出を図るため大阪商工会議所の次世代医療システム産業化フォーラムに参画した。圓井社長は「当時の佐藤茂雄会頭からずいぶん目をかけていただいた」と振り返り、非接触硬度計や関節鏡手術トレーニングシステムなどの製品化に結び付けた。様々な人間関係を構築しながら技術、知見を高めている。

世界の研究者と技術交流

顧客ニーズを吸い上げるために様々な学会や研究機関と高度な連携を行う。特に地震関連の試験機では国内トップの地位にあり海外にも納入が多い。世界各国の名立たる研究機関と意見交換、情報収集も行っている。世界の研究機関が集まる国際斜面災害研究機構（ＩＣＬ）のサポーターとして加わっているほか、地盤工学会、日本地すべり学会、京都大学防災研究所、海洋研究開発機構なども密接な関係がある。これらの機関には世界の研究者が出入りするため、試験機に関するニーズをとらえて製品の性能向上、改良に反映するとともに、「顧客の拡大にもつなげられる」という。

「海外に挑戦できる人材を」

圓井健敏

▲学会での展示などを通じて研究機関との情報交換や連携を深めている。写真は地盤工学会での出展

圓井社長は「試験機の市場性を考慮すると国内だけでは成長は見込めない」と話し、世界中の研究機関との交流を進める考えを持つ。社員にとって世界のトップクラスの研究者と渡り合うことは負荷も大きいが、やりがいのある仕事だ。試験機の分野において同社が蓄積してきた高い技術力がなせる技でもある。

メイドインジャパンで海外開拓

同社は2021年のスローガンとして「卓越した製品・サービスを供給し、市場からの信頼を勝ち取ろう」を打ち出した。100年の歴史で培った技術力を生かしながら、さらなる成長を図る。圓井社長は特にアフターコロナの3～4年先を見越して「メイドインジャパンのブランドを生かして海外需要を開拓する」と決意を述べる。そのために「海外に挑戦できる人材をそろえたい」と人材採用、教育にさらに力を注ぐ方針を示している。海外においても顧客の情報を集められる人材を増やし、海外に向けた製品開発を進める。

社長就任時には「5年で上場して売上高100億円規模の会社に」という目標を立てたが、いまは考え方が変わっている。これまで会社が危機に瀕したときも残って頑張ってくれた社員に報いること、さらにこれから採用、入社してくれる社員に定着、成長してもらうことに重点を置く。株主への還元は後に回し、「働きがいと感動を与える会社」として、次世代の試験装置を担っていく。

COMPANY HISTORY

1920 年	圓井製作所創立、圓井房吉氏が理化学機器、試験機製作
1939 年	大阪市に株式会社圓井製作所設立
1968 年	営業部を分社独立し、株式会社マルイ設立
1971 年	熱学・環境試験機製造部門を分社独立し、株式会社セントラル設立
2000 年	セントラル、マルイ、圓井製作所を統合。株式会社マルイとして本社を大阪府大東市に移転
2003 年	JCSS 計量トレーサビリティー制度にもとづく計量区分「力」の認定事業者に登録 第 15 回中小企業優秀新技術・新製品の優秀賞を受賞
2005 年	JCSS 計量トレーサビリティー制度にもとづく「一軸」の校正事業者に登録
2011 年	大阪府「匠」元気ものづくり企業に選定
2013 年	イギリス・リバプール大学に「高速摩擦試験機」納入、「Nature」論文に掲載
2020 年	経済産業省「健康経営優良法人 2020（中小規模法人部門）」に認定，2021 年も継続中

COMPANY PROFILE

◉代 表 者　代表取締役　圓井　健敏
◉住　　所　〒 574-0064
大阪府大東市御領 1-9-17
◉設　　立　1971 年
◉資 本 金　4320 万円
◉事業内容
コンクリート、土質、建材などの土木・建築材料試験機の開発・製造、フリーズドライ食品、医薬品用乾燥機、医療トレーニング機器の開発・製造
◉ URL：https://www.marui-group.co.jp

CASE.033
Leading company

株式会社毛髪クリニックリーブ21

抜け毛・薄毛・脱毛を止め発毛を促進する施術サービスで成長

▲2001年から開催している発毛コンテスト
毎年多数の参加があり、発毛効果を実感している方が多いことを示している

心・身体・頭皮のトータルケアで発毛を促す

「自分の進む道はこれしかないと決めて本気で取り組むと、色々な工夫ができるものです」。毛髪クリニックリーブ21の創業者・岡村勝正社長はこう語る。

岡村社長が若い時に、この道が自分に合っている思って始めた事業は、実はクリーニング店経営である。「クリーニング店を買わないか」とある人から話を持ちかけられ、儲かりそうでおもしろい気がするからと買収を決めたのだ。「ありったけのお金をはたいて買ったので、もうこの商売しか私の進む道はありませんでした。やる以上は日本一のクリーニング店を目指そうと考えました」。

アイロンのかけ方はもちろん、ドライクリーニングとは何かさえ知らない状態での経営である。知識と技術は学び体験して身に付けていったが、工夫が求められたのは顧客に自分の店を選んでもらう方法だ。岡村社長はそれを徹底的な染み抜きや洗いで、どこよりもきれいに仕上げることを追求した。

染み抜きは失敗すると衣類そのものをだめにするリスクがあ

▲岡村社長は発毛システムの海外展開に自信を見せる

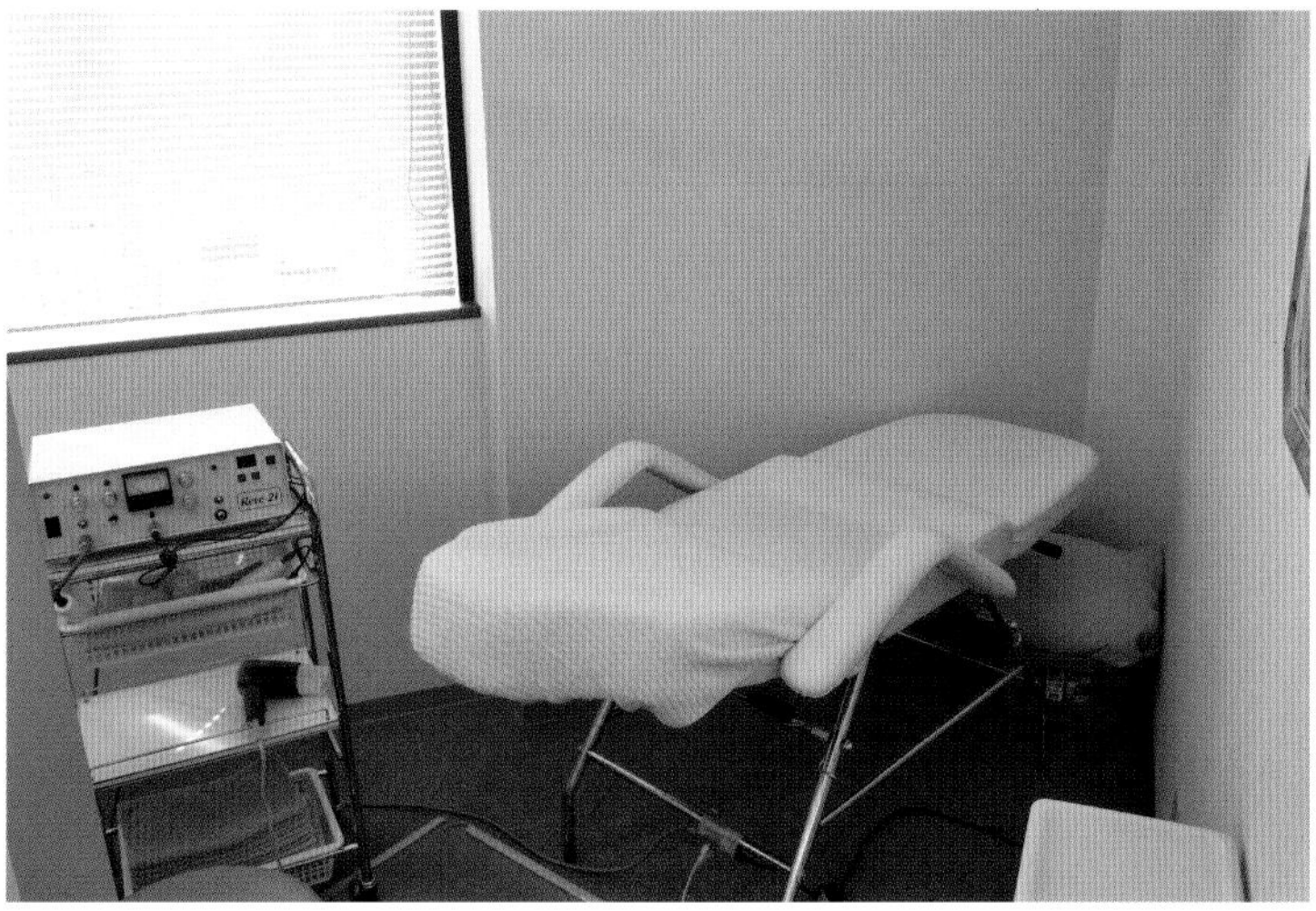

▲清潔感のある施術ブース

り、コストもかかるため、どの店も嫌がる。それを徹底することにより顧客第一の本気度が評価されてファンが増え、繁盛店になっていったという。

抜け毛・脱毛には様々な原因

その岡村社長が頭髪の発毛施術サービスに乗り出したきっかけがおもしろい。クリーニング業がすっかり軌道に乗ったある日、従業員から「抜いた永久歯の後からまた生えてきた」という話を聞き、「そんなわけはない」と一笑に付したものの、永久歯は無理でも「脱毛した頭部に髪がまた生えてくることはあり得るのではないか」と考えたのだ。

そう考えるともう、一途である。発毛のメカニズムを徹底的に研究し始めた。クリーニング店の顧客を相手に、様々な薬草のエキスを頭髪に塗ってみたり頭皮のマッサージをしてみたりの実践である。

この試行錯誤のすえ、わかったことがある。抜け毛・脱毛の原因はホルモンのアンバランスといった単純なものだけではない。ストレスや血行不良、生活習慣の乱れ、栄養の偏りなど、様々な原因があり、それらが重なり合って起きるということが多い。主たる原因がどこにあるかによって抜け毛・脱毛のタイプが違ってくる。

岡村社長は自らの理論にもとづき、トータルケアによる発毛システムを開発した。このトータルケアとは、シャンプー、マッサージや独自開発の育毛機器などによる頭皮ケアと食をはじめとする生活習慣の改善をアドバイスする身体のケア、ストレスのダメージを解消するための心のケアの3つのケアを組み合わせて構成した発毛システムである。

1992年にこのトータルケアのためのオペレーション（発毛施術）サービスシステムを完成させ、翌年にはサービスを実施する第1号店を岡山に開店。株式会社組織の毛髪クリニックリーブ21を設立した。「リーブ」とは復活するという意味のリバイブ（Revive）に由来する言葉。「21」には21世紀を担う企業との意味を込めた。

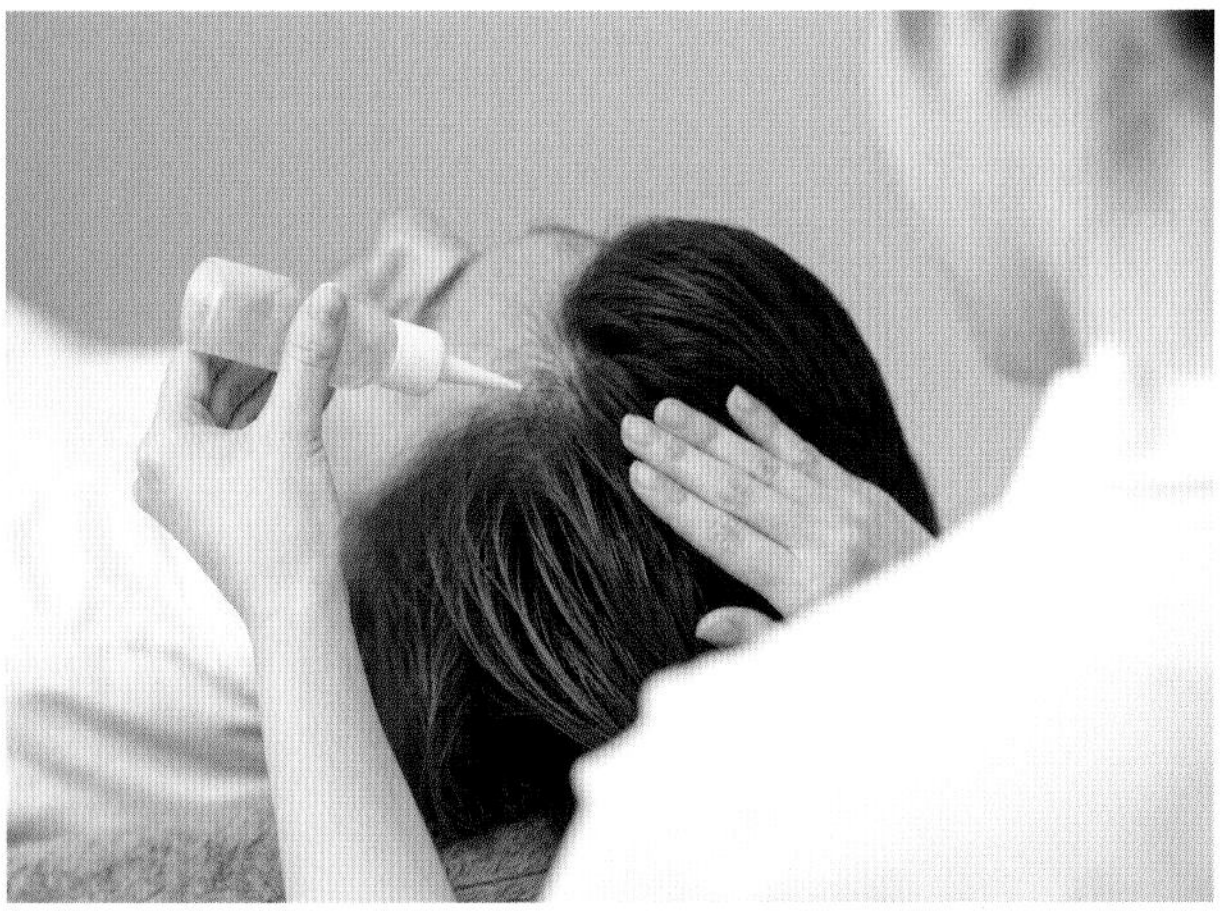

▲独自研究で開発したトニック塗布による発毛施術

▲専門スタッフによるカウンセリング

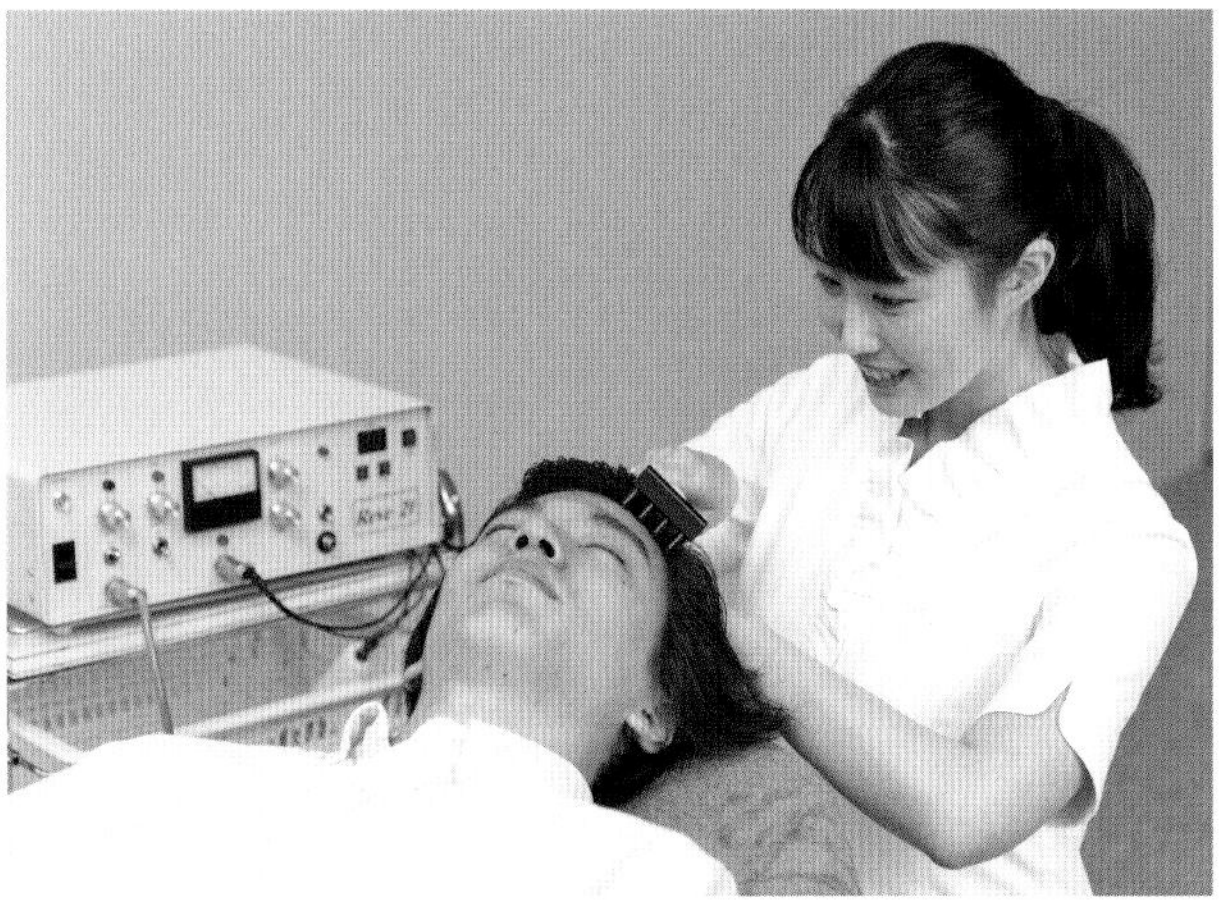

▲ビームライザーによる発毛施術。脱毛因子を抑制し発毛因子の産生の促す

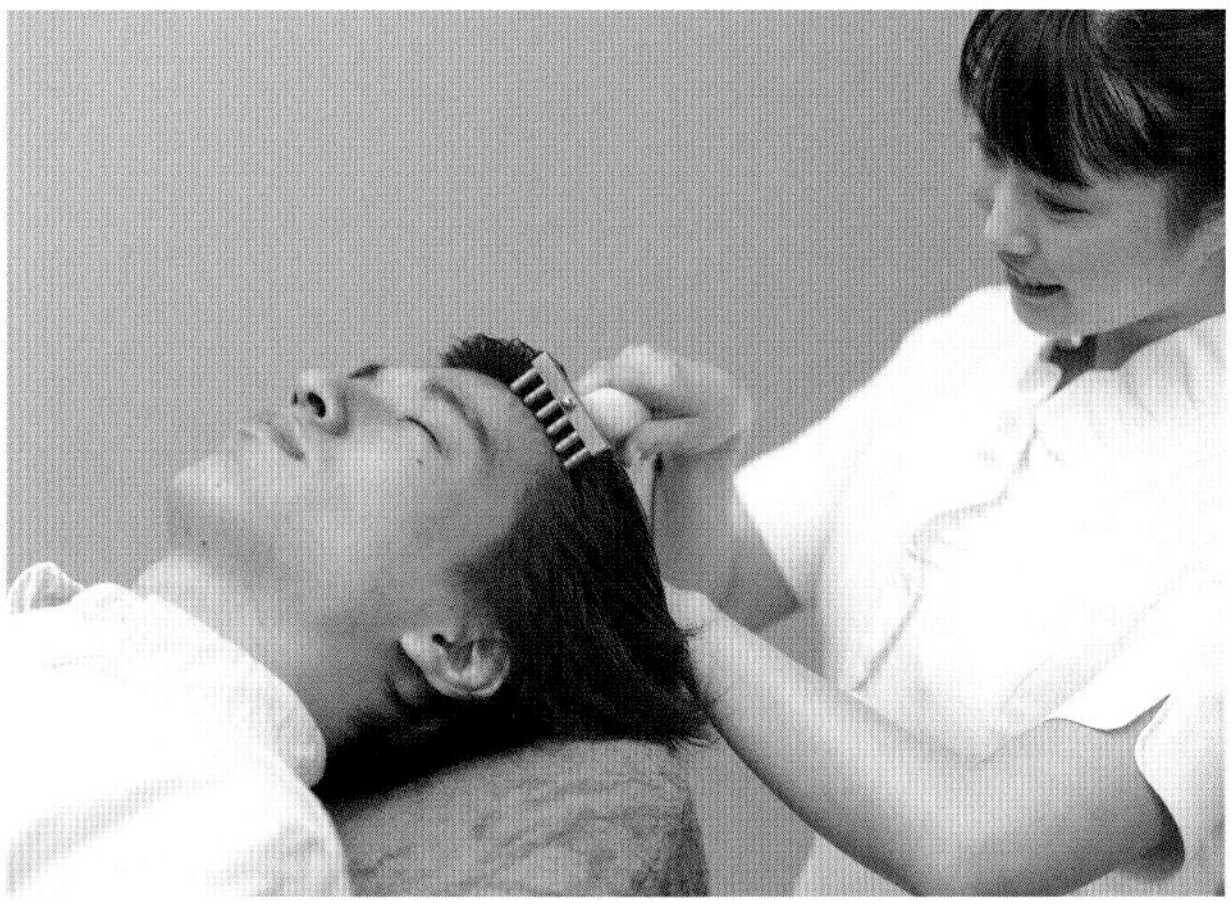

▲イントロライザーによる発毛施術。微弱電流で頭皮に塗布したトニックをイオン化し、頭皮への浸透力を高める

この発毛施術サービスこそ真に自分の進む道と決めた岡村社長は、繁盛店だったクリーニング店を自分の甥に譲っている。

トータルケアシステムの効果は、試行錯誤を繰り返した結果、実証済みである。問題はどのようにして顧客を集めるかだ。抜け毛・脱毛は非常にデリケートな問題である。「明らかに抜け毛で悩んでいそうな女子中学生に、相談に乗りましょうかと声をかけて、その中学生が泣き出したことがあります」と、岡村社長は自らの体験を話す。困っている人に直接声をかける方法は無理なのだ。マス媒体を使った宣伝広告しか手はない。

しかし会社設立当初は、発毛という言葉を聞くだけで相手にしてもらえないマスコミが多かった。90年代後半になって、やっとテレビコマーシャルを流すようになったが、それでも最初は、発毛という言葉を使えないイメージ広告だった。そのような状況下で、歌手の和田アキ子さんを起用したテレビCMが当たり、トータルケアの内容を記したチラシとの相乗効果で利用客は右肩上がりに増加した。トータルケアの利用客は会員組織となっているが、2000年に1万3000人弱だった会員数が、2019年には18万人を突破している。

発毛コンテストに多くの応募

急成長の背景としては、テレビコマーシャルの効果のほか、実際のトータルケアに当たるオペレーターとカウンセラーの存在も見逃せない。オペレーターとはシャンプーや専用機具を用いて発毛施術に当たるスタッフ、カウンセラーとは生活習慣改善やストレス解消のアドバイスに当たるスタッフのことだ。高度な研修を受けたスタッフによるサービスは単なる施術だけではなく、顧客1人ひとりへのきめ細かいサービスが顧客に安心感や信頼感を与えている。

また、満足できる効果が出なかった場合に返金に応じる保証制度の存在も、利用しやすさを呼んでいるが、もちろん効果がなければ、ここまで会員が増えることはない。その点、2001

「本気で取り組むと、工夫ができる」

岡村勝正

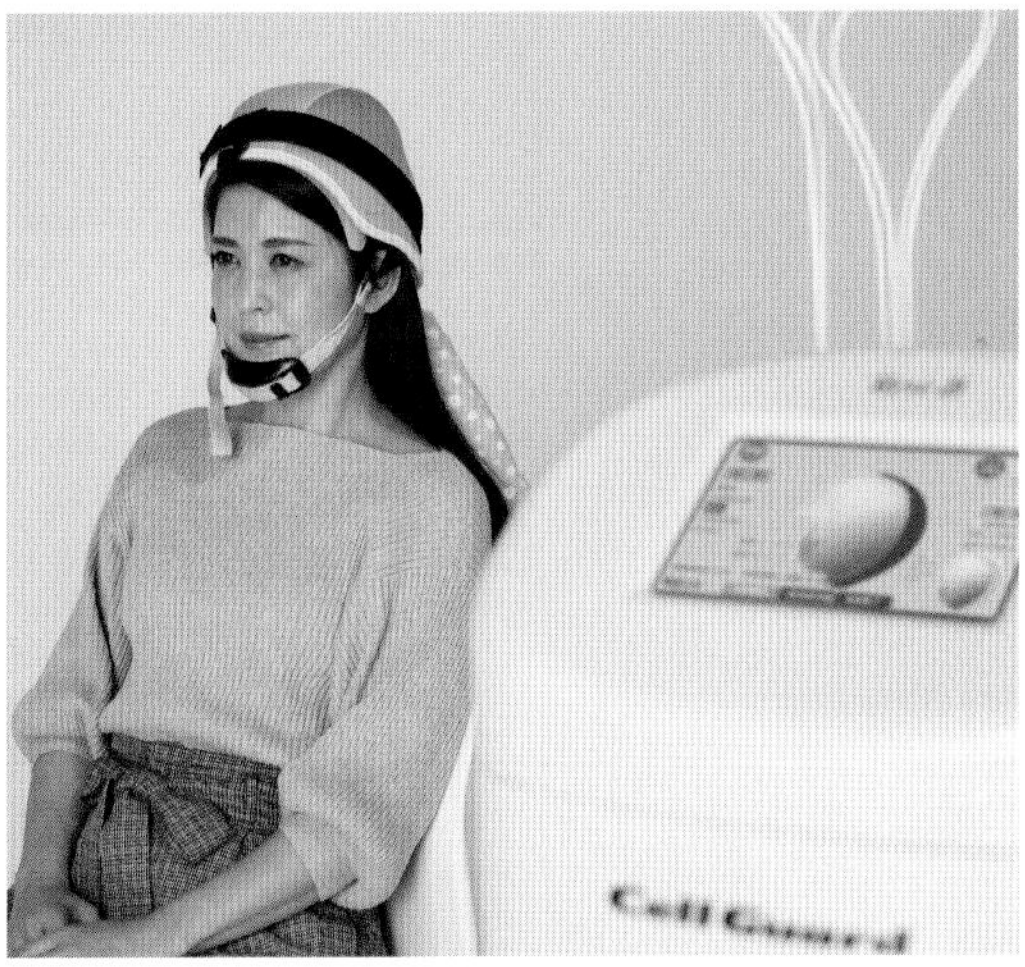

▲医療機器認証を取得した頭皮冷却装置
抗がん剤の副作用による脱毛を減らす効果がある

年から毎年開催している「発毛日本一コンテスト」に、毎回多くの応募者が集まるという事実は、効果を実感している人が多い何よりの証左になる。ホームページなどに顔写真入りで多くの利用客の声が掲載されているのも、効果があることの裏付けとなっている。

今後は新規事業の展開にも力を入れる。その1つが、医療機器として承認が下りたばかりの「頭皮冷却装置」だ。抗がん剤が毛根に作用しにくくする装置で、副作用による脱毛を減らす効果がある。21年秋から全国のがん診療連携拠点病院向けを中心に販売を開始する。

ネットの活用にも注力する方針だ。ウエブを通じて自宅にいる利用客にアドバイスを送る「髪ドック」を近く立ち上げる計画。ネット広告の充実も図る方針で、イメージだけではなく「しっかりと効果を出すための自分たちの考えを正しく伝えられるよう内容を吟味していきたい」と、岡村社長は意欲的だ。

海外市場の開拓も視野に

また、ＳＤＧｓ（持続可能な開発目標）の考え方に即した環境負荷軽減策にも取り組む考えで、東南アジアを中心に繁殖する植物「モリンガ」からの抽出成分を使ったシャンプーの開発を進めている。水質汚濁を防ぐ天然成分だという。

海外市場の開拓も視野に入れているが、岡村社長は「当社のオペレーターやカウンセラーを海外に駐在させるのは荷が重過ぎて無理」という。技術指導を担いロイヤリティー収入を得る方法を検討しているようだ。「海外でも脱毛・抜け毛に悩む人が多いのは日本と同じ。引き合いは多いです」と、海外展開にも自信を見せる。２０２５年の大阪・関西万博で、同社のサービスをアピールする構想もある。

課題はこの事業に心血を注いできた岡村社長の後継者選びだろう。「私の考えを3～4年はかけて理解してもらえるように後継者を選びます」と語る岡村社長。発毛という結果を出すには、顧客にもスタッフにも忍耐が必要だが、ほかにはないこの事業を継続させるための人材探しにも忍耐が必要のようだ。

COMPANY HISTORY

1976 年	大阪府八尾市にて、発毛の研究を開始
1991 年	トータルケアによる発毛システム完成
1992 年	オペレーションサービスシステム完成
1993 年	第 1 号 岡山 O. C オープン、株式会社毛髪クリニックリーブ 21 設立
1999 年	毛髪発毛育毛装置特許取得（第 2964884 号）、会員数 1 万人突破
2001 年	第 1 回発毛日本一コンテスト開催
2004 年	大阪ビジネスパークへ本部移転、会員数 5 万人突破
2007 年	ヘアケア商品ブランド「HBH」デビュー
2008 年	会員数 10 万人突破
2012 年	会員数 15 万人突破
2015 年	医療機器製造販売業取得
2017 年	頭皮冷却装置　特許取得（第 6189228 号）
2019 年	会員数 18 万人突破

COMPANY PROFILE

◉代表者　代表取締役社長　岡村　勝正
◉住　所　〒 540-6122
大阪市中央区城見 2-1-61
◉設　立　1976 年 8 月
◉資本金　40,000,000 円
◉事業内容
頭髪の発毛施術サービスおよび関連商品の販売
◉ URL：https://www.reve21.co.jp/

CASE.034
Leading company

株式会社モリモト医薬

次世代の服薬・製剤技術を牽引する投薬革命のパイオニア

▲服用支援ゼリー「eジュレ」は、薬とゼリーをスプーンに出して一緒に飲み込むことができる

医療・介護現場のニーズを捉えた医薬品・装置開発に挑む

薬を簡単に、安全に飲むことができる社会をつくる――。

モリモト医薬は、服用支援ゼリーや、抗がん剤を安全に投与できる注射キットの開発を手がける。喉の途中で薬がたまったり気管に入ったりする誤嚥だけでなく、包装シートごと飲み込み、喉や消化器に刺さってしまうといった事故が相次いでいる。こうした現状を受け、包装材を改良するなどして安全な服薬を実現できる技術や手法に関心が高まっている。

モリモト医薬が製品化した服用支援ゼリー「eジュレ」は、薬とゼリーをスプーンに出して一緒に飲み込むことができる。ゼリーの入ったパッケージをよくもむとバランス良く弾力性が出る。スプーンを逆さまにしても落ちにくいというのが競合品との大きな違いだ。ゼリーと水分が分離せず、薬と一体化して胃まで流れるため、むせや誤嚥性肺炎を引き起こすリスクが大きく低減する。

eジュレは食品に分類されるが、今後は錠剤やカプセル、粉薬と一体化した医薬品「GT剤」

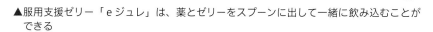

▲新たな服薬・製剤技術の開発を先導する盛本修司社長

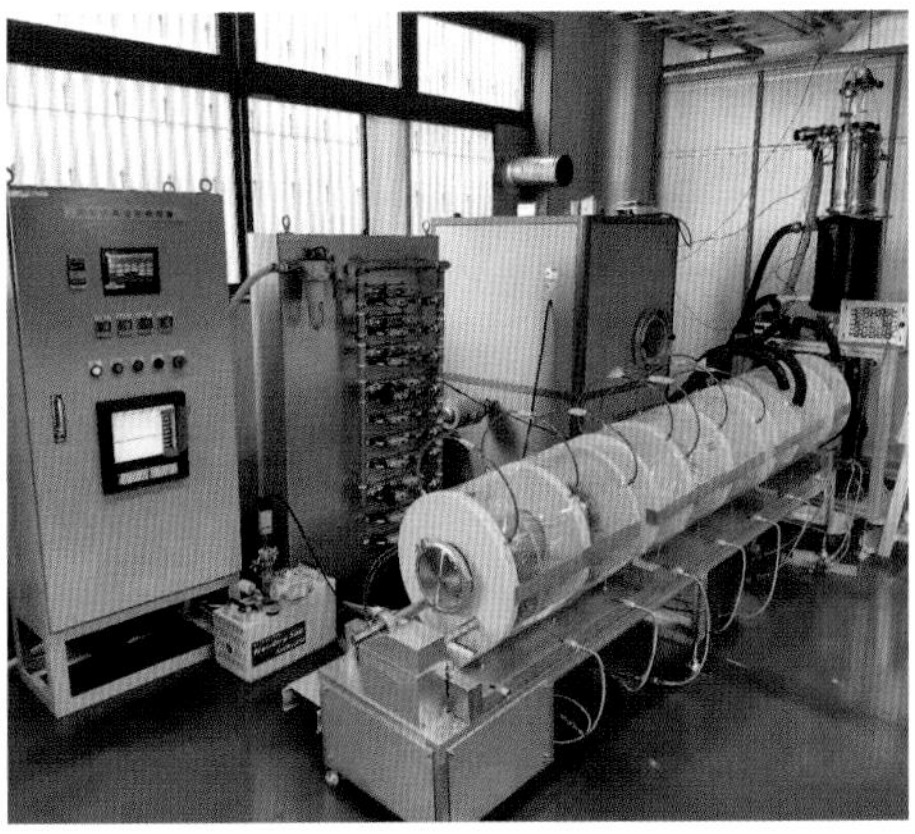

▲常温で管理可能なワクチンを製造する「連続凍結乾燥装置」

▲かつて盛本社長は天津武田薬品の工場長を務めていた

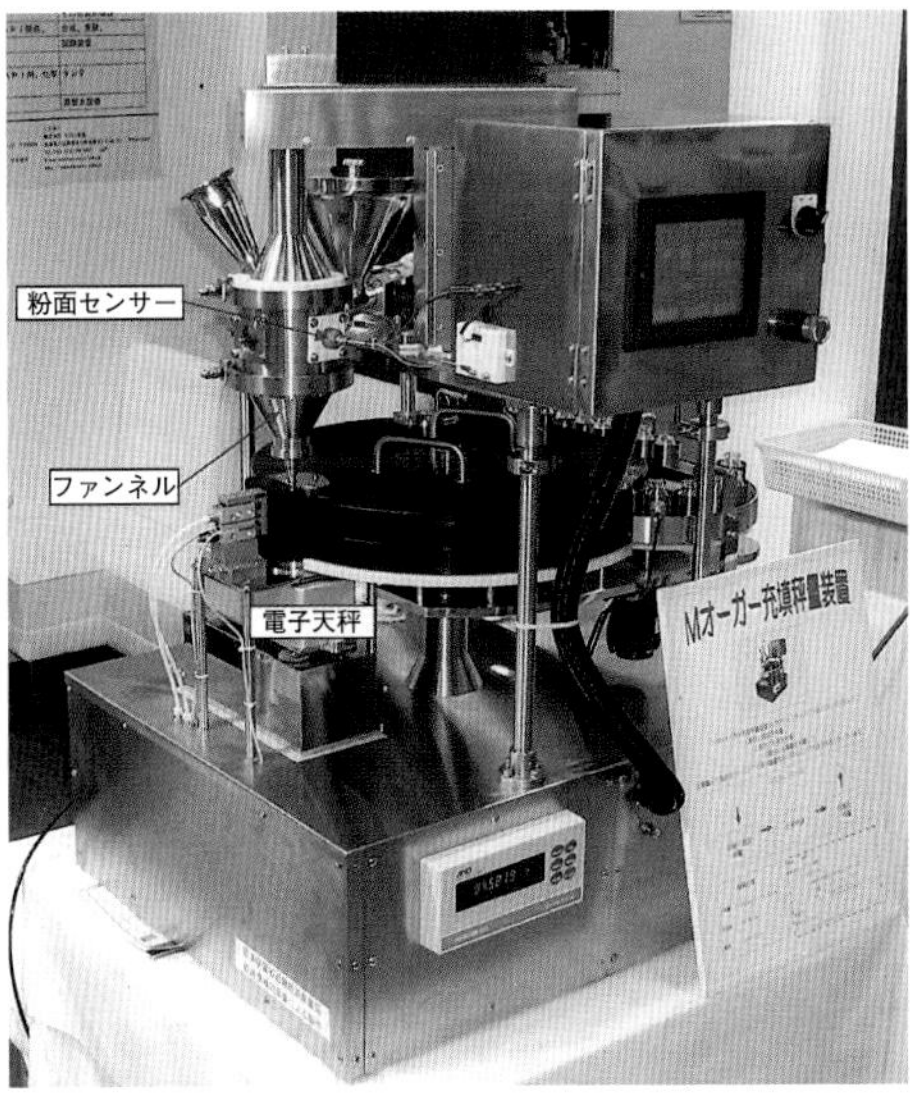

▲微量充填が可能な「粉末充填秤量装置」

に幅を広げる。パッケージからゼリーを押し出すと、隣の錠剤などと一体となって出てくる。盛本修司社長は「食品からスタートし、安全性を十分確立できた。蓄積してきたノウハウを医薬品に展開していく」と本命事業への足がかりをつくる。

大手製薬メーカー発の特許を発展

盛本社長は、京都大学工学部化学工学科を卒業後、武田薬品工業の製剤研究所に入社した。「武田時代の発明が当社の源流となる」（盛本社長）と振り返る。

プロジェクトマネージャーとして製剤プロセスから包装、承認申請業務までを一貫して手がけたのが、胃潰瘍などの治療薬「タケプロンOD錠」だ。OD錠とは、水やかみ砕く必要がなく、口の中に入れるとすぐに溶ける錠剤。発売から30年以上経つロングセラーだ。一方、タケプロンはおよそ300㎛以下の微細な粒から成り、専用のコーティング装置を開発した盛本社長なしでは製品化は成し得なかったといっても過言ではない。この頃、盛本社長は通常の錠剤からOD錠、さらにゼリー剤といった技術変遷が進むと見越していた。

盛本社長が武田薬品工業時代に手がけた目玉プロジェクトはもう1つある。前立腺がんの治療などに用いられる抗がん剤「リュープリン」の注射キットの充填システムを開発した。注射筒であるシリンジの中に粉末状の薬剤と溶解液を分離して保存し、使用時には簡易な動作で混合し投与できる仕組みだ。抗がん剤には発がん性や催奇形性といった健康被害の危険性をはらむものもある。医療従事者が安全に取り扱えるよう、高活性の薬剤を封じ込める新たな注射キットが求められており、開発にこぎ着けた。

こうした実績をもとに「武田薬品工業での研究を進化させ、独自ビジネスにつなげる」（盛本社長）と方針を述べ、「服薬革命」「錠剤包装革命」「装置革命」「暴露防止」を4つの重点分野に掲げる。2005年にモリモト医薬を設立し、13年には

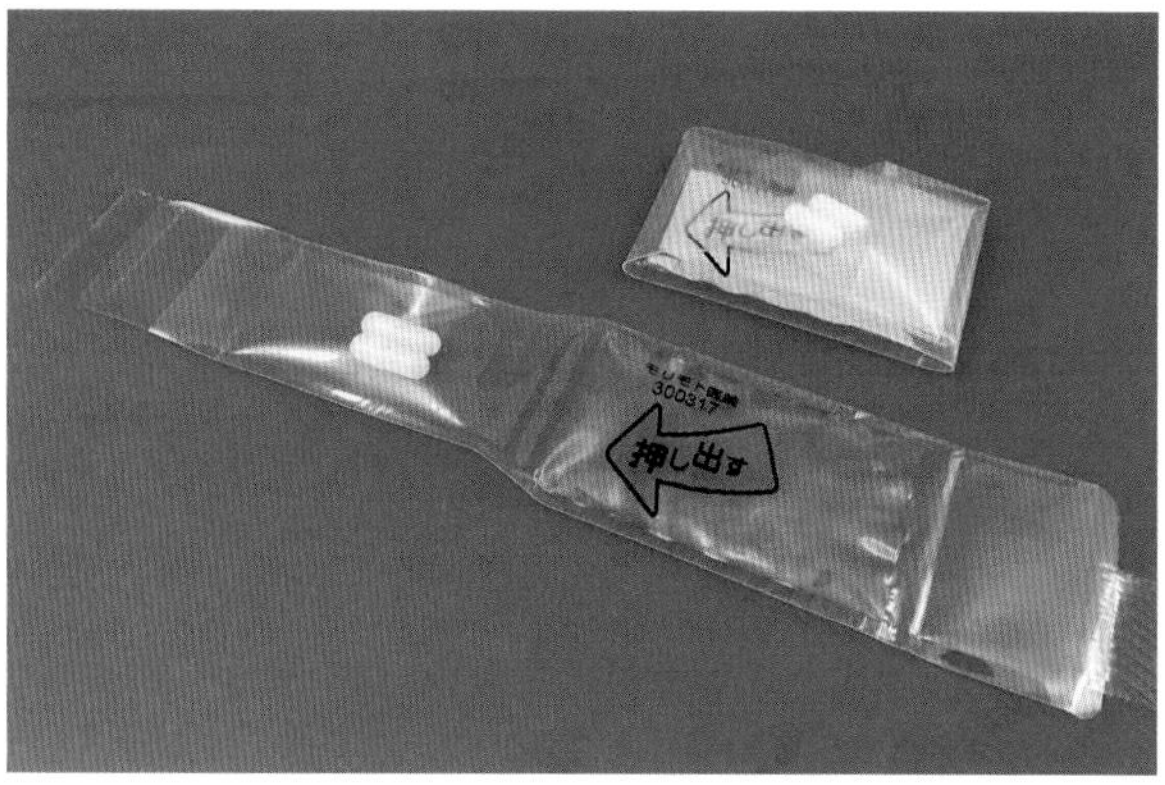

▲薬剤などと一体化した GT 剤

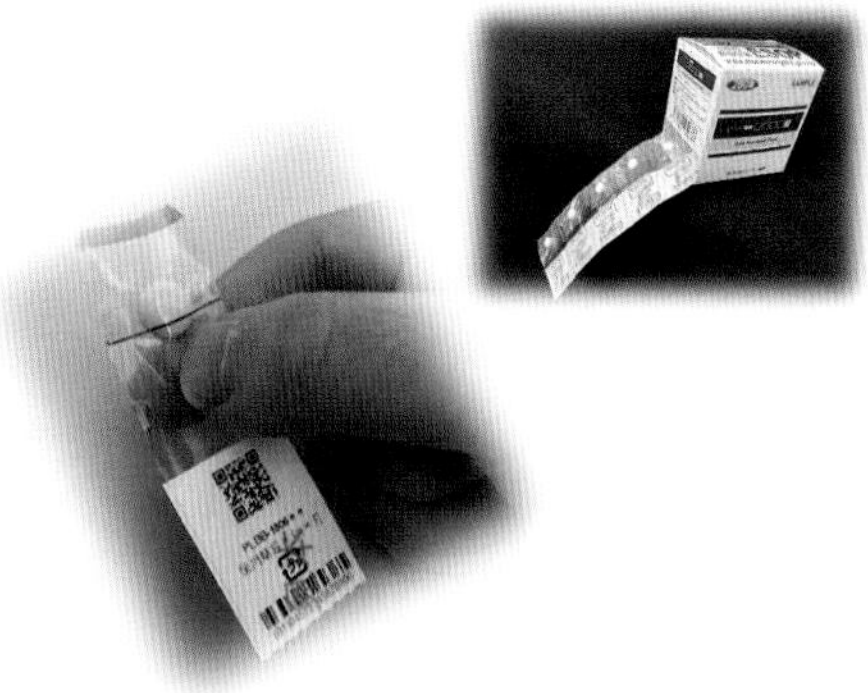

▲誤飲事故を防ぎ、IT と連携できる錠剤包装「ESOP」

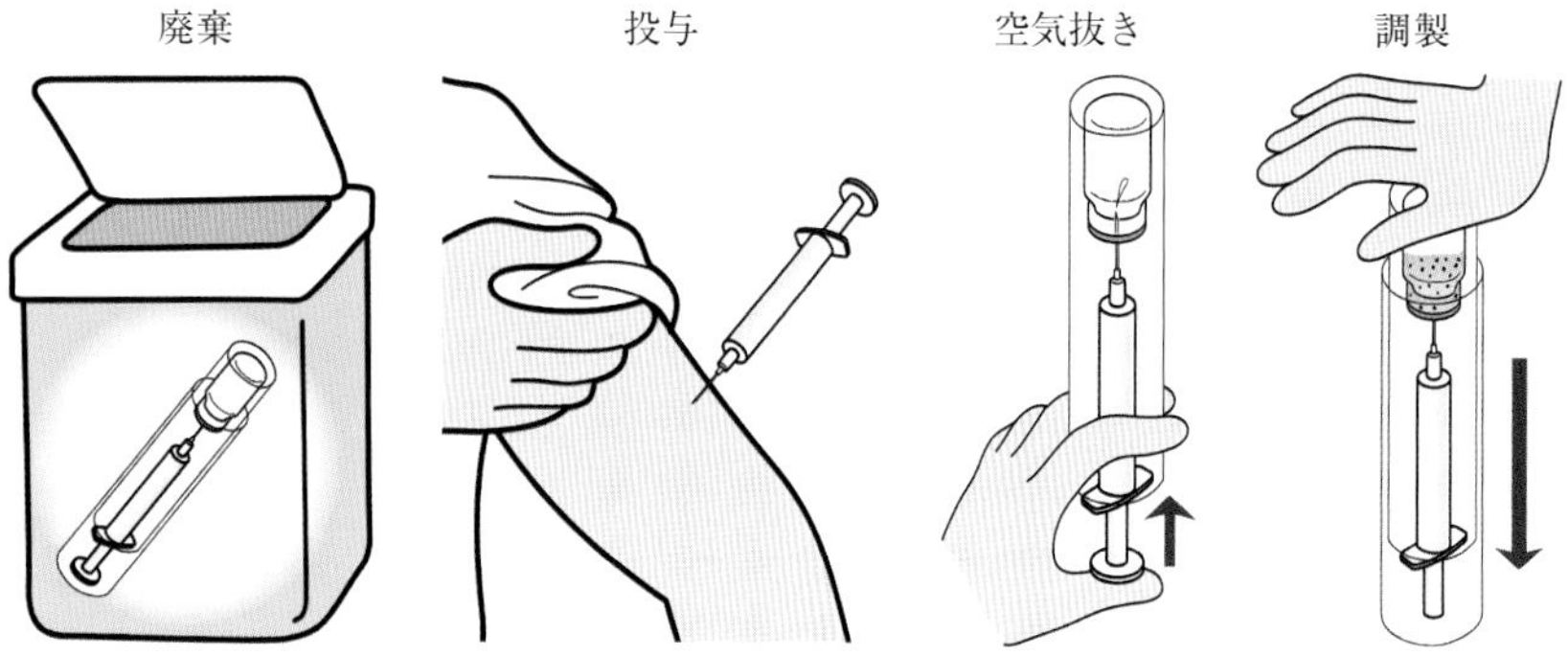

▲使用後は専用ケースに入れて廃棄することで医療従事者の健康被害を防げる

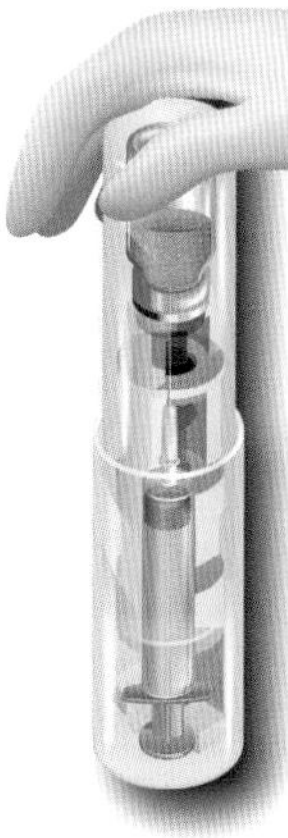

▲2019 年開発の抗がん剤の暴露を防ぐ注射キット

本社・工場・研究所を現在の大阪市西淀川区に移転した。4階建てで2400㎡もの延べ床面積を確保。「治験薬や、医薬品としての承認申請に必要なサンプルを製造する上で、無菌環境や製造ラインを整備する必要があった」（同）と説明する。15年には「服用支援ゼリーeジュレ」を発売した。並行して知的財産権戦略も進める。同年、服薬支援ゼリーに加え、薬を取り出しやすく誤飲事故を防ぐ錠剤包装「ESOP」、16年にはゼリー剤であるGT剤の特許を取得した。

抗がん剤の暴露防止技術は、19年に道が拓けた。独自の注射キットの開発が大きな転機となった。シリンジ内に粉末薬剤を事前に充填し、注射キットを上から押し込むことで粉末と溶解液を調製できる。その後、下から注射キットの空気を抜き、投与する。注射器内で調製する他社製品に比べ、シリンジの大きさは約半分の12㎝と小型化を実現。液漏れせず、針を折る作業や特殊な器具も不要であり、使用後は元のケースに入れて廃棄することで医療従事者の健康被害を防げる。モリモト医薬はロイヤルティー収入数億円を目指す大型プロジェクトだ。同社発の技術を提携先に供与することで収益を目指すビジネスサイクルを回す。21年には本社ビル内に、注射剤や固形剤を製造する新規ラインの導入を計画している。

世界最大級の市場で勝負する

モリモト医薬の競争力が光るのは、世界最大の人口を抱える中国での事業展開があってこそ。盛本社長は2000年、天津武田薬品の工場長に就任した。「その頃の中国における医薬品市場は日本の1/10ほどだったが、いまや日本を大きく上回る。目を見張る成長を成し遂げたが、当時から中国の台頭は予想していた」（盛本社長）と話す。

堪能な語学力を生かし、創業間もない時期から中国実業家との交流を活発化してきた。中国語を駆使して現地での学会発表、展示会での商談、取引先への訪問を進め「直接実務に入っ

▲モリモト医療の本社外観

「モリモトベンチャーが製薬会社としてチャレンジする」

盛本修司

て具体的な技術に関して情報交換できた」（同）と手応えを得る。1年のうち約$1/3$は中国出張に充てている。15年におよぶネットワーク構築を通じて中国でのメディア露出も増え、知名度を上げた。同社発の技術や製品を輸出することから始まり、将来は中国の製薬企業に対する技術供与を本格化する。

スペシャリスト集団の育成

　時代の先駆けとなる技術開発には、専門家の視点が欠かせない。モリモト医薬では、大手製薬会社で製剤技術開発に関する実務経験が豊富な人材採用を進めている。盛本社長は「テーマごとに、大手製薬ＯＢの専門家のノウハウが必要だ」と強調する。専門人材は同社従業員の指導役となり、全体のレベルアップにつなげている。

　現在は食品としての服薬支援ゼリーを販売しているが、医薬品・製剤装置の技術開発を事業の中核に据えていく。着々と準備を進めており、２０２１年の製造ライン新設後には、ＧＴ剤、注射キットについて臨床試験のための製造や承認申請を順次行う。モリモト医薬が研究開発から中量生産まで手がけ、大規模生産は製薬企業へ導出していく。日本にとどまらず中国市場にも布石を打ち、存在感を高める。

挑戦を続ける

　「モリモトベンチャーが、製薬会社としてチャレンジする」

　特許技術を進化させ、医療の課題を解決する技術・製品の創出を目指すモリモト医薬。独自技術と、中国とのコラボレーションを両輪に、事業を成長軌道に乗せる。

医療や介護現場では投薬にまつわる課題が山積しており、改善の余地は大きい。日本社会が直面する高齢化社会において、誰でも簡単かつ安全に使うことのできる医薬品開発に挑み続ける。

　最新の挑戦は、常温で管理可能なワクチンを製造する装置「連続凍結乾燥装置」の開発だ。液体のワクチン製剤を凍結・粉末化し、冷凍・冷蔵装置なしで安定的に供給することができる。製薬会社などとの連携を通じ、新型コロナウイルス感染症ワクチンへの適用を目指している。

COMPANY HISTORY

2005年	モリモト医薬設立
2007年	経済産業省 新連携事業に認定
2011年	ゼリーキット GT 剤を学会発表
2012年	開発センターを現住所に移転
2013年	本社を現住所に移転、経済産業省・イノベーション拠点立地推進事業採択事業者に決定、大阪府緊急雇用創出基金事業の優秀提案者に選定
2015年	服用支援ゼリーｅジュレ、エンゲジュレ発売、次世代錠剤包装 ESOP を日本薬剤学会にて発表
2016年	熊本地震で服用支援ゼリーを無償提供、日本赤十字社より感謝状授与
2019年	新型注射キット（MPS）を発表
2020年	新型コロナ感染防御製品の取扱い開始
2021年	連続凍結乾燥装置を発表

COMPANY PROFILE

◉代 表 者　代表取締役　盛本　修司
◉住　　所　〒555-0012
　　　　　　大阪市西淀川区御幣島 5-8-28
◉設　　立　2005年5月
◉資 本 金　6,000万円
◉事業内容
製剤機器、粉末充填機、医療機器の製造・販売、医薬品ゼリー剤の開発、服用ゼリーの開発・製造・販売、新剤形医薬品の開発・ライセンス、医薬総合コンサルティング
◉ URL：https://www.morimoto-iyaku.jp/
◉ E-mail：customer@m-ph.co.jp

CASE.035
Leading company

株式会社ヤマト銘板製作所

創業以来１００年を超える銘板製作の老舗

▲エッチング銘板の一例。同社は様々な製法により表記物の製作を行っている

アルマイト染色・エッチング（腐蝕）技術では圧倒的強み誇る

ヤマト銘板製作所の社員と名刺を交換すると誰もがまず驚く。紙ではなく金属プレートの名刺だからだ。何の会社かが名刺を見ただけで想像ができる仕掛けである。軽量のアルミニウム製だが重みを感じる。

同社は銘板（ネームプレート）やシール・ステッカーなどの表記物を、ＢｔｏＢで製作・納入する企業。創業は１９１７年と古い。１００年を超える老舗企業だ。創業者の関口嘉一氏が奈良・大和郡山で事業を立ち上げたので「ヤマト」という文字が社名に入っているが、「なぜ創業者が銘板製作の事業を始めたのかは、よくわかっていません」と、関口裕章・5代目現社長がいうほどの長い歴史がある。

創業時に始めた事業は、エッチング（腐蝕）銘板の製造販売。金属の表面を腐蝕させ、できた凹みに塗料を充填してつくる銘板である。その後は客先ニーズに応えるため、徐々に事業を拡大し、現在ではエッチング銘板やアルマイト染色銘板といった金属銘板、ＵＶ印刷やシーリング印刷、シルク印刷などの技術を

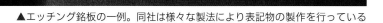

▲2011 年就任の関口社長

▲デザインからの一貫サービスが強み

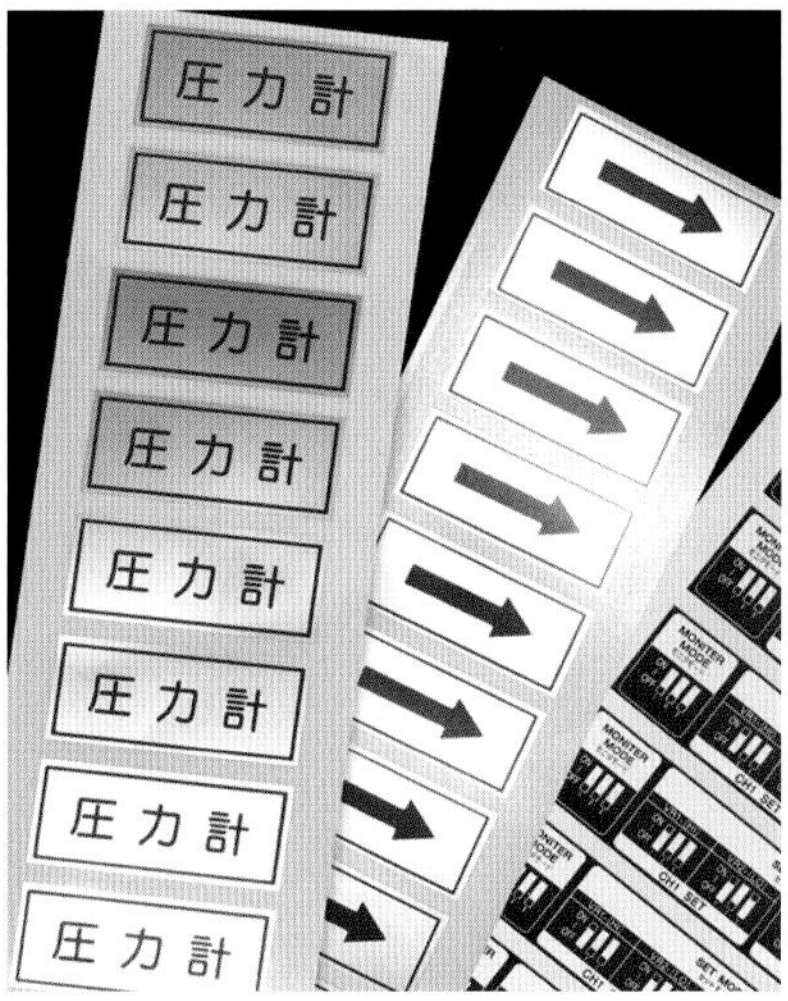

▲シール印刷製品の一例

▲UV 印刷製品の一例

▲アルマイト加工による銘板

用いた印刷物など表記物を幅広く手がける企業に成長している。

特に得意としているのがアルマイト染色銘板だ。アルミ板の被膜表面に染料で着色処理をしてつくる銘板で、「この銘板をつくれる企業は、大阪でも2〜3社しかないと思われる。同業他社から仕事を受けることもあります」というほど圧倒的な強みを持つ製品である。

また、シルク版の上からインクを押し付け、透過させて印刷するシルク印刷は、立体の機械部品などに直接印刷できる技術。UV印刷は紫外線の照射で版下データからダイレクトにフルカラー印刷ができ、版を必要としない技術である。これらの印刷技術への評価も高い。「銘板製作や印刷など、自社で製作できる表記物の製法の多さでは、西日本で1、2位を争うはずです」と関口社長は胸を張る。

デザインからの一貫サービス

こういった多種多様な表記物の製法を持っているため、表記物をどんなところに使うか、耐用年数はどれくらいを想定しているかなど、顧客の要望を聞いたうえで要望に即した製法を提案できる。そして、デザインから企画、製作、施工に至るまで表記物をプロデュースしている。このトータルサービスが、同社の最大の特徴といえる。

顧客が大企業の場合、最初から図面を持ち込んでくるケースが多いが、図面がなく漠然とした要望だけを持ち込む顧客もある。同社はそうした要望にも自社で版下作成を行うので応えることができるのだ。このような技術力、サービス力が評価されて顧客数は増え続け、「現在の顧客数は200〜300社程度。注文を受ける銘板の種類は10万を超えると思います」と語る関口社長。商社経由で注文を受けるケースや大手の電機・機械メーカー、造船会社などから直接注文を受けるケースなど受注の仕方も顧客によって様々。

同社の従業員数は、現在17名程度。営業は関口社長と社長の弟の関口智也専務を含めて3名程度で、また、デザインは1名の係長で、それぞれ担当してい

▲アルマイト表面処理作業

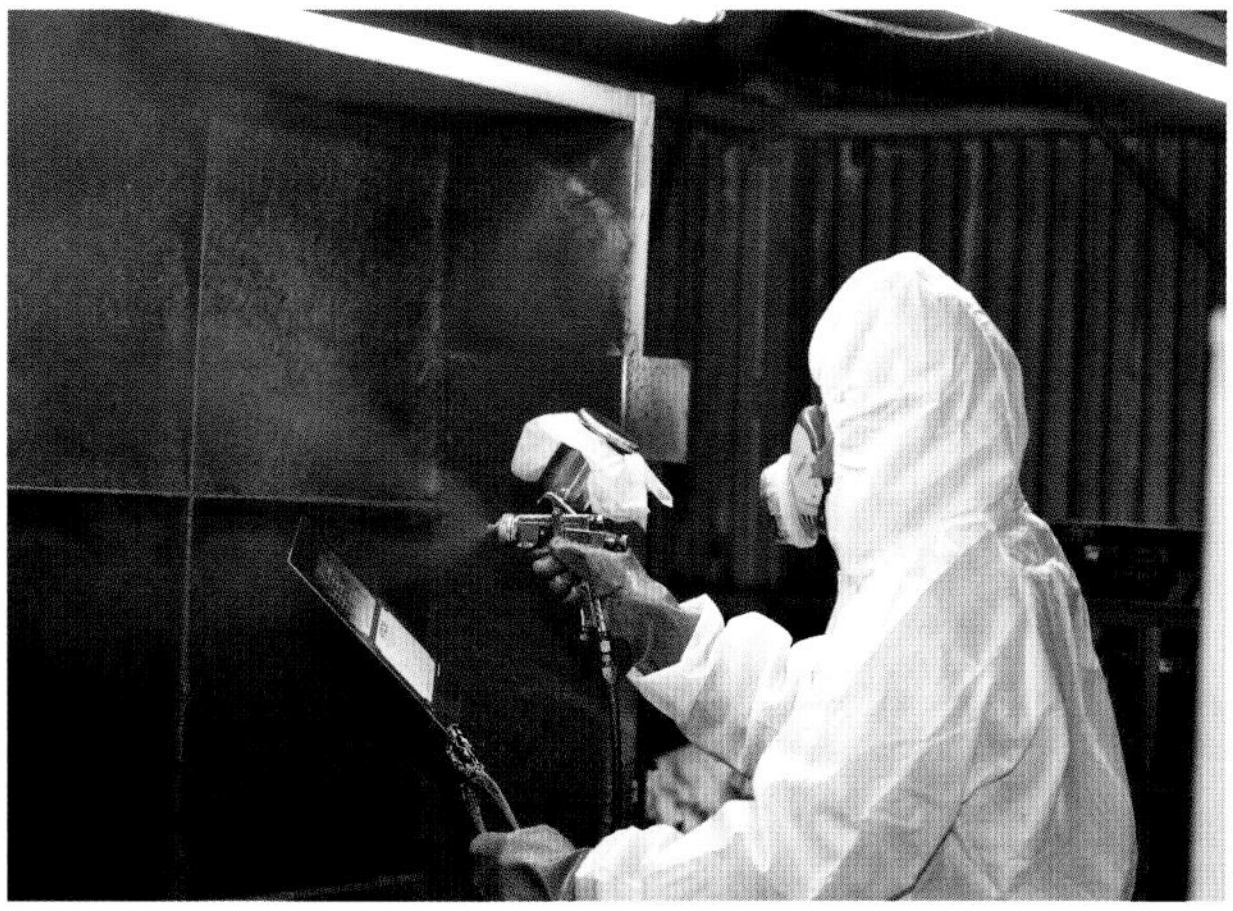

▲エッチング製品の塗装処理作業

▲シール印刷

▲シルク印刷

▲多様な製法に加え、デザインから加工まで対応するトータルサービスに強みがある

る。まさに少数精鋭部隊だ。この少人数でこれだけの注文をこなさなければならないのである。常に１００％以上の力を発揮することが求められる。

ただ、「1人が同じ仕事をし続けることはなく、様々な技術を習得しているので機動的な人員配置ができ、経営効率が上がります」と関口社長は少数精鋭のメリットをあげる。営業からデザイン、製作までの連携が取りやすいため、納期の短縮や改善策に取り掛かる時間短縮にもつながっている。これは顧客にとっては大きなメリットだ。

業績もほぼ右肩上がりとなっている。２０２０年12月期は、多くの企業がコロナ禍の影響を大きく受けているが、各製造部署の技術のコラボによる製造工程の大きな見直しと忙しい部署へ機動的な人員配置を行うことにより年商はほぼ横ばいにとどまっているという。

攻めの営業姿勢に転じる

しかし、関口社長は「業界自体は縮小傾向にあります。日本国内のキャパシティを考えると、先々、淘汰される企業が出てきてもおかしくありません」と気を引き締める。表記物の市場が縮小する中で、金属銘板からシールへのシフトも強まっているが、多種多様な製法を持つ自社の強みは生かせると見ており、「当社独自の製法を守っていくことが最も重要。技術をしっかり伝承していきたい」と語る。「現在、自社ではできず委託している二次加工の部分も、できるだけ自社でできるようにしたい」と、製作体制の見直しも進める方針だ。また、営業はこれまで得意先に新たな顧客を紹介してもらうといったケースが多かった。「どちらかというと待ちの営業スタイルでしたが、これからは新規のお客様を積極的に開拓していくようにしたいと思います」と、営業については攻めに転じる姿勢を見せる。

展示会にも２０２０年秋に初めてブースを構え、出展効果があったという。今後も展示会への出展を増やす考えを持っている。「経験不問で若いやる気のあ

▲大阪エヴェッサを通じて地域貢献活動にも取り組んでいる

「日進月歩。会社のトップたる者は常に上を目指さなければ」

関口裕章

る人を採用していきたい」と、新規の採用についても意欲を見せる関口社長。「満足したときと、あきらめたときが終わり」と常に前に進む。満足やあきらめたときには、どちらも成長する努力を止めてしまうからということです。会社のトップたる者は、常に上を目指さなければ」。10年前に5代目となる社長職に就いた時は、まだ30歳代半ばだったという、若い社長ならではの言葉だ。モットーは「日進月歩」である。

その関口社長が、製作体制の見直しと営業強化のほか、力を入れていきたいと考えているのが環境対策と地域貢献である。工場は大阪市阿倍野区の本社工場と同城東区の城東工場の2カ所で、いずれも市街地にあり、環境対策には特に気を配らなければならない。銘板製作や印刷といった事業は、廃液や金属片などの廃棄物が多く発生する。環境に有害な廃液は、専門業者に処理を依頼し、工場外に漏れ出ることのないようにしている。今後はステンレスやアルミなどの金属片についても、業者に依頼して、さらにリサイクル・リユースを徹底する考えだ。また、炭素削減の社会に向け、工場で必要となる熱源も石油から電気への切り替えも進める。

地域貢献活動も積極的に

また、地域貢献策の1つとしては、プロバスケットボールの地元チーム「大阪エヴェッサ」とのパートナーシップ契約締結がある。スポンサーとして大阪エヴェッサの活動を支えるほか、2021年1月には、大阪エヴェッサを通じて大阪府下の小中学校へバスケットボールを寄付し、今後もバスケットが好きな子供たちを応援するという活動なども積極的に展開する計画である。

城東工場を新築したのが1968年、本社社屋を新築したのが70年。それから数えただけでも半世紀を超える月日が流れている。この間、ずっと地元に支えられてきたとの思いは強い。環境対策も地域貢献も、その地元を大切にしたいという意思の表れである。歴史の重みは、すべての従業員が感じているはずだ。アルミ製の名刺を受け取った時に感じた重みは、その歴史の重みかもしれない。

COMPANY HISTORY

1917年	創業者関口嘉一が関口標記製作所として創業開始
1947年	2代目関口武次郎が合名会社ヤマト銘板製作所を設立
1962年	3代目関口一雄が株式会社ヤマト銘板製作所に組織変更
1968年	城東工場を新築
1969年	アルマイト染色設備（城東工場）導入、オフセット印刷機導入
1970年	本社社屋を新築
1980年	シルク印刷機（本社工場）の導入、公害防止装置（城東工場）の導入
1984年	自動エッチングマシン（城東工場）の導入
1987年	ニッケルメッキ設備（城東工場）の導入
1992年	4代目関口晃が社長就任、ラベル印刷機（本社工場）を導入
2006年	簡易原版出力機（本社工場）を導入
2007年	アルマイト自動現像機（城東工場）を導入
2011年	5代目関口裕章社長就任
2017年	創業100周年

COMPANY PROFILE

◉代表者　関口　裕章
◉住　所　〒545-0004
大阪府大阪市阿倍野区文の里4-4-1
◉設　立　1947年（1917年創業）
◉資本金　10,000,000円
◉事業内容
銘板（金属ネームプレート）やシール・ステッカーの製作
◉URL：https://www.yamatomeiban.co.jp/

▲本社のある草津控工場はショールームのように各種加工機が並ぶ

CASE.036
Leading company

雄飛産業株式会社

ファインセラミックスの加工品を一貫生産

最新鋭の加工設備揃え
短納期高品質を実現

「従業員には3Dプリンターやレーザー加工機などの設備を使って遊んでもらってもいいと思っています。そのためのスペースもつくりました」。雄飛産業の川井敬介社長は、こんな興味深い話をする。もちろん単に遊ばせるだけではない。従業員にモノづくりの楽しさを実感してもらい、モチベーションを高めるための取り組みだ。「子供を呼んで、その場でおもちゃをつくってあげてもいいと思っています。それが仕事へのヒントになればいいのです」と川井社長はいう。

雄飛産業はファインセラミックス製品の委託加工メーカー。1974年に川井社長の父・川井千尋氏が創業した。委託加工先を探していた大手電子部品メーカーを、千尋氏が友人から紹介してもらったのがきっかけだ。

当初は株式会社カワイという社名でスタートしたが、営業を担当する会社として2000年に設立した雄飛産業と17年に合併。雄飛産業の方の名を残して、現在に至っている。この合併を進めたのは、前年の16年に経営

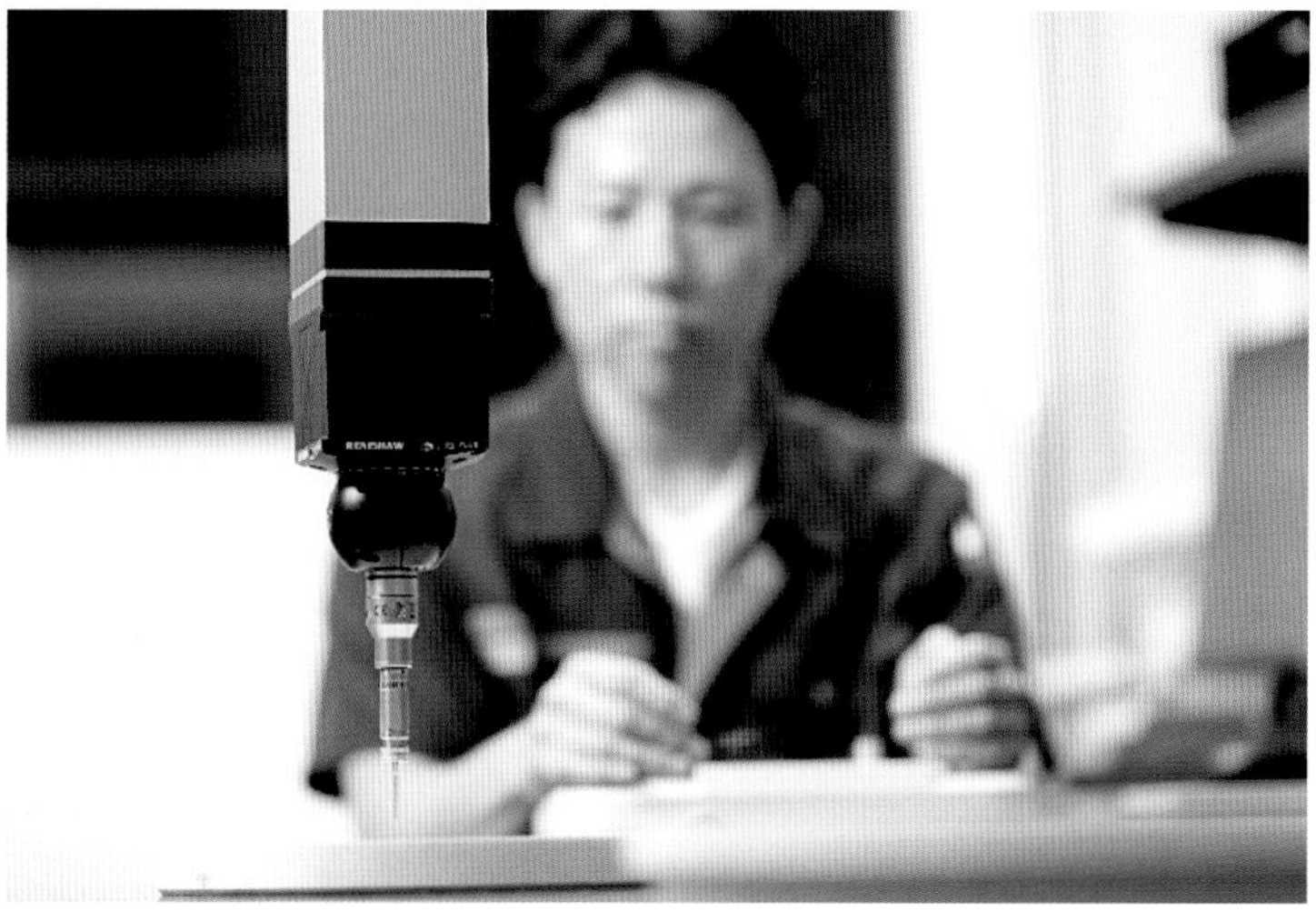

▲多数の三次元測定機を揃えることで高品質を担保している
写真上は計測の様子

を引き継いだ川井現社長だ。「製販一体化で経営効率化を図るのが目的でしたが、得意先には、営業会社として直接接していた雄飛産業の名の方が浸透していたので、こちらの社名を残しました」と明かす。

扱える素材の種類も抱負

その雄飛産業の強みは、自社で保有する加工・検査機器の数と種類の多さだ。滋賀県の草津・栗東の2工場に、平面研削盤、円筒研削盤、マシニングセンター（MC）、3次元測定器など、合わせておよそ90台の機器をそろえる。

1974年の創業時は「たった1台の借り物の加工機だけで事業が始まりました」という。その会社がセラミックス製品の加工一筋の経営を続ける中で、借入金と自己資金で設備投資を積極的に進め、現在の数と種類を誇るまでになったのだ。「セラミックス製品の委託加工業者の中で、これだけの設備を保有している企業は他にはありません」と、川井社長は胸を張る。

これら豊富に取りそろえた機器を武器に、同社は材料の調達から研削加工、検査に至るまで自社内で一貫して加工を進めている。「セラミックス製品の委託加工は、分業となるスタイルが業界内では多いのですが、当社の場合、一貫体制を敷いているので、納期を短くでき、品質管理も万全を期すことができます」。このため、得意先からの信頼は厚い。

扱える素材の種類も豊富だ。幅広い用途に使われるアルミナ（酸化アルミニウム）をはじめ、難削材の炭化ケイ素（SiC）や、窒化ケイ素、ジルコニアなど、ほぼすべてのファインセラミックスを、高精度で加工できる。

また、CAM（コンピューターによる製造）システムを導入し、3次元形状データを使って加工作業をしていることも同社の大きな特徴だ。CAMを導入している業者はまだ少なく、「この点でも、業界内で一歩先を行っていると思います」と語る川井社長。ファインセラミックス製品加工業界のリーディングカンパニー宣言ともいえる自信に満

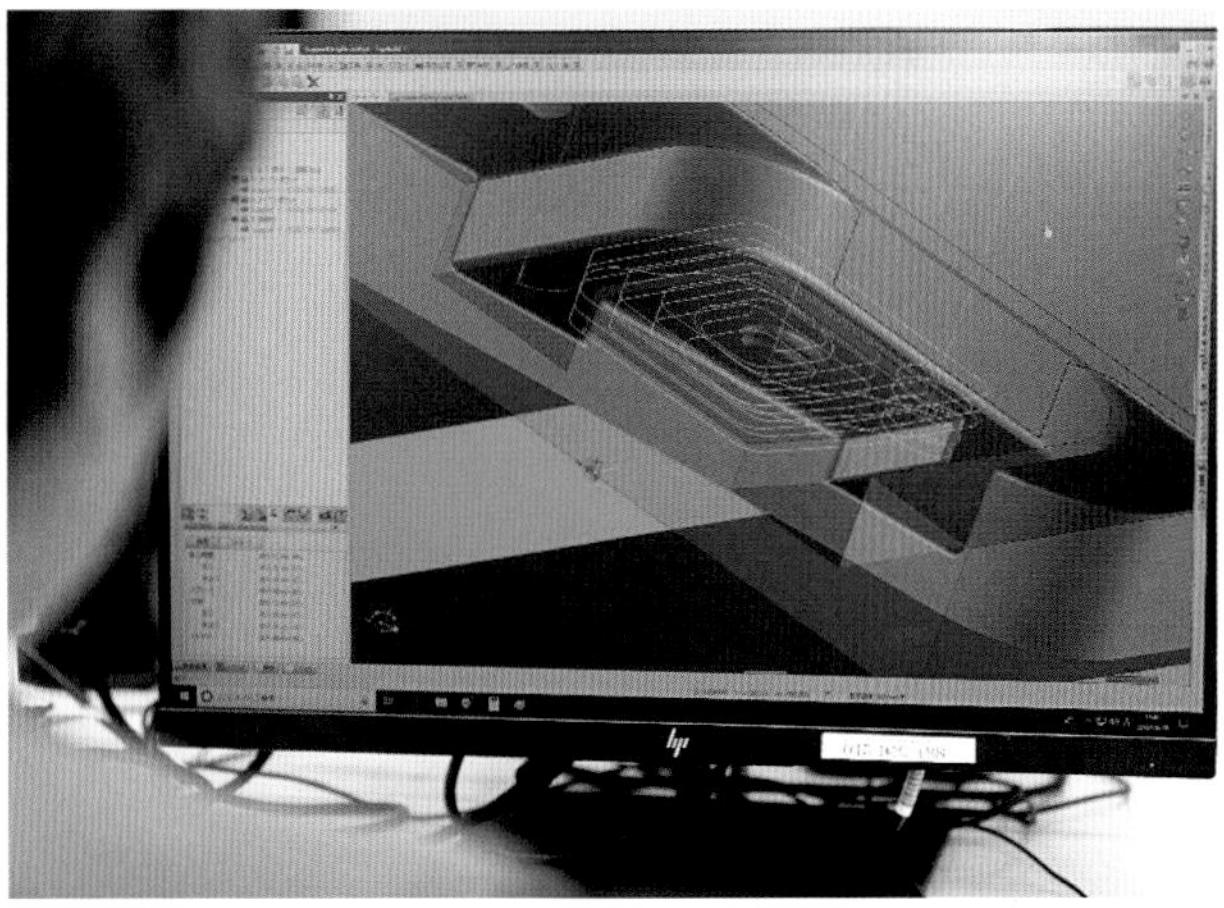

▲設計にも対応する

▲本社機能のある草津工場外観

▲マシニングセンター（右）や精密平面研削盤（中），大型円筒機（左）を取り揃えており、大小様々な加工に対応する

ちた言葉である。

こうした数々の強みを持つ点が評価され、1社から始まった取引先は増え続け、現在は40社ほどに達している。「国内のほとんどのセラミックス製品メーカーと、まんべんなく取引をしています」と川井社長が話すまでの企業に成長している。

半導体需要拡大の波に乗る

電子機器用の精密部品から一般産業機械の部品に至るまで、ファインセラミックスの用途は幅広いが、特に同社が得意としているのは半導体向けの精密部品の加工である。大手電子部品メーカーの委託加工先としてスタートして以来の、最も得意とする分野といえる。

その半導体の成長軌道に合わせ、同社の業績も安定して伸びてきた。2018年から19年上期にかけてが売上のピーク。その後は世界的な新型コロナウイルス感染拡大の影響を受けたが、高速通信規格「5G」や、次世代自動車などの普及に伴い、半導体の需要が再び拡大しているため、今後の見通しも明るい。

ただ、半導体向け精密部品の加工作業は㎛単位の精度が求められる。ほんのわずかの誤差も許されない。非常に高度な熟練の技が求められる。この点については、川井社長は「基本的には、技術は口伝えでしか教えることができません。途中入社で入ってくる従業員も、セラミックスの加工の経験がある人はまずいませんから、セラミックスは落としたら割れるものという常識から覚えてもらうのです」と述べる。

従業員数40名弱のうち、現場で加工作業に当たるのは25名ほどである。少数精鋭部隊だ。セラミックス加工一筋でおよそ半世紀。匠の技を身に付けたベテランが何人もいるからこそ、技が伝承されていく。「失敗しても構いません。モノづくりが好きでさえあれば、何回失敗を重ねても続けることができ、人は成長していきます」。そのモノづくりを好きになってもらう工夫の1つが、冒頭に挙げた「機械で遊ぶ」機会の提供だ。

「前へ、前へ」

川井敬介

▲従業員にはもっとモノづくりの楽しさを知り、モチベーションを高く仕事に臨んでほしいと語る川井社長

ただ、「半導体はこれからも社会に必要不可欠なものとして、需要は伸び続けると思いますが、素材としてセラミックスが使われ続けるかどうかはわかりません」。当面はセラミックス加工一本の経営を続けるが、業態の大転換もあり得ると川井社長は先々を見すえる。

「いい人材をどうやって集めるか、従業員の採用の仕方も考えなければならないと思います」とも語る川井社長。いい人材とは、「とがった」人材のことだ。川井社長は自ら営業に出向くときに現場の従業員を同行させている。「その得意先回りで営業の面白さを知った現場従業員が、新しい取引先を自分で開拓してきたいと申し出てくれば行ってこいといいます」。そういう「とがった」人材が欲しいのだ。「経営に興味を持って、独立したいと考える従業員が出てきても構わないし、雄飛産業の社長職を継ぎたいという従業員が出てきてもいいと思います」という川井社長。親族による事業承継にはこだわっていない。

草津市から製品が全世界に

高校時代にラグビーをしていたという川井社長のモットーは「前へ、前へ」。明治大学で長年ラグビー部監督を務めた故・北島忠治氏が終生言い続けた言葉である。一歩も二歩も前を見すえる川井社長だ。

その川井社長が、どうしても従業員に伝えたいことがある。「皆が加工した製品が、テレビやパソコン、スマートフォン、自動車など社会に欠かせないものの部品の一部として、世界中で使われている」事実だ。「滋賀県草津市という、皆がいるこの場所から世界中にネットワークが広がっている」。これほどモチベーションを高める言葉はないだろう。

また、この言葉には、雄飛産業を育ててもらった地元草津市に恩返しがしたいとの意味も含まれている。同社の敷地内には、稲荷神を祭る祠（ほこら）がある。その祠の前のスペースで、地元の子供たちを集めてお祭りのようなものができればという夢も持っている。

COMPANY HISTORY

1972 年	滋賀県草津市にカワイ設立
1979 年	京都セラミックス（現京セラ）と取引を開始しアルミナセラミックスの円筒研削を着手
1981 年	ジルコニアセラミックスの円筒研削・内面研削加工に着手
1982 年	アルミナ・ジルコニアの平面加工・ホーニング加工に着手
1983 年	栗東市下戸山に新社屋を新築し移転、アルミナ・ジルコニアのセンタレス加工を着手
1984 年	炭化珪素・窒化珪素の研削加工に着手
1997 年	三友を設立
1998 年	草津市馬場町工業団地に草津工場を新築し 2 工場となる
2000 年	雄飛産業を設立。草津第 2 工場を閉鎖し、現草津工場に本社機能を移転
2013 年	経済産業省「下請中小企業・小規模事業者支援企業」の認定を受ける
2016 年	川井千尋が代表取締役を退任し川井敬介が就任
2017 年	雄飛産業がカワイの事業を継承し統合
2018 年	本社工場を増築
2019 年	創立 45 周年を迎える

COMPANY PROFILE

◉代 表 者　代表取締役　川井　敬介
◉住　　所　〒 525-0043
滋賀県草津市馬場町 358-1
◉設　　立　2000 年 3 月 28 日
◉資 本 金　20,000,000 円
◉事業内容
ファインセラミックス製品の委託加工など
◉ URL：https://www.yu-hi.net/

▲同社のモノフィラメントは産業資材からハイテク分野まで用途は多種多様

CASE.037
Leading company

市場を切り拓く合成繊維製品のリーディングカンパニー

ユニプラス株式会社

用途に応じた材料と機械で強みを発揮

「ニッチな世界を追求するのみ」とユニプラスの生嶋孝則社長は事業観を述べる。

もともと繊維機械商社としてスタートした同社は、扱う機械を自社で活用して合成繊維の製造を行うようになり、機械そのものも用途に応じた使用で製造することになった。永らく漁網に使用されるモノフィラメント(原糸)の製造を主力事業としてきたが、自社で設計・製造する産業機械と合成繊維を組み合わせて、様々な用途開発、製品開発を積極化。釣り糸や歯ブラシ用、カーペット用、フィルター用、3Dプリンター用ほか産業資材用合成繊維のリーディングカンパニーへと飛躍を遂げた。

1本の糸であるモノフィラメント製品で国内トップシェアを持ち、その代表格である釣り糸が売上高の約30%を占める。またモノフィラメントだけではなく複数の糸を撚り合わせたマルチフィラメントも大手カーペット会社などに供給している。

同社の成長モデルは一朝一夕でできたわけではない。時代に

▲大阪市北区のビルに本社を構える

▲滋賀県甲南町にある紡糸・機械工場

応じて業態を変えながらコア技術を身に付け、強みを発揮できる分野としてニッチな世界にこだわり続ける。

新風を吹き込む

生嶋孝則社長は創業者・故生嶋孝雄氏の長男。1980年代、米コロンビア大学留学を経て同志社大学を卒業後、1988年三菱化成工業（現三菱ケミカル）に入社した。同社では世界に普及しようとしていた紙おむつの漏れを防ぐバックシートやリチウムイオン電池セパレーター材料、食品用ガスバリアフィルムなどの営業に関わった。大手企業で右肩上がりの勢いのある仕事は「非常に面白く、このまま勤め続けたいと思っていた」。そのため、修業としては異例の11年間在籍したが、父の体調不安もあり、同社を退職しユニプラスに入社。父、叔父の後を継ぐ3代目として6年後の2005年10月、社長に就任した。

社長就任後は「従来と同じことをやっていても社会的意味がない」と、ユニプラスに新風を吹き込んだ。もともと漁網糸製造を主力事業にしていた同社の原糸、産業機械に関する技術、設備、人脈などのリソースをよりどころに、次々と新たな用途、製品を開発していった。会社の構造そのものをイチからつくり変えたわけではない。創業以来、同社が積み上げてきた強みを十分に発揮できる道を探った。

用途に応じて材料、機械を最適化

同社の強みは糸と糸の製造装置の両方を手がけている点にある。糸を用いた製品の用途は細分化される傾向が強まり、多品種少量生産が求められる。大手メーカーが製造するには二の足を踏むような製品も、同社は専用機械を自社で製造できるため採算を合わせることも可能だ。リスクを伴う大ロット製品を追うのではなく、しっかりとニッチ市場を押さえる戦略を貫いている。

合成繊維だけではなくその川下の加工機械をつくることで、様々な顧客ニーズに対応でき

▲マルチフィラメント製造装置

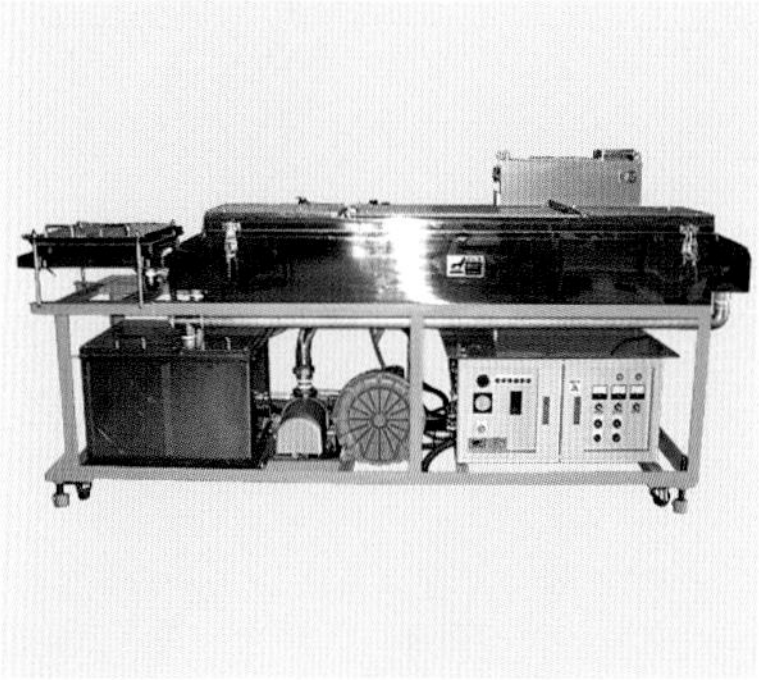

▲温水槽

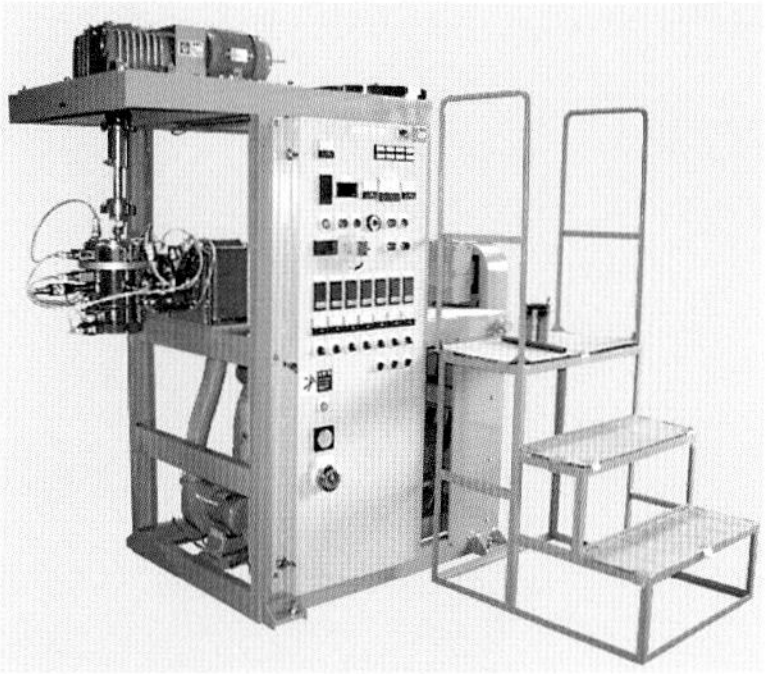

▲押出機

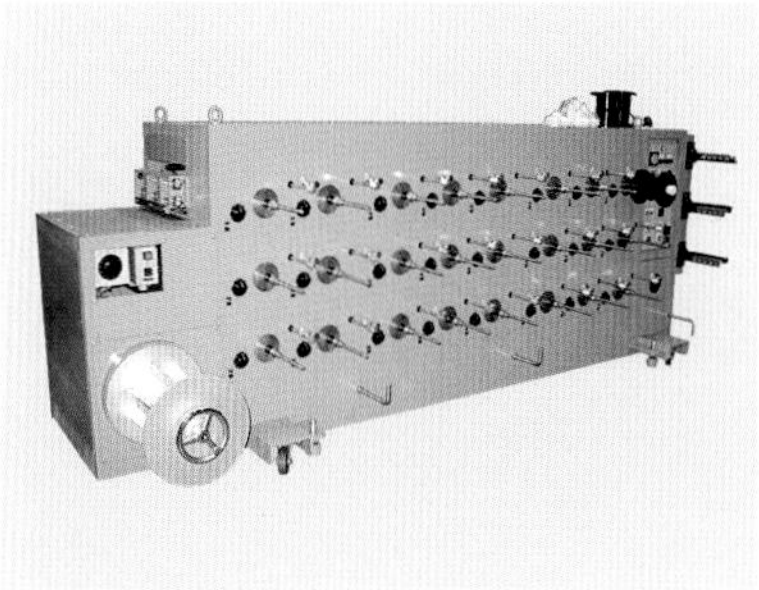

▲巻取機

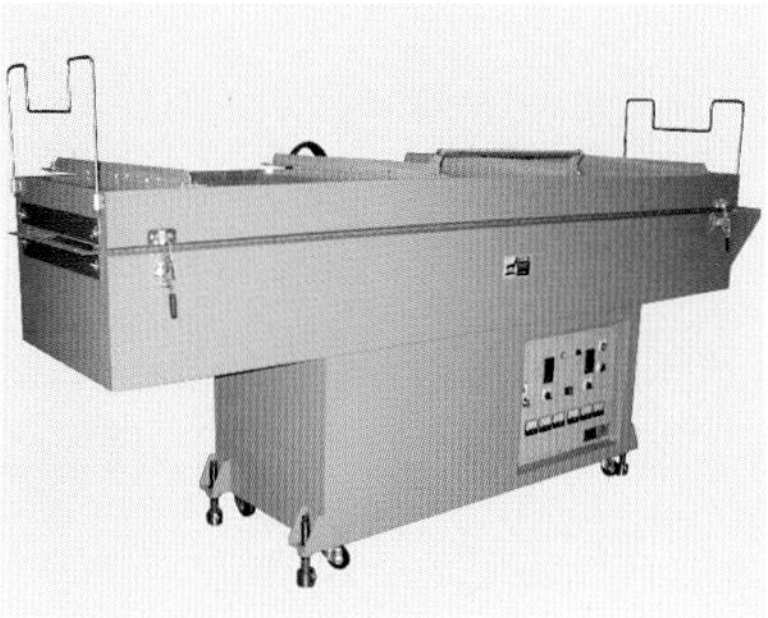

▲熱風循環式乾熱槽

▲モノフィラメント製造装置など各種機械装置を開発できるのも強み

る。合成繊維および加工機械の製造機能と営業および本社機能をそれぞれ別会社としているが、各部門の連携を取りながら開発を行う体制を敷いている。販売の最前線で顧客に最も近い立場にある営業社員が、ニーズを収集し、新製品を企画する。これを製造部門社員が原材料選定から製造機械まで新製品に合う工程をつくり出していく。グループ内で営業、開発、製造部門が一貫した連携をとれていることが、新製品を低コストで実現できることにつながっている。

　原材料を様々なメーカーから供給を受けられる点も有利に働く。合成繊維原料そのものを大量生産する大手メーカーは自社製造原料の供給先を拡大するために、大ロットの用途開発を迫られる。これに対しユニプラスは用途ありきで世界中の合成繊維材料の中から最適なものを選ぶことができ、それぞれの要求に合った製品を供給することで顧客満足を得やすくなる。

　例えば、ガソリン高騰からハイブリッド車（ＨＶ）が主力車になりつつあった頃、再生ペットを素材とするフロアマットが各自動車メーカーで採用された。当時は中国の爆買いにより、ナイロンなどの原材料が高騰していた。生嶋社長は「トウモロコシのカスを原料とする脱化石原料のバイオ材であるＰＴＴならば、よりエコカーにふさわしい」と思いつき、当時アメリカでグループをあげて脱化石燃料事業を進め、ＰＴＴを製造していた米デュポンにいきなり提案メールを送った。その考えが認められ、産業資材用途におけるＰＴＴの極東地域における独占使用権を取得した。ガソリンの高騰、リーマン・ショックでガソリン車販売が不振に陥った際にもＨＶだけは売れ続け、当時、未曽有の経営難に陥り、もたついていた米ＧＭに対しても、オバマ大統領のグリーンディール政策の後盾をもってＰＴＴを使用する打開策を提案することで内装材へのＰＴＴ使用は各自動車メーカーに広がった。

情報収集がカギを握る

　生嶋社長は「会社の規模を拡

▲同社の強みを理解し追求する生嶋社長

▲営業・開発・製造による会議。これらの連携が低コストでの新製品の開発につなげている

「自分たちでないとできないことを追い求める」

生嶋孝則

大するつもりはない。中身だけを追う」と言い切る。変化の激しい世の中のニーズを探り、吸い上げた旬な情報をもとに新製品を開発する現在のビジネスモデルに自信を持っている。「情報を集めた分だけチャンスがある」とし、貪欲に情報を集めるつもりだ。通勤の電車の中で、あるいはデジタルツールから、あらゆる場面で情報を求めている。新型コロナウイルス禍の現在においても、アウトドアスポーツである釣りは密にならないということで盛んに行われ、釣り糸需要は増加している。コロナ禍で生まれるニーズも多く、新製品開発につながる。

情報さえあれば、スピーディーに低コストで製造できるだけの体制は整っている。材料は世界中のメーカーから最適なものを集めることができ、加工する機械も最適なものを揃えられる。合成繊維製品に対するニーズは高付加価値品と低価格品に二極化しているが、同社はその両方に対応できる。低価格品であれば、東南アジア各国企業との古くからの関係を生かして、低コストで生産できる拠点を選ぶことができる。高付加価値品はそれに相応しい材料、設備、生産拠点を活用して提供する。会社の規模が大きいだけでも、特定のコア技術を持っているだけでも、同じことはできない。生嶋社長は自社の強みをしっかりと把握し、「自分たちでないとできないことを追い求める」と自社のスタイルに自信を持つ。「日々の生活の中で、いま自分が一番ほしいものをイメージし、それをつくるために必要な糸を新しくつくること。コロナの仇はコロナで討て」と社員に日々檄を飛ばしている。

COMPANY HISTORY

1963 年	中部機械商事を設立、東南アジアに産業機械輸出、後にユニプラスに社名変更
1969 年	草津工場竣工、ナイロン原糸製造装置を利用して漁網糸製造開始
1977 年	中部機械商事をユニプラスに、関連会社のユニプラスをユニプラス滋賀にそれぞれ社名変更
1979 年	台湾に J/V 工場設立
1981 年	栗東工場竣工、シンガポール支店開設
1984 年	ユニプラス機械設立
1987 年	滋賀県甲賀市に第 1 期甲南工場竣工
2009 年	旭化成からモノフィラメント事業の全面移管を受ける
2012 年	インドネシアに J/V 工場設立
2013 年	滋賀県甲賀市に第 2 期機械工場竣工
2019 年	ユニプラス滋賀がユニプラス機械を吸収合併し、ユニプラステックに社名変更

COMPANY PROFILE

◉代 表 者　代表取締役社長　生嶋　孝則
◉住　　所　〒 530-0001
大阪市北区梅田 3-3-20
◉設　　立　1963 年 7 月 26 日
◉資 本 金　1 億円
◉事業内容　漁網、釣り糸、フィルター、スクリーンなどを用途とするフィラメント（原糸）製造、販売。産業機械製造販売
◉ URL：https://www.uniplas.co.jp

CASE.038
Leading company

株式会社ワイエムシィ

高速液体クロマトグラフィーの技術力に強み

▲2018年に買収したYMC Process Technologies（現YMC America マサチューセッツ、米国）が開発した工業スケール連続クロマト装置とその技術開発者のKathleen Mihlbachler博士

医薬品などの分離・精製工程をトータルで提供

「勤めていた会社を辞めて、妻と会社を起こしたのはいいが、さて何をしようかと考えました」。こんな意外な話をするのは、京都市に本社を置くワイエムシィ（ＹＭＣ）の創業者・山村隆治社長だ。

山村社長がワイエムシィの前身となる山村化学研究所を設立したのは１９８０年。山村社長が38歳の時である。それまでは写真印画紙用薬品のメーカーで研究責任者を務めていたが、経営トップと折り合いが微妙となり、脱サラに踏み切ったという。

その山村社長が目を付けたのが、高速液体クロマトグラフィー（ＨＰＬＣ）だ。分析・分離技術の一種で、試料中の成分を物質ごとに分け、何が含まれているか、どれくらいの量が含まれているかを分析したり、目的の物質だけを取り出したりすることができる。医薬品原薬や食品添加物などの精製に必須の技術として、産業界で広く使われている。

山村社長は京都工芸繊維大学の出身。理系学生で、「在学中からＨＰＬＣには興味があり、

▲同社のカラムは目的や対象物に応じて豊富なラインナップを揃える

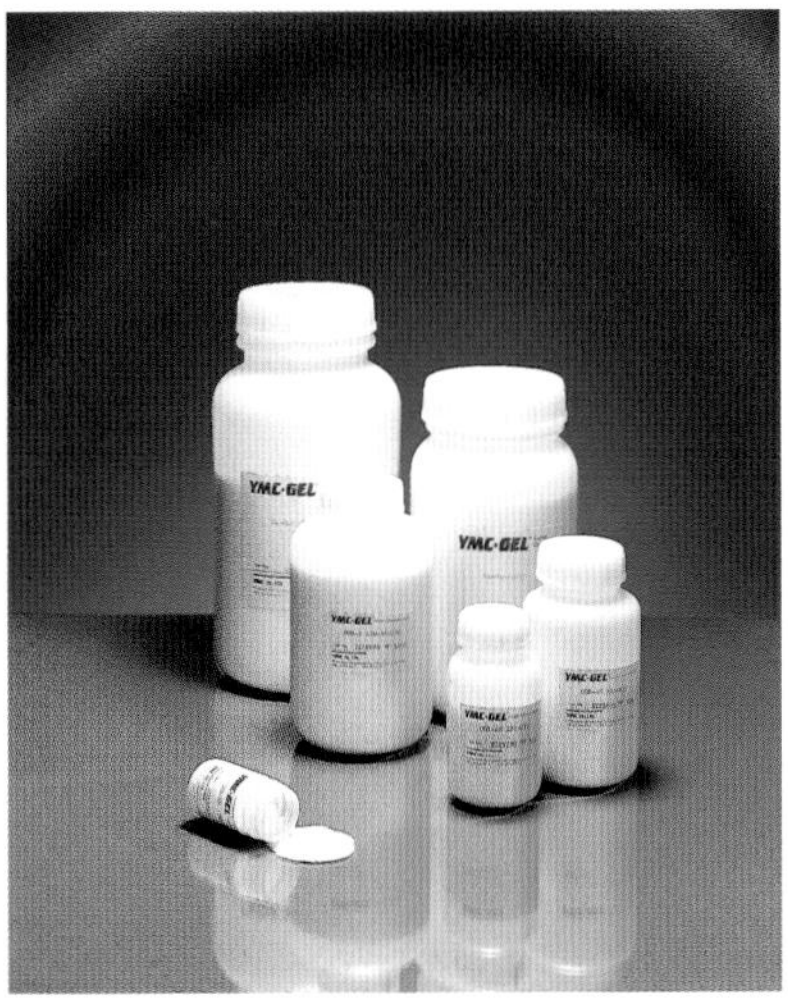

▲高性能のHPLC用充填剤やキラル分離用充填剤など各種成分の精製に対応可能な商品を提供

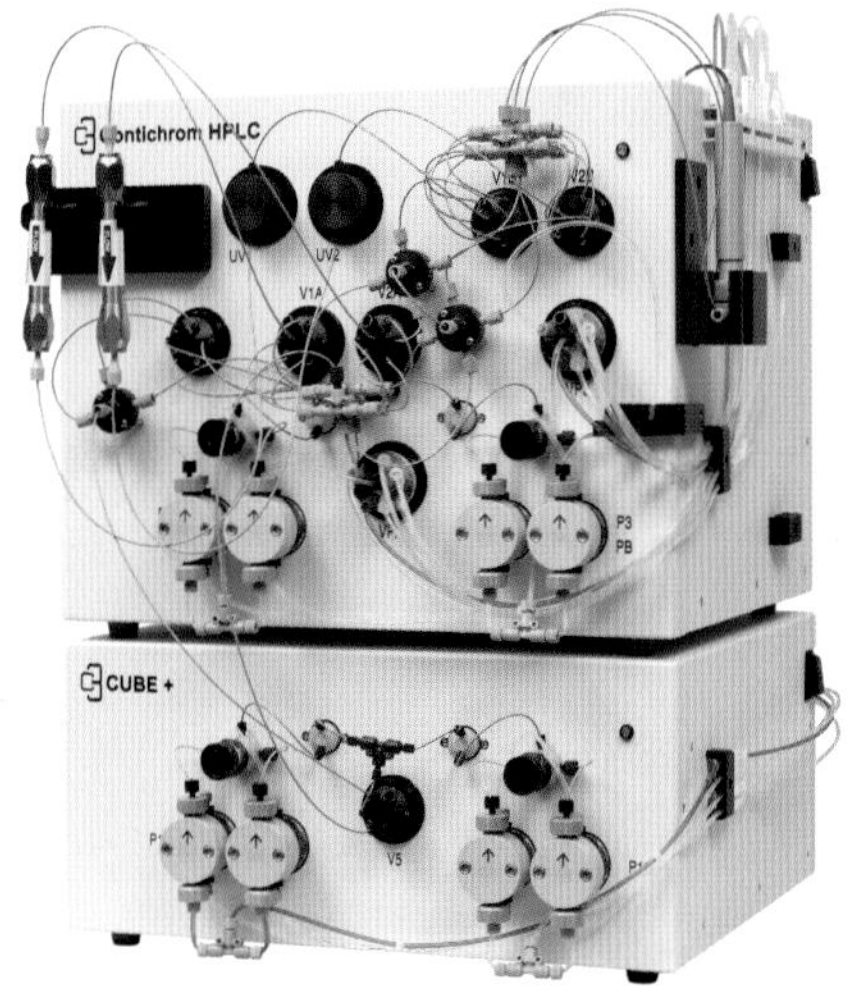

▲2019年に買収したChromaCon AG（チューリッヒ、スイス）が開発したラボスケール連続クロマト装置

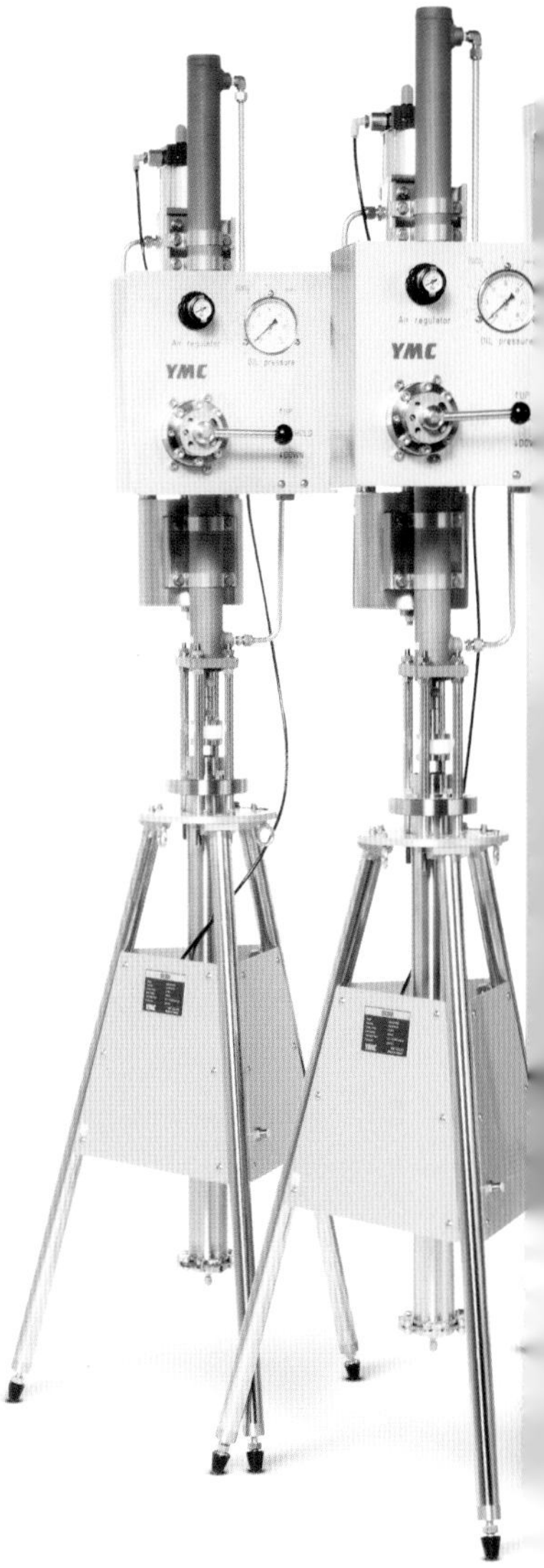

以前勤めていた会社にも導入しようとしたことがありました。結局これは使い物にならず失敗したのですが、独立後に縁があって、このHPLCを自社で専門に扱うようになりました」と語る。創業の翌年にHPLC用充填剤を開発し販売を開始。2年後には、充填容器の「カラム」の販売も始めている。

　これが当たった。「HPLCの市場が拡大し始めた時期と合致したため、創業から3〜4年で年商が4億円くらい上がる会社に急成長しました」。創業して5年後の85年には、早くも米国に現地法人を設立。91年には石川県小松市に3万3000㎡の工場用地を取得し、技術開発センター（現小松事業所）を開所している。

　「小松市のセンター開所式には、堀場製作所創業者の堀場雅夫さんにもわざわざお越しいただきました。当社は京都の期待の星だったのです」と、山村社長は独特の表現で振り返る。

　その急成長企業にも、陰りが見えた時期がその後はあったようだ。それを乗り越えたのは、充填剤やカラムだけでなく、分離・精製（分取）装置も手がけることで、HPLCシステムを研究用から大量生産プラント用まで、トータルで提供できるようになったからである。充填剤やカラムでは、それぞれ競合相手がいるが、装置まで手がけ、HPLCプラントを設計から製造・据付・メンテナンスに至るまでトータルソリューションとして提供できる企業は少ないという。「提案型営業」。これがワイエムシィの強みだ。

売上高は7年で2・5倍に

　同社は現在、再び急成長期に入っている。2020年3月期連結決算は、売上高が対前期比べ19％増の108億8900万円と、初めて100億円台に乗せ、売上総利益も45億9700万円と18％伸びた。13年3月期以降の7年間で、売上高は2・5倍、売上総利益は2・7倍に達している。21年3月期も、新型コロナウイルスの感染拡大といった逆風が吹いたにもかかわらず、「前期並み以上の業績

▲小松事業所に 2015 年に竣工した GMP（Good Manufacturing Practice）対応の医薬精製品精製プラント

▲1991 年開設のメインの製造開発拠点となる小松事業所

▲京都事業所は京都府福知山に 2019 年開設。バイオ医薬品向け装置、サービスを開発、提供するグローバル拠点となっている

を上げられる公算が大きい」と、山村社長は自信をのぞかせる。

　この業績急拡大の背景としては、このところ、たんぱく質を有効成分とするバイオ医薬品を中心に、医薬品業界の技術が急速に進歩していることがあげられる。HPLCに関する製品の販売だけでなく、味の素から核酸医薬の原薬精製の委託を受けるなど受託精製・受託合成の事業が伸びているのだ。

　また、2000年代の後半からインド、中国、欧州など海外の有望市場に相次ぎ販売会社を設立し、海外売上を伸ばしていったことも業績急拡大の要因の1つ。現在の海外売上比率は7割に達している。いまや世界中から注文が集まるグローバル企業なのである。

　特に最近は18年に日機装の系列の米国企業を、19年にはスイスのベンチャー企業を買収するなどM&A（合併・買収）を積極化しているため、連結売上高の伸びが著しく高まっている。

　スイスのベンチャー企業は年商2億円ほどの会社。これをおよそ20億円で買収したという。破格の値段で買収したのは、この会社がバイオ医薬品などの精製を効率化できる連続クロマトグラフィーの優れた技術を持っているためだ。今後の世界的なバイオ医薬品の成長を見込んでの投資である。

先行投資は思い切りよく

　相次ぐM&Aのほか、主力の小松事業所の設備増強や、京都府福知山市に取得した新工場用地5万2000㎡に2019年11月に竣工した京都事業所など設備投資も急拡大させている。借入金残高も20年3月末には164億円と、7年前の2・3倍に膨らんだ。「成長を図るための先行投資は、思い切りよくしないといけません」という山村社長。21年中に100億円の増資も計画しており、海外の営業拠点に研究施設を設け、さらなる成長を期す構えだ。「今後5年間で連結売上高をさらに2倍の200億円に伸ばしたいと思います」と、大きな目標を掲げている。連続クロマトグラフィーの技術に、海外の顧客か

「全力で取り組まないと、失敗は成功の母にならない」

山村隆治

▲山村社長は今後5年間で連結売上高を2倍の200億円に伸ばしたいと、さらなる成長にまい進する

ら高い評価を得ていることを踏まえての目標である。

同社の理想の姿。それは山村社長によると、「顧客の問題解決を図るという姿勢を、世界中の現地法人で貫くメーカー、キーエンスのようなビジネスモデル」だ。「分離・精製に関する問題を解決する能力を、どの国でも発揮できるようになりたい」。海外の営業拠点に研究施設を設けるのは、その能力を強めるための施策である。

ワイエムシィグループの人員構成を見ると、研究開発部門が1割強、営業部門が2割弱、製造部門がおよそ3割という配置になっている。しかし、「固定はしません。配置換えもあります。提案型営業のスタイルなので、従業員全員が高度な技術者でなければならないのです」と、従業員に対する要求は厳しい。

「待ったはあり」の会社

ただ、山村社長は「待ったはありの会社です」ともいう。失敗したら立ち止まって次の手を考えればよいという考え方だ。「まず、一手を打つ。そして、全力で取り組めば失敗しても構いません。全力で取り組まないと失敗は成功の母にならない。同じ失敗を繰り返してしまいます」。思い切って一手を打ち、全力で取り組むチャレンジ精神が大事だというのだ。何もない状態から思い切ってHPLCに賭けてみた、山村社長の創業時の経験から来る言葉だろう。

そして、大事なのは理念だとも話す。幕末の志士・吉田松陰の「夢なき者に成功なし」の考えが理想だ。「分離・精製技術を核に、科学の進歩と人類の未来に貢献する」という夢、すなわち理念を愚直なまでに貫きたいと、山村社長は考えている。

チャレンジ精神と経営理念。これは強い技術力を武器にニッチな分野で成長を果たしてきた、京都のハイテク企業が共通して大事にしてきたものである。「京都企業に限らず、大切にしなければならないものです」と山村社長は言うが、同社が京都企業共通のDNAを持つ「期待の星」であるのは間違いない。

COMPANY HISTORY

1980年	京都府八幡市に山村化学研究所を設立
1981年	液体クロマトグラフィー用充填剤「YMC＊GEL」を開発し、販売開始
1982年	充填カラム「YMC-Pack」販売開始
1985年	アメリカにYMC, Inc.を設立
1989年	社名を株式会社ワイエムシィに変更
1991年	石川県小松市国府台に「YMC技術開発センター」を開設（現小松事業所）
1993年	ドイツにYMC Europe GmbHを設立
2008年	インドにYMC India Pvt. Ltd.を設立 バイオ医薬品向けカラム／充填剤「BioPro」シリーズの販売開始
2009年	高耐久のハイブリッド・カラム／充填剤「Triart」シリーズの販売開始
2013年	キラル分離用「CHIRAL ART」販売
2015年	小松事業所にGMP医薬品精製プラントを竣工（2019年米国FDA認可取得）
2018年	アメリカYMC Process Technologiesを M&Aで子会社化
2019年	スイスChromaConを子会社化 京都府福知山市に連続クロマトの中核拠点「京都事業所」を開設
2020年	小松事業所にバイオプロセス充填剤プラントを竣工

COMPANY PROFILE

◉代表者　代表取締役社長　山村　隆治
◉住　所　〒600-8106
京都市下京区五条通烏丸西入醍醐町284番地 YMC烏丸五条ビル
◉設　立　1980年1月28日
◉資本金　6億8,707万円
◉事業内容
液体クロマトグラフィー用充填剤 / カラム / 装置の製造販売、受託精製、受託合成、マイクロリアクタの製造販売
◉ URL：https://www.ymc.co.jp/

福井・中国・四国のリーディングカンパニー

LEADING COMPANY of FUKUI, CHUGOKU and SHIKOKU REGION

CASE.039
Leading company

株式会社カルファイン
1万年分の埋蔵鉱量を誇る岡山の石灰メーカー

▲山宝工場では「サブレベル採掘法」と呼ばれる坑内掘りの手法で原石を採掘する
写真はベッケンバッハ炉

高白色・高純度・高品質の原石を加工

カルファインは、1955年の創業以来、同和鉱業株式会社（現ＤＯＷＡホールディングス）が全額出資して設立した金平鉱業株式会社を母体とする。圧倒的な埋蔵量を誇る鉱山の所有を通じて、わが国の資源産業の発展に寄与してきた。２００２年に社員による自社株買収（ＭＢＯ）で独立し、03年には現在の「カルファイン」に社名変更して現在に至る。この独立により前社長の故・横山宏志氏が先頭に立って「社員の相当な意識改革（顧客第一）」を行い、経営のバトンを現社長の東喜則氏に託されたことで、さらなる「顧客第一主義」の徹底を、社員とともに追及を続けてきた結果、現在の強固な経営基盤につながっている。

多品目が採掘可能な2つの鉱山

現在、同社は広島県神石郡神石高原町の金平工場と岡山県高梁市備中町の山宝工場の２カ所の生産拠点を持つ。

金平工場の推定埋蔵鉱量は１００億ｔと膨大なうえ、白色度・

▲金平工場の推定埋蔵鉱量は100億tと膨大

▲山宝工場の推定埋蔵鉱量は50億tに及ぶ

純度ともにほかに類を見ない高品質な原石となっている。金平工場では「ルームアンドピラー採掘法（柱房式採掘法）」と呼ばれる坑内掘りの手法で原石を採掘。粗砕・乾燥・粉砕などの工程を経て、重質炭酸カルシウムや表面処理重質炭酸カルシウム、寒水石、コンパウンドの4製品と、それらの二次加工品を合せて約40品目を製造している。

代表的な製品は、高純度・高白色の重質炭酸カルシウムである。これは国内での採掘量が少なく、希少価値が高い。また、高純度のため水洗いや熱処理といった工程が不要といった特徴も備える。表面処理重質炭酸カルシウムは粒子状の重質炭酸カルシウムに薬剤をコーティングし、親水性や親和性を高めた製品で、通気性フィルムの原料として使われているほか、歯磨き粉や食品添加物、樹脂塗料、競技場白線など様々な用途で利用されている。

山宝工場の推定埋蔵鉱量も膨大で、50億tにも及ぶ。こちらは「サブレベル採掘法」と呼ばれる坑内掘りの手法で原石を採掘。粗砕・水洗・篩い（ふるい）分け・焼成・再度の篩い分けなどを経て、消石灰（食添添加物含む）、砕石、生石灰マスターバッチの3製品と、それらの元鉱石を合わせた約15品目を製造している。

こちらの主力製品は生石灰であり、製鉄所の高炉で鉄鉱石の不純物を回収する用途として大量に使用されている。ほかにも消石灰の用途は多種多様で、セメントの骨材となるほか、鳥インフルエンザ用の防疫用や農業用肥料などで使用されている。

両工場で共通しているのは、坑内掘りの採用により表土、残土の混入がなく不純物を削減することができ、きわめて高品質な原料を安定的に採掘できること。また、顧客が望む品質・量・場所に製品を供給することが同社の強みとなっている。

同社では石灰石の採掘から多種多様な製品化までを自社工場で行う〝一拠点一貫生産体制〟を敷いており、経営資源（ヒト、モノ、カネ、情報）の一元管理を実現している。こうした生産体制が安定した品質・価格・納

▲金平鉱山の坑内現場

▲金平鉱山の坑内現場

▲山宝鉱山の坑内現場

期・サポート（orサービス）の提供を可能としている。さらには、環境の影響を受けやすい微粉生石灰（酸化カルシウム）の表面を特殊コーティングすることで、その反応をコントロールする技術や、その製品を充填した生石灰マスターバッチ技術や高充填炭酸カルシウムマスターバッチ生産技術といった独自技術を保有している点も強みとなっている。さらに、納期の徹底により「120％の顧客満足度の追求」（東社長）を日々実践していくことで、より強固な供給体制の実現を目指している。

新たな用途開発を推進

「石灰の使われ方が、この20年程で変わってきている――」

東社長は、自らも営業に携わることで、こう感じているという。例えば消石灰が原料となる漆喰塗料は、従来は塗料としての機能のみが求められたが、時代のニーズの変化とともに「＋α（プラスアルファ）」の機能として消臭効果やウイルス対策などが付与されている。将来に向け石灰石の新たな用途「＋α（プラスアルファ）」を見すえた販路開拓が課題の1つとなっている。

同社は、ミッションとして『資源産業人として、お客様に、魅力あふれる、問題解決型商品を提供することを通じて、素材産業界の健全な発展に貢献する』を掲げており、これまでわが国の産業の発展に寄与してきた。「このミッションを念頭に置きつつ、自ら積極的に考え、企画提案できる営業をさらに推進していく」と意欲的に語る東社長。さらに、「もっとたくさんの可能性を探してもいいんじゃない？」と今後の展開に大きな期待を持たせてくれた。

圧倒的な埋蔵量を誇る鉱山を通じて、わが国の資源産業の発展を支えてきたカルファイン。社内における多能工化の推進や行政機関・地域との連携による雇用促進、人財を有効活用するための雇用形態の多様化にも取り組みながら、「お客さまと共に」という姿勢で、様々な産業の発展に貢献する会社であり続ける。

「もっとたくさんの可能性を探してもいいんじゃない？」

東喜則

▲資源産業人として自ら考え、企画提案する営業を強力に推進する東社長

▲石灰石の採掘から多種多様な製品化までを自社工場で行う“一拠点一貫生産体制”が強み

[2018年：西日本豪雨]
同社の鉱山も甚大な被害を受けたが、社員の結束で復旧を果たした

▲金平鉱山内最下底レベル水没現場

▲土石流による山宝鉱山坑道入口の封鎖

▲地盤崩落による山宝鉱山へのアクセス道の断裂

COMPANY HISTORY

1955年	同和鉱業の全額出資により金平鉱業として設立、金平鉱山稼働
1958年	山宝鉱山稼働
1973年	山宝石灰鉱山　生石灰、消石灰製造開始
1974年	金平鉱山　寒水石、重質炭酸カルシウム製造開始
1985年	同和カルファインに社名変更
2000年	営業権を同和鉱業から譲受、大阪営業所開設
2002年	MBOにより同和鉱業から独立
2003年	カルファインに社名変更
2007年	ISO9001/2000認証取得
2008年	山宝工場ベッケンバッハ炉改修、金平新鉱区連絡坑道完成

COMPANY PROFILE

◉代表者　代表取締役　東　喜則
◉住　所　〒716-0036
岡山県高梁市松原通2111-3
◉設　立　1955年1月
◉資本金　3,000万円
◉事業内容
重質炭酸カルシウムや寒水石、生石灰、消石灰などの生産、販売
◉URL：http://www.calfine.co.jp

CASE.040
Leading company

株式会社ＫＧＧホールディングス
安全・安心な空間創りを通じ、地域と共存・成長するリーディングカンパニー

▲木下組の最近の施工例：中野ルンビニ幼稚園食堂（写真上，撮影：矢野紀行氏）と広島県から表彰を受けた廿日市市特別支援学校校舎１号館（写真下）

地元とともに日々成長と発展

少子高齢化と首都圏への人口流入が続く日本。地方は過疎化と高齢化が加速している。多くの企業がビジネスチャンスを求め首都圏になびく中、その流れに逆らうかのように「地元広島に根ざし、地元になくてはならない会社」を目指す企業がある。それが、田中敏彦社長が率いるＫＧＧホールディングスだ。

自動車を中心に産業の発展が加速し始めた１９６０年の広島に創業した木下組をルーツに持つ。88年、28歳の若さで社長に就任した田中敏彦氏は、公共インフラ施設の土木建築を中心に地域に貢献してきた。広島県も他の地域と同様、過疎と高齢化が進む。近年は気候変動による集中豪雨や大型台風による河川の氾濫や土砂崩れといった災害も多発している。そんな公共インフラ設備のメンテナンスに長年取り組んできた。様々な現場で日々積み重ねてきた経験は顧客の信頼を深め、いまでは木造注文住宅建築、太陽光発電などに業容を拡大。さらに最近は、水耕栽培事業や果樹園経営を通じて中山間地域の産業を振興

▲KGG ホールディングスを率いる
田中敏彦社長

▲木下第 1 発電所（木下エネルギーパーク）

▲広島空港の空調設備保全も手がける木下エネルギーソリューションズ

▲和歌山県御坊市にある木下第 28 発電所（木下エネルギーパーク）

し、狭隘な山間部での災害復旧工事を担い、街路灯や上水道本管工事などの都市環境整備にも広がっている。KGGホールディングスは地元広島に根ざし、公共インフラ施設管理になくてはならないリーディングカンパニーに成長している。

アスベスト除去が転機

1960年創業の木下組は、86年に有限会社木下組に改組し、88年、田中敏彦氏に社長を託した。田中社長は「50代までは、とにかく会社を発展させたいという思いが強く、周囲を見られるほどの余裕もなく、どちらかといえば自己中心的だった」と振り返る。

転機はアスベスト（石綿）だった。2006年、アスベストがじん肺や中皮腫などを引き起こすとして全面禁止になり、以前の建築物などに施工されたアスベストの除去工事が増え始めた。当時、アスベストを除去できる会社は多くあったが、官公庁関連施設の除去工事には、特定の団体にアスベスト除去法の審査を受け、承認・登録する必要があった。木下組は数少ない登録企業だったことから、広島市を中心に多くの官公庁の建物の仕事を獲得できた。売上もアップしたが、それ以上に会社の取り組みが地域社会に役立っていることを実感した。金融機関や身近な取引先など、同社を取り巻く目も大きく変わった。この変化に田中敏彦社長の考えも変わり、「地域社会に貢献し、地域発展を支えていきたい」と企業の公共性を意識するようになった。それから業容は一気に拡大していくことになる。

提携や新設により飛躍

ホールディングスの中心となる木下組の強みは、官公庁からの信頼の高さ。建物の耐震工事や長寿命化工事を主とするが、現場の要求以上に応えることが高い評価につながり「『次もお願いしたい』といわれる」（田中敏彦社長）と話す。2019年7月には広島県から優秀技術者賞を受けたほど。地元大手がひしめく中、年間10件程度の入札

▲木下ファームでは水耕栽培（ビニールハウス）を手がける

▲宝工務店が建てた広島観光地「縮景園」の茶室「明月亭」

▲藤村組による災害復旧工事

▲ヤマテ工業が手がける呉立て坑内配管工事

に対し2～3件を落札している。

こうした信頼をもとに13年9月に太陽光発電事業を手がける木下エネルギーパークを設立した。一般住宅向けの太陽光パネル設置がきっかけだったが、第一号の木下第一発電所を広島県北広島町に設置した。以降、現在まで、広島県内11カ所、和歌山県や鳥取市にも広がり、21年には山口県にも設置する予定だ。

田中社長は、政府の『2050年温室ガス実質ゼロ宣言』や蓄電池の性能向上などから「太陽光発電は再度大きく飛躍する可能性がある」と期待する。自治体施設、瀬戸内海の島しょ部など中国地域の遊休・未利用地への設置を検討していく。

エネルギーパークとほぼ同時期、交通標識、街路灯、トンネルなどの保守点検を24時間手がける木下エネルギーソリューションズも設立した。数年前、熱が発生しにくいLED電球が広島県の信号機に採用されたが、熱を発しないため信号機に雪が一層積もるようになり、その除去に何回も出動したという。そうしたトラブルへの対応の積み重ねが顧客の信頼をより深め、いまでは広島、松山、米子の各空港施設の空調管理などへもその事業を拡大している。

枝葉よりも幹を太く

2016年4月には木造注文住宅を長年手がける宝工務店（広島市中区）と提携。官公庁の仕事に加え、民間向けの木造住宅事業が加わった。木の温もりが求められる老人介護施設や、伝統技術を要する広島の観光地「縮景園」の茶室など、多様なニーズに応えながら次の世代にも残る価値ある木造建築物を担う一歩を踏み出した。

さらに17年10月、水道工事で半世紀に近い歴史と多くの特許を有するヤマテ工業（広島市西区）を傘下に収めた。耐用年数を大幅に超えた各自治体の水道管の取り替え工事はもちろん、独自のパイプリバース工法による再生を担う。直近では19年4月、岩国市を中心に河川や国道の維持管理を手がける藤村組（山口県岩国市）とも提携。新たに水道事業と岩国エリアに分

「毎日の積み重ねが、やがては結果につながる」

田中敏彦

▲地元バスケットボールチーム「広島ドラゴンフライズ」の活動も支えている

野と地域を拡大し、ホールディングスの事業の幹をさらにひと回り大きくしている。

一方、産業振興につながる動きも始めた。広島県の中山間地は、平野が少なく小規模の農業が営まれ、経済的にぜい弱な地域。そこに働く場所を提供し、若年労働を呼び込もうと16年11月に設立したのが木下ファーム。現在、広島市佐伯区ではホワイトセロリやサンチュ、バジルといった葉物野菜を水耕栽培し、三原市大和町ではシャインマスカットや安芸クイーンなどのぶどうを栽培。順調に規模を拡大しており、今後はＡＩ（人工知能）や協働ロボットの導入により経営をより安定させ、中山間地域での雇用を支えていく。

地元に根付きともに成長

田中敏彦社長が重視するのは「毎日の積み重ね」。毎日の積み重ねが、やがては結果につながるとし、社員と日々の成長と発展を積み重ね、社員はもちろん地域の人々も幸せにすることを会社の目標としている。建設業は、とかく自然破壊とイメージをされがちだが、ＫＧＧホールディングスは、地域の人々の暮らしに欠かせない道路、水道、施設管理といった公共インフラの維持管理を主とする。住民には馴染みが薄い会社だが、行政サービスで最も人の暮らしに直結しておりプレッシャーも大きい。田中敏彦社長は「あの会社がなくなると困る」といわれ、広島県に欠かせない存在を目指しているが、住民がＫＧＧホールディングスの重要性に気づき、広島県に根付き、地元と成長していく「リーディングカンパニー」と呼ばれる日はそう遠くない。

COMPANY HISTORY

1960年	木下組創業
1986年	有限会社木下組に改組
1988年	田中敏彦氏（現）社長就任（28歳）
2014年	木下エネルギーソリューションズ設立
2014年	木下エネルギーパーク設立
2016年	宝工務店（広島市中区）と資本提携
2016年	KGGホールディングス設立
2016年	木下ファーム設立
2017年	ヤマテ工業（広島市西区）と資本提携
2019年	藤村組（山口県岩国市）と資本提携
2020年	広島構造技研（広島市中区）と資本提携

COMPANY PROFILE

●代表者　代表取締役　田中　敏彦
●住　所　〒731-5102
広島市佐伯区五日市町大字石内
5998番地1
●設　立　2016年9月
●資本金　1,000万円
●事業内容
建築土木、環境調査、保守点検、太陽光発電、海外事業、農業、住宅施工・リフォーム、給排水設備などの関連会社事業に関する経営指導など
● URL：http://kgg.co.jp/

CASE.041
Leading company

曲面材料に加飾印刷、独創の技術で世界へ

株式会社秀峰

▲加飾したサンプル品

知財活用、少数精鋭で積極的経営

曲面形状の材料を高精度に加飾する――。難度の高いこの課題を、独創の技術でブレークスルーしたのが秀峰だ。加飾は一般にはあらかじめ絵柄や模様、フルカラーを印刷したフィルムをつくり独特の工法で曲面に張り付けるが、秀峰の技術は直接印刷するシンプルさで利点が多い。開発から30年、技術を磨き続けて意匠性・機能性の差別化を求める国内外の顧客ニーズに応え、事業の成長を狙う。

同社の加飾印刷は独自開発した印刷機械を使う。版から特殊なブランケットを介して転写する。版の解像度は通常の印刷の解像度の20倍のきめ細かさでつくれる。版は内製で所要時間は10分以内。試作が手早く、また小ロットの仕事も対応しやすい。

加飾の引き合いで、現在活発なのが自動車。曲面になった運転席周りのインスツルメントパネルやカーナビゲーションのパネル、ハンドルの握り部に、機能性、高級感を持たせる役割で実績が多い。このほか住宅設備での窓サッシ枠も新しい分野だ。

「加飾の受託」と、技術ライ

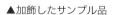

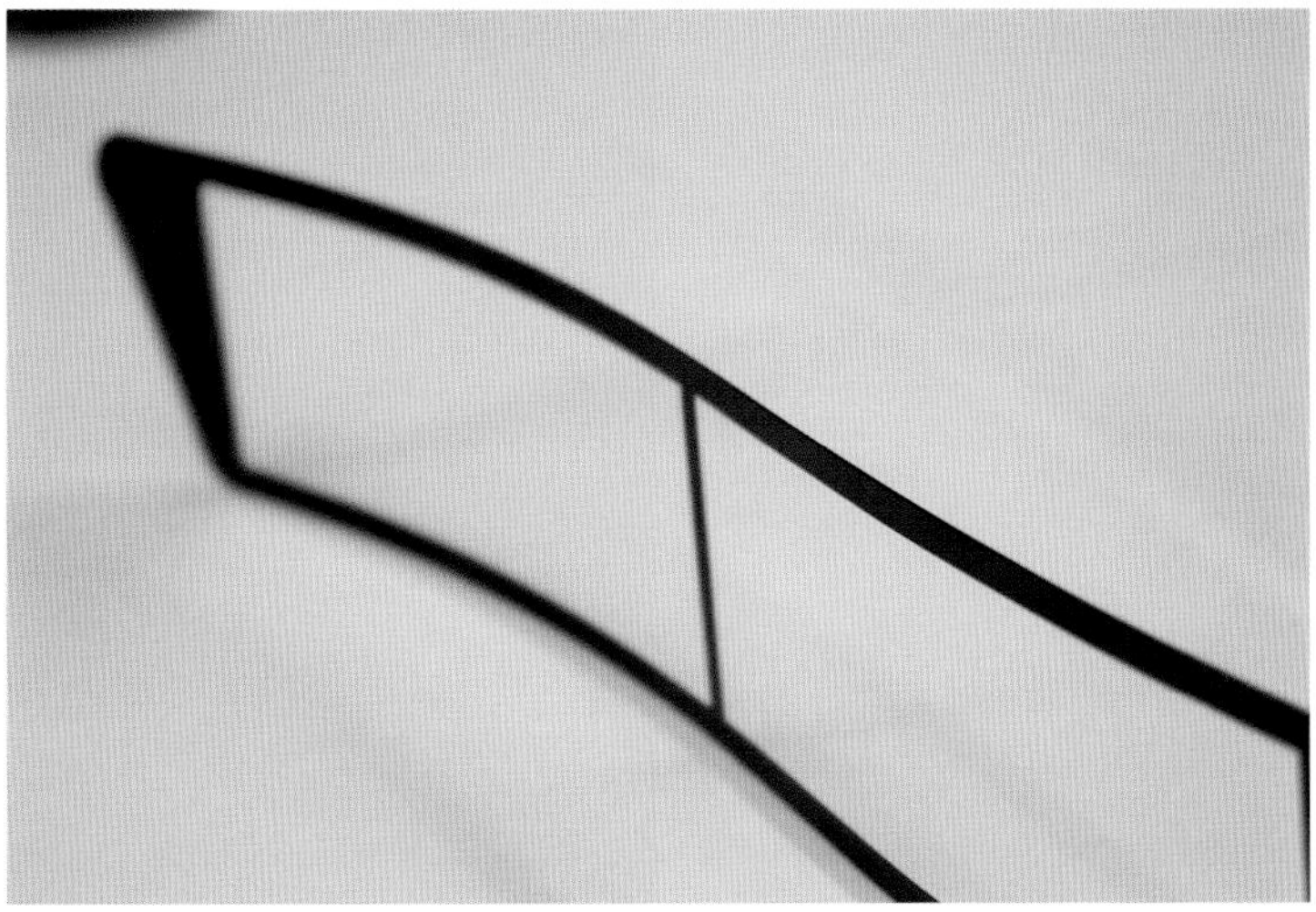

▲カーナビゲーションの曲面ガラスの縁取り加飾

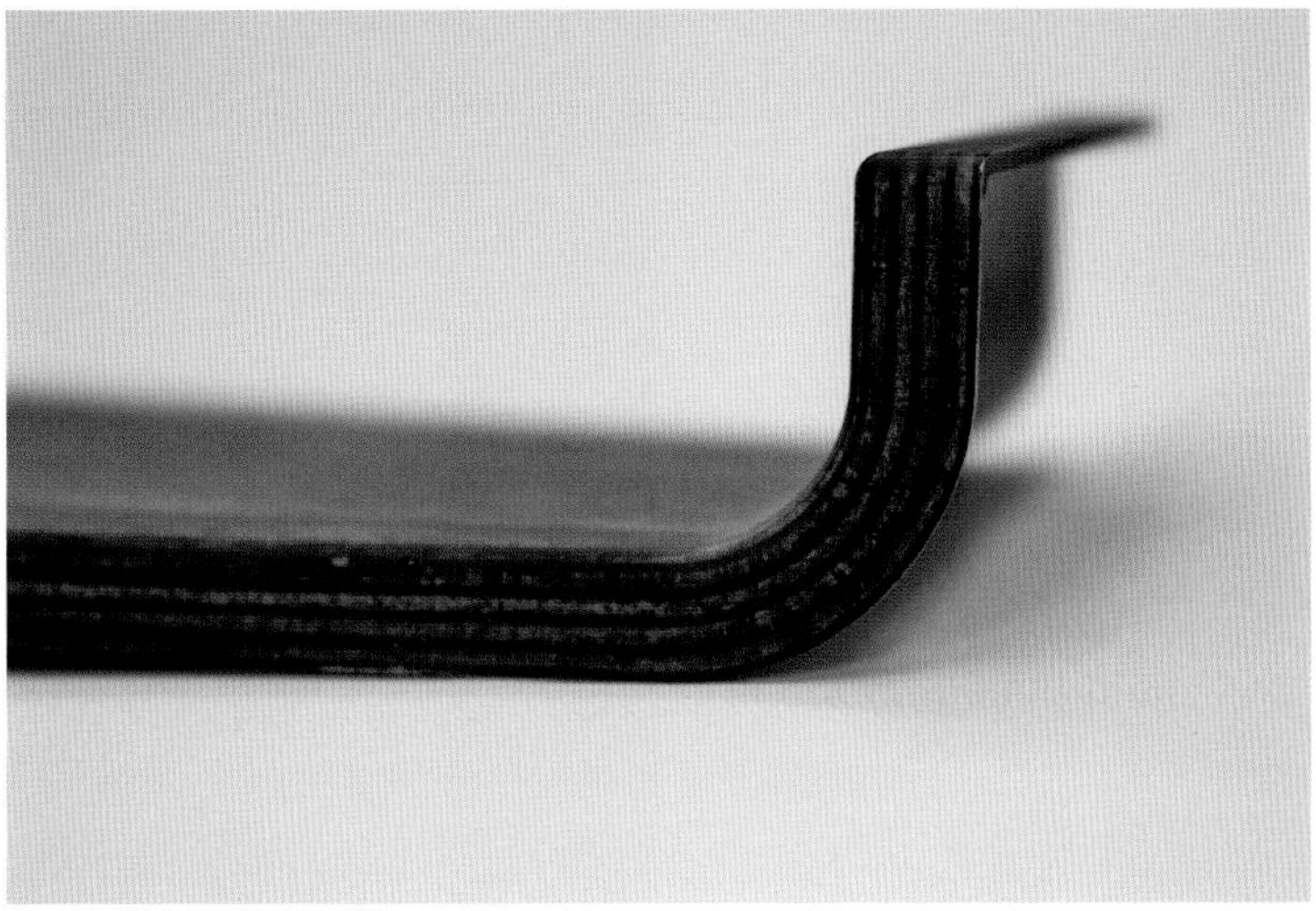

▲高精度に位置決めして木目調を表現したサンプル

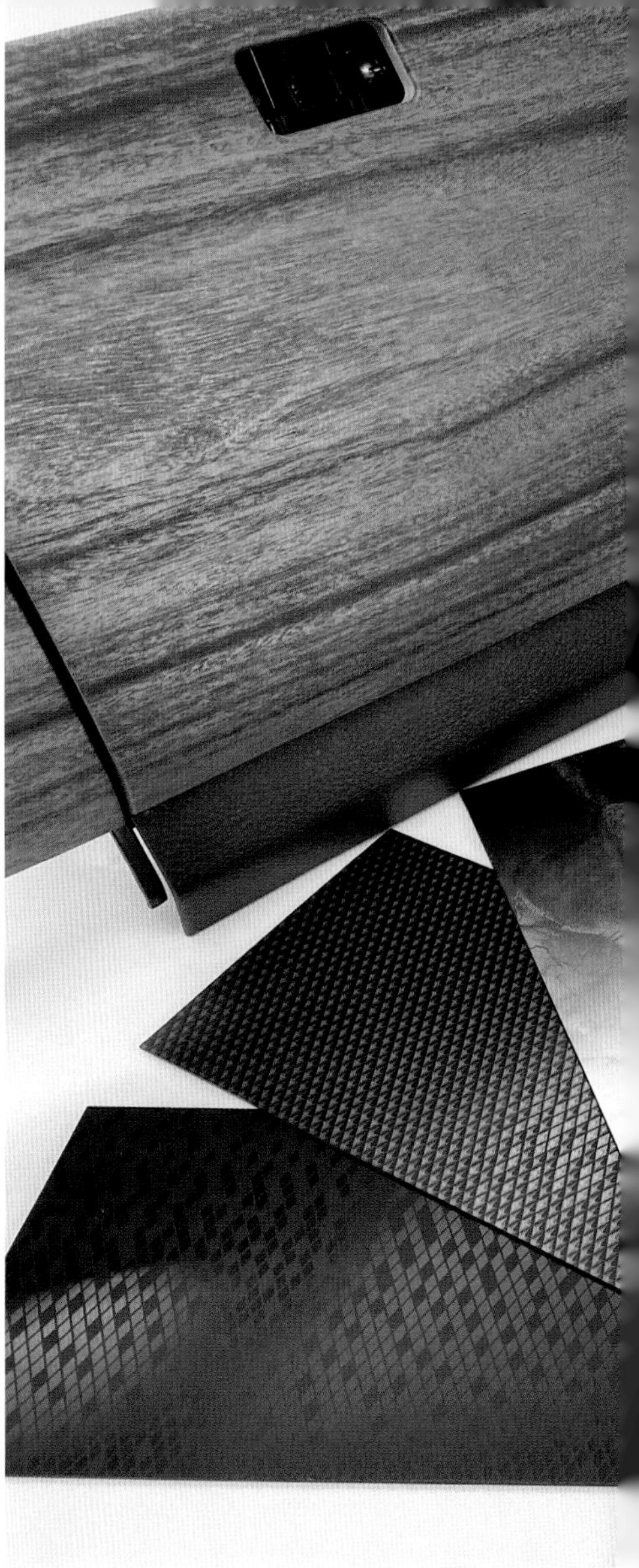

センス契約を結んだ「印刷機販売」との2本立てで、ビジネスを展開する。２０２０年は新型コロナウイルス禍で、海外市場の開拓は足止めとなったが、代わりに国内で新規顧客を開拓。自動車部品、建材メーカーなど顧客が広がった。

きれいに、早く、安く

この印刷技術を表現して、村岡石己社長は「曲面に、きれいに、早く、安く、環境に良く、小ロット、サイズを問わず、再現性良く」と８つのキーワードをあげる。

一般的な曲面材料の加飾工法は、曲面に追従するフィルムシートを使う。フィルムを加飾して曲面に張り付ける方式はいくつか種類があり、水に浮かべて水圧を利用する水転写や、金型内の樹脂インサート転写、真空成形による転写など。ただ、転写したフィルムの縁のトリミングの手間、金型の製作費、位置決めが難しい、一定のロットがないと割高などが課題だ。

これに対し、秀峰のS・M・A・P（シュウホウ・マルチ・アングル・プリンティング）工法は、曲面に直接印刷する。トリミングの手間はない。使うインクが最小限かつ省エネルギー。その独創技術で２００７年に「ものづくり日本大賞」の最高賞に選ばれ、名を高めた。

改良を続け、現在は解像度が最高で４０００ｄｐｉ。１インチ（２・54㎝）に通常の高精細印刷の20倍にあたる４０００もの細かいドット（点）を印刷できる。解像度が高いことで、曲面部のデザイン柄が高精細に再現できる。濃淡の階調を連続的に表現するグラデーションも自然なものになる。

直接印刷のため、位置決めし、材料に狙い通りに正確に合わせられる。その応用で、大きな部品は模様の柄を継ぎ目がないかのようにつないで印刷できる。継ぎ目部分を細かくグラデーション処理し、継ぎ目同士を精度良く重ね合わせて自然な感じになるわけだ。やろうと思えば上限なく大型サイズの部品に対応できる。また量産で、どれも均一な加飾に仕上がる。これら

▲塗装レスで、つや、つや消しを融合したサンプル

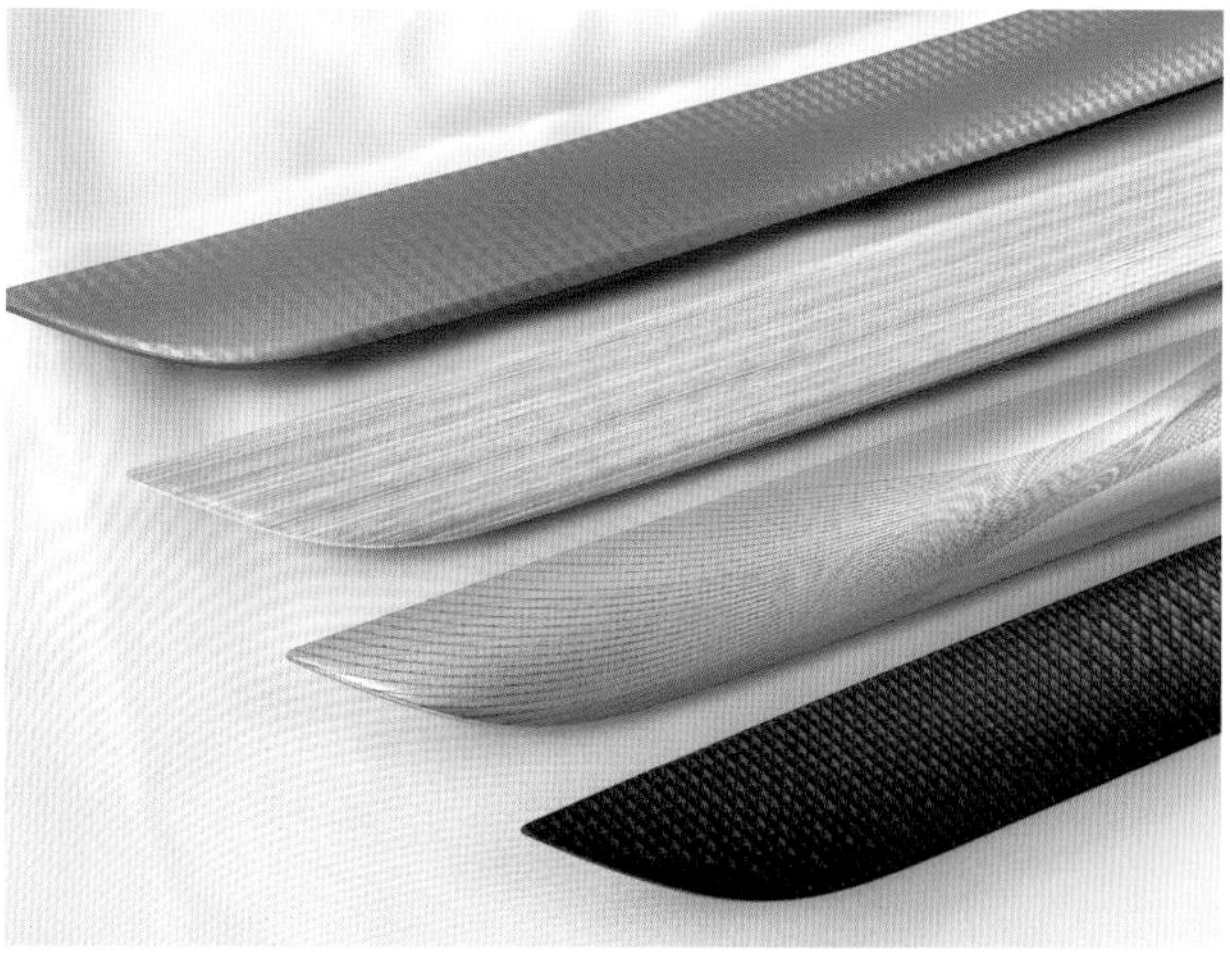

▲高い耐久性インクを用いて塗装レスにしたサンプル

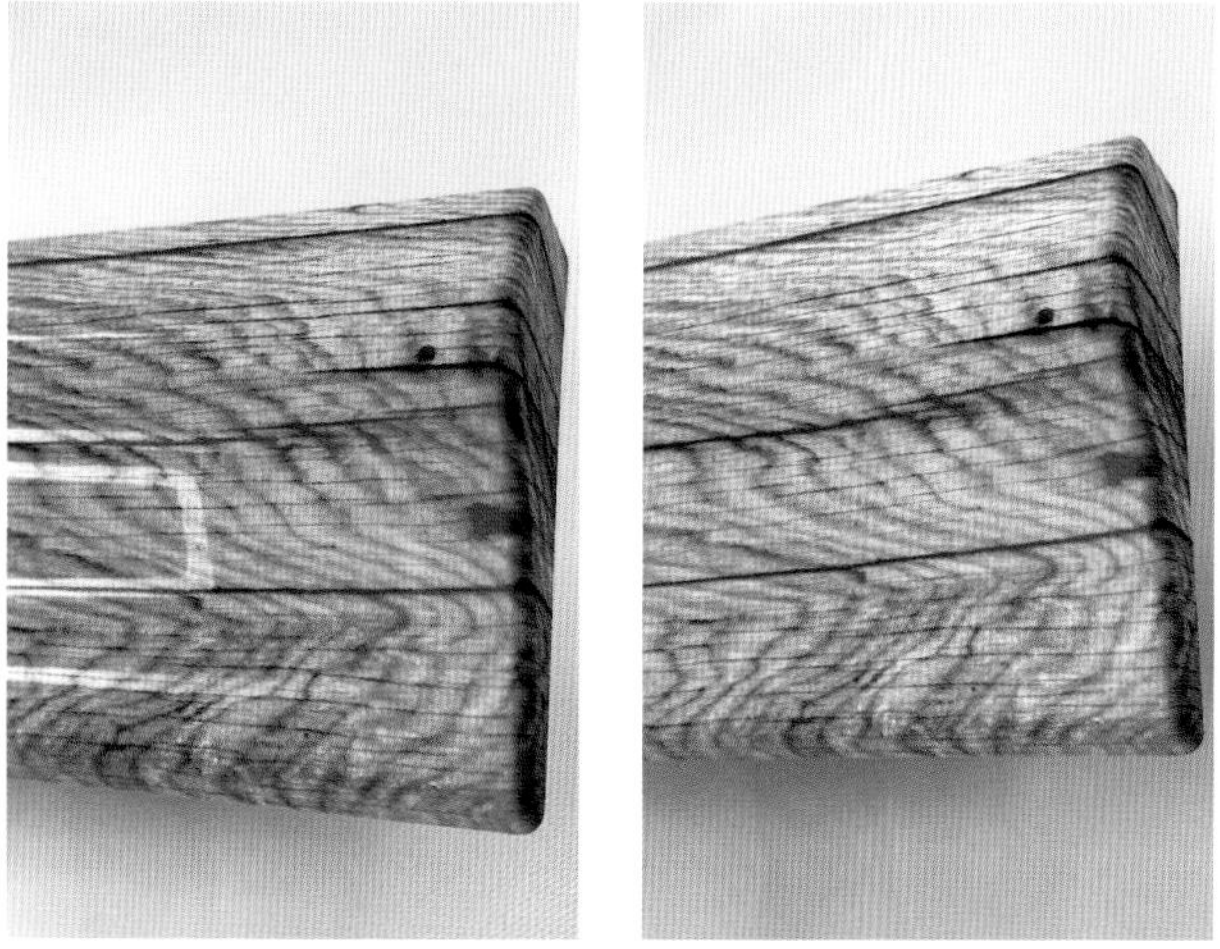

▲点灯した時に絵柄が浮かび上がるよう加飾で仕掛けをしたサンプル。右は光透過前、左は透過後

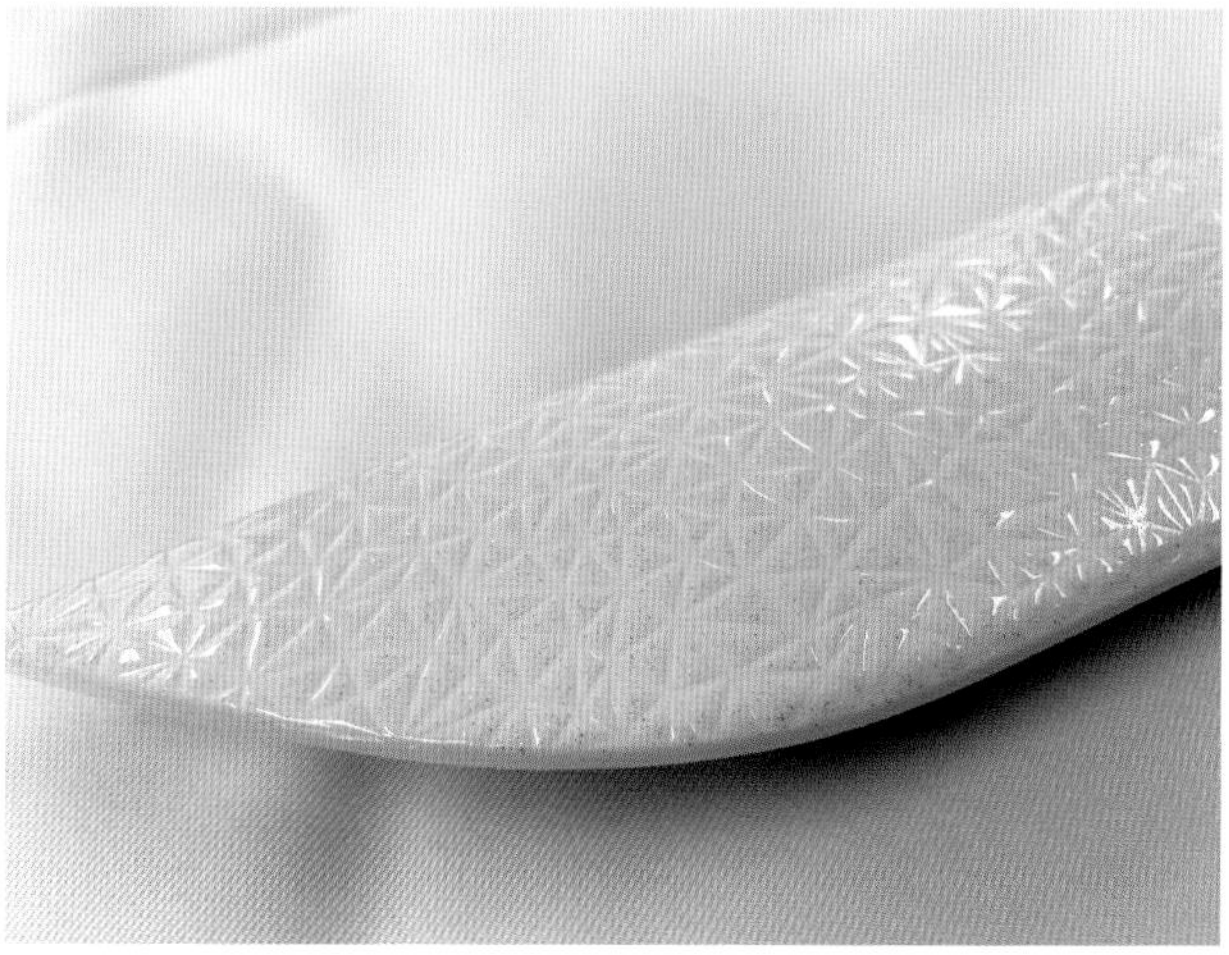

▲撥水加工と組み合わせた塗装で凹凸をつけたサンプル

は従来工法ではなかなか真似できない。

そして、20年に新たに「塗装レス方式」を確立した。加飾面を保護する上で、これまでは仕上げに上からコーティング塗装していた。塗装レスは、コーティング塗装不要の高耐久性インクを開発し、塗装工程を省いた。大手メーカーの実用評価をすでにクリアし、これから本格展開する。塗装レスでコストメリットが一段と高まり、「単純塗装と比べてもコストが安く、フィルム工法と比べると30～70％の割安になる」と村岡社長は話す。

取得特許は150件超

こうした展開を支えるのが知的財産だ。特許戦略は特に重視し、継続的に内容を高度化している。開発からの約30年で取得特許はすでに計150件を超える。現在も新技術の投入を継続し、年間5件程度のペースで特許を申請している。

こうした特許の作成・管理で、東京都内の大手特許事務所と契約している。開発当初からの長い付き合いだ。現本社工場が完成した2005年頃は、家電や自動車など大手メーカーの仕事が多くなった頃で、品質管理とともに、知財の戦略を一段と強化した。現在では知財関連で年4000万円程度の費用をかける。「模倣する会社は出てくるが、当社の印刷技術が、将来にわたって差別化できる」と村岡社長は知財戦略に自信を見せる。

国内顧客の海外展開や、海外顧客の開拓に合わせ、国際特許の取得も進める。技術ライセンス先がある台湾、韓国をはじめ、米国、欧州連合（EU）、中国、東南アジアで特許取得の実績がある。同社の特許活用は特許庁も着目するモデル事例となっている。

品質管理体制も一段強化へ

今後のイチ推し技術が塗装レスだ。コストメリットのほかに、例えば1つの部品に、つや有り、つや消しで加飾し、そのまま実用できる。仕上げ塗装がないので、つや、つや消しの双方融合の味わいが出せる。また、同社

「低コストで環境配慮。この加飾技術をグローバルスタンダードへ」

村岡右己

▲2019年に2代目のバトンを受けた村岡右己社長

▲2005年に完成した本社工場

工法はもともと加飾のインク量が少ない。そのうえ塗装レスとなると廃棄部品のリサイクル性が高まる。加飾成分の含有率が小さいので、粉砕してそのまま新しい樹脂と混合しやすくなる。顧客事業の地球環境負荷を下げる武器となる。

このほか撥水剤を先に転写しておき後工程の塗装を盛り上げる工法も開発し、凹凸の新感覚を提案。また、光透過させる白抜きした濃色の加飾を用いて点灯時に加飾の文字・柄を浮かび上がらせる新提案もある。

中核となる印刷機械は、版サイズを従来の倍近い1130㎜×930㎜にした大型機を開発。大サイズ部品の加飾の効率を高めた。また、インクジェット印刷と組み合わせて転写するオンデマンド方式の開発も進めている。これで版を製作する手間を省き、一品物を低コストでつくれるようになる。根幹となる品質管理では、自動車産業の国際品質管理規格「IATF16949」の取得に着手。2022年頃の取得を目指す。

22年が創業40周年。節目の年に向けて、2代目の村岡社長は事業基盤の拡大に力を込める。19年5月に父親で創業者の村岡貢治氏から社長を受け継ぎ、現在40歳代前半。がむしゃらに仕事をこなして、顧客に品質で迷惑をかけてしまった過去があり、以後は独創技術を高品質で提供することを肝に銘じる。

村岡社長は「現在社員は40人。今後増員はしていくものの、あくまで少数精鋭で1人ひとりの存在価値を生み出したい。社員とともに企業力を着実に上げていく。21年は新規案件を着実にビジネスにつなげ、その次にあらためて海外開拓に出て行く」と展望を話す。

COMPANY HISTORY

1982年	眼鏡の流通機構の革新を図り直販体制を目的に創業
1983年	資本金8000万円で株式会社秀峰設立
1989年	曲面・球面への印刷方法の研究開始
1996年	ボタン・携帯電話などへの印刷を開始
2002年	福井県より科学技術奨励賞受賞
2004年	資本金1億8000万円に増額
2005年	近畿経済産業局から「新連携」支援事業認定
2005年	新社屋完成し本社移転
2007年	資本金4億3000万円に増額
2007年	第2回ものづくり日本大賞内閣総理大臣賞（金賞）受賞
2019年	代表取締役社長の村岡貢治が会長に就任、専務の村岡右己が社長就任

COMPANY PROFILE

◉代表者　代表取締役社長　村岡　右己
◉住　所　福井市大土呂町2-5-5
◉設　立　1983年8月
◉資本金　4億3000万円
◉事業内容
独自開発した曲面印刷機による加飾加工業、ならびに印刷機販売（ライセンス契約）
◉ URL：http://www.shu-hou.co.jp

CASE.042
Leading company

谷口商会株式会社

漏油トラブルに適材適所で提案 そして、さらに環境に寄与

▲油吸着剤「スミレイ」は高い吸着力を誇り、各地の漏油トラブルで利用されている

環境関連の新技術を開発し続けて35年

谷口商会は１９８６年、谷口隼人社長の父が道路舗装補修材を販売するために創業した。現在は、京都の会社が生産する補修材を全国の総代理店として販売する。現在の主力商品である「ＹＫアスコン」は、そのままではサラサラの状態だが、外部からの圧力が加わると特殊な結合材の作用により強固な舗装状態となる。長年にわたり自治体や高速道路会社など全国に販売しており、いまでも主力事業の一角を成す。

この道路補修材のつながりで、路面用漏洩液体吸着材「ＡＣライト」を開発。さらに河川に流入した油を回収する製品も手がけるようになる。すなわち「スミレイ」であり、コーヒー豆の活性炭を原料とし、他社製吸着材よりも吸着力が高い。その性能が評価され、２００３年には日本吸着学会技術賞を受賞した。

油の流出事故の際はスミレイが全国各地で利用されており、「油吸着材の谷口商会」として全国的に知られるようになる。全国各地の官公庁や企業で行わ

▲酸を検知する「アシッドテープ」（上）と
アルカリなどを検知する「バシッドテープ」（下）

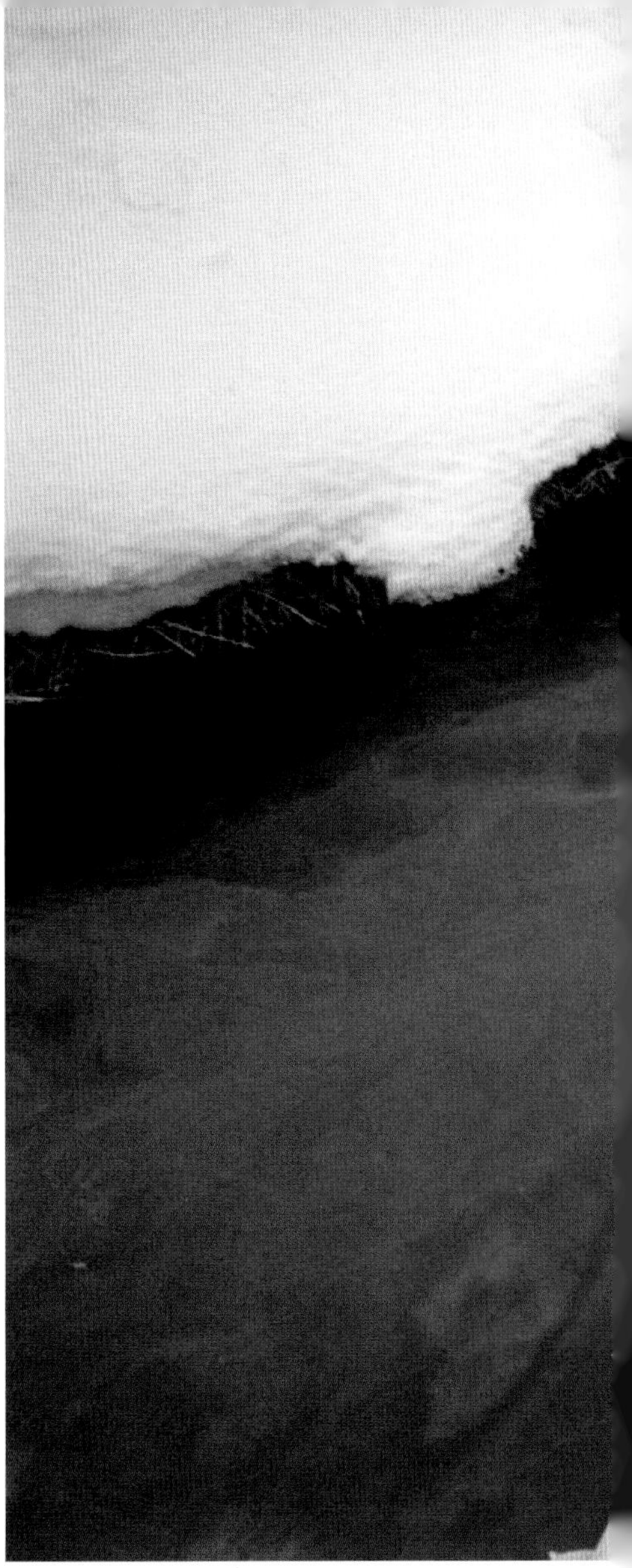

れている油濁対策訓練にも長年積極的に協力している。

気体や漏れを検知するテープに期待

現在、同社を率いる谷口社長は２００８年に現職に就いた。前社長が築いた道路補修材や油吸着材を基盤としつつ、次代につなげるため新しい事業の構築を進めている。

今後、期待される製品の1つが、化学工場や製鉄所などの配管から気体や液体の漏れを検知する「アシッドテープ」と「バシッドテープ」だ。アシッドテープは酸の漏れを検知し、バシッドテープはアルカリやその他危険物の漏れを検知するもので、5年間の開発を経て19年に発売に漕ぎ着けた。

製鉄所や化学工場は至る所に配管が張り巡らされており、酸やアルカリの漏れは重大事故につながる。配管のバルブ部分はパッキンの経年劣化により損傷に至るが、少量の漏れの把握は熟練者の目に頼っていた。

アシッドテープはポリエステル不織布に鉄分子を展着したもので、その外観は赤茶色となっている。バルブや配管の接合部にあらかじめ巻き付けておくと、漏れた酸性の液体や気体を吸着して白または黄に変色するので漏洩が誰にでもわかる。

バシッドテープは銅の微粒子を展着しており、その外観は薄緑色となっている。同様に、バルブや配管接合部に巻き付けておくと紫や青に変色することでアルカリなどの漏れを知らせてくれる。

開発で留意したのは、「目視により漏れをしっかり把握できること」。また、「人が触れるため安全性にも配慮した」と谷口社長は説明する。

発売後は、化学工場や製鉄所から問い合わせが入ったほか、「電機メーカーからの問い合わせが意外と多かった」という。アシッドテープとバシッドテープはともに幅は25㎜、長さ10ｍのみを提供しているが、今後は複数サイズの製品を提供し、現場の多様なニーズに対応する予定。

▲今後の成長が期待される「パフィンオイルマット」の利用例

▲「くもらーず」の利用例

新商品の投入で売上高を伸長

上述の工業用途の製品と並び、今後、成長が期待される新製品が2020年発売の「パフィンオイルマット」。従来の「薄油膜まで吸える」スミレイに加え、「多量の油を吸える」独自の高機能製品がそろったことになり「これで様々なニーズに対応できるようになった」と谷口社長は胸を張る。

パフィンオイルマットは、素材に太さが数μmのポリプロピレン製マイクロファイバーを採用し、ポリプロピレン製不織布のカバーで包含したもの。

最大の特徴は水中での浮力と吸着力の高さ。

油吸着後の浮力試験で、自重の2.5倍の油を吸着した一般の吸着マットが5分で水に沈みオイルフェンスを潜りぬけてしまう流速でも、自重の7倍の油を吸着したパフィンオイルマットは30分後も水に浮いた状態を継続した。

また一般の吸着マットは油を吸収した後に、水を吸収すると油を再放出するという欠点がある。これに対し、パフィンオイルマットのマイクロファイバーは、水の吸収率と油の再放出率が低いため、作業効率が格段に上がると評判となっている。

縦50cm×幅50cm、厚さが4～5mmの正方形タイプは1枚あたり1・2ℓの油を吸着する。オイルフェンスのように展張できる長尺タイプでは浮力の強さが特に活きる。今後は海の油汚染におけるニーズへの対応も目指すという。

ほかにも販売を伸ばしている意外な商材がある。気温蓄熱式反射鏡「くもらーず」だ。くもらーずは、ワンマン運転する路線の駅に設置して使用する。ワンマン運転では、運転手1人で列車の運転から扉の開閉までを行う。駅に設置した鏡を頼りに車両の後方を確認しながら行うが、冬季の早朝運転時は気温の低下により鏡面が曇る。くもらーずは昼間の大気の熱を蓄熱しておき、夜間から早朝に遠赤外線として放射することで曇りを解消する仕組みとなっており、視認性が良いと運転手から

「持続可能な社会に向け、新たなモノを開発し提案する」

谷口隼人

▲資材の選定などを説明する勉強会を各地で開催している

▲谷口社長は波力発電の製品化を急ぎたいと力を込める

好評だ。

1990年代に岡山県内の6社がコンソーシアムをつくり当初モデルを製品化。途中、長く低迷した時期もあったが、改良を積み重ね、2018年には遠赤外線を発する素材を組み込んで大幅に鏡面温度を上げることに成功した。類似商品はほかにもあるが、「現在の14代目にあたる『くもらーず』は　初期モデルと比べて驚異的といえるほど曇りを防ぐ能力が高くなっているうえに、鏡像が大きくて見やすい。電力が不要でランニングコストが安く、電気部品の劣化がないので製品寿命が30年と長い」（谷口社長）。こうした、ほかにはない特徴から2020年10月期には、販売数が200台を突破。当初モデルを導入してから長年を経て更新期を迎えており、「今後は高水準の販売を見込めるのではないか」と谷口社長はさらなる期待を寄せる。

波力発電タービンの開発で、さらなる成長へ

今後の経営方針に関して、谷口社長は「毎年5億円の売上をコンスタントに計上できる会社にしたい」と語る。前社長から継承した道路補修材や油回収材に加え、谷口社長のもとで新商品を相次いで上市しており、この目標が達成されるものと期待される。

さらに、次のステップとして売上高10億円の達成を掲げる。その要となるのが、現在、開発を進めている波力発電タービン。「すでに基本技術を確立しており、日本をはじめ英国やアイルランド、米国で基幹技術の特許を取得済み」（谷口社長）という。製品化に向け開発を急ぐ方針。今後の世界的なクリーンエネルギー市場の拡大を考慮すると売上高10億円は通過点であり、さらなる成長が見込まれる。また、波力発電は地産地消に適した発電システムとされ、地域の電力問題に寄与することが期待される。その販売により「油吸着材の谷口商会」から、どのように呼び名が変わるかが注目される。

COMPANY HISTORY

1986年	創業
2001年	岡山市藤田に新社屋を建設し、本社を移転
2002年	国際環境見本市「IFAT2002」に出展。スミレイなど紹介
2003年	「スミレイ」が日本吸着学会技術賞を受賞
2007年	本社内に大型実験河川稼働、谷口亀三郎から谷口隼人に社長交代
2018年	遠赤外線を発する素材を組み込んだ「くもらーず改良型」発売、「アシッドテープ」発売
2019年	「バシッドテープ」発売
2020年	「パフィンオイルマット」発売

COMPANY PROFILE

◉代 表 者　代表取締役　谷口　隼人
◉住　　所　〒701-0221
岡山市南区藤田338-31
◉設　　立　1988年3月
◉資 本 金　3,500万円
◉事業内容
道路補修材や油吸着材、酸・アルカリ検知材などの製造・販売
◉ URL：https://www.taniguti.co.jp

CASE.043
Leading company

坂東機工株式会社
国内唯一無二のガラス加工機メーカー

▲ものづくり日本大賞を受賞した自動車用ガラス加工機

日常に散りばめられた製品を裏から支える

人は毎朝起きてから、まず何を目にするだろうか。メッセージがきていないかスマートフォンを見るだろうか、窓のカーテンを開けて外を見るだろうか、あるいは洗面台の鏡に映った自分の顔を見るかもしれない。窓、スマートフォン、鏡、すべてガラスだ。人は無意識にガラスを見ている。われわれの周りではガラスがあちこちで活躍している。その形状やサイズは千差万別。徳島市の坂東機工は、その千差万別の用途に合わせたガラスの加工機械を製造する専門メーカーだ。

アイデアから世界シェア80％へ

坂東機工は、板ガラスの加工機械メーカー。顧客であるガラスメーカーの要望に応じて、一品一様の機械を設計、開発、製造まで一貫生産している。国内での同業者は、ほぼなく、海外でも競合相手は数社ほどという非常にニッチな市場でトップランナー企業として活躍している。「すべての自動車の窓ガラ

世界トップクラスの強み
世界トップクラスのシェア
業界リーダーの維持
客先からの
絶大な信頼維持
社員一人あたりの
ネットキャッシュ
徳島の非上場企業中
トップクラス
健全な財務体勢
高い自己資本比率
純現金総資産比率60%
国内上場企業132位相当※1
Bando
BANDO KIKO CO.,LTD.
▶世界の液晶パネルガラスの多くが弊社の機械で加工されています。※2
▶世界の外車や日本車の窓ガラスの多くが弊社の機械で加工されています。
※1 東洋経済オンライン調べ
※2 液晶ガラスメーカー自社開発機は除く

▲高い自己資本比率をはじめ多くの強みを有する

▲高い設計力が多様な用途に合わせたガラス加工機械の開発つながっている

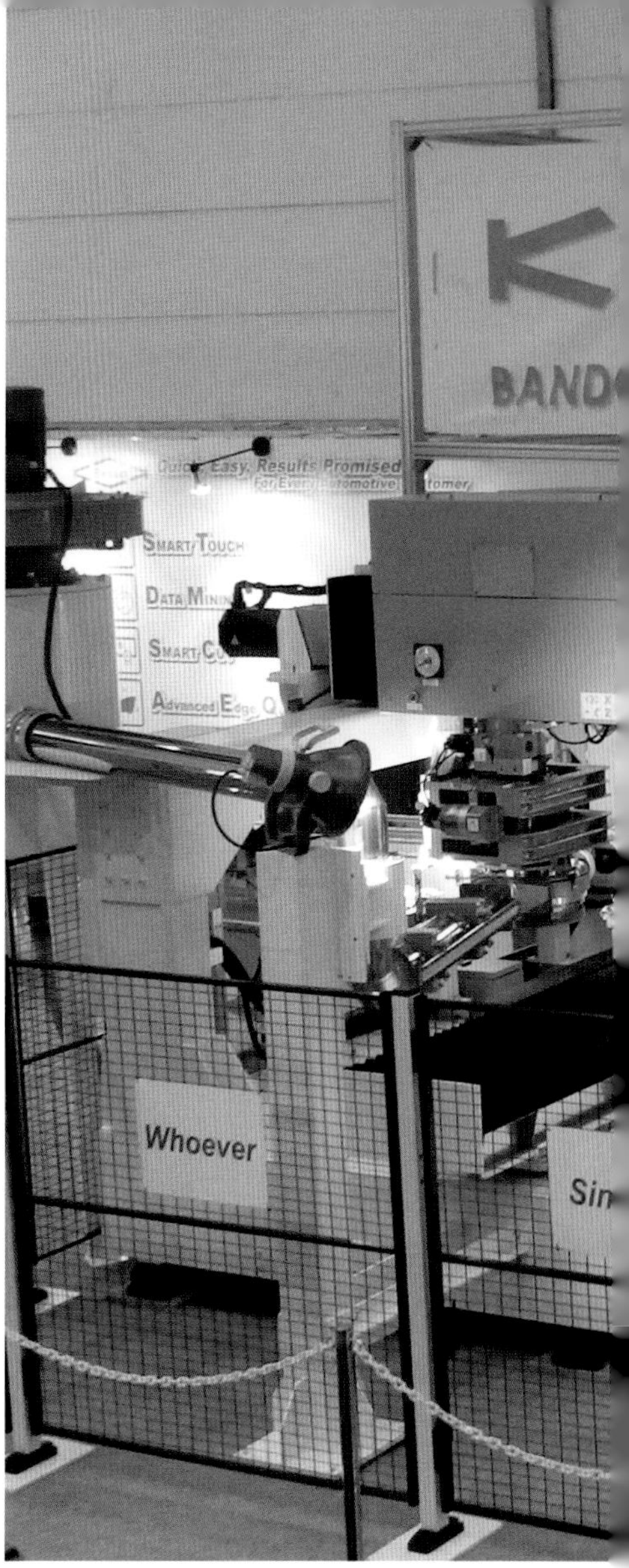
Whoever

スのどれかは、当社の機械で加工されたガラスが入っている」と坂東詳司専務は感謝を表す。

初代社長の坂東茂氏は、鏡面台などを代表とする家具向け鏡の卸商社に勤めていた。それまで鏡の切断などの加工はすべて職人が手作業で行っていた。坂東氏は、それを機械で加工できないだろうかというアイデアを思いつく。そこから機械を自作したところ口コミで依頼が相次ぎ、注文が増え、1968年に会社を創業した。以来、ガラスの切断・研削・研磨の加工機を手がけてきた。用途は幅広く、自動車向けや建築物、パソコン、太陽光発電と様々だ。

ガラスは加工において、硬度が高いため切断しづらい。一方で耐久度は低いことから、一定以上の力を加えると簡単に割れてしまう。ひび割れや傷つきも頻繁にある。建物用の窓なら、直線の裁断で済むが、自動車用窓ガラスでは、車体に応じた形状が求められる。用途によっては3m画で、薄さコンマ5㎜のガラスにも対応しなければならない。そんな多様な条件でも培った技術力を生かし、顧客の要望に応える加工機を製造できるのが坂東機工の強みだ。最近では、液晶パネル、有機ELガラス基板など、製品開発に力を入れる。これらが積み重なり、現在、国内外で100以上の特許を取得するなど技術力でもトップを走る。

社会への貢献は社員への還元

ガラス加工は、①切る　②折る　③研磨　の3工程からなる。ガラスに対して、まず切断箇所に切れ目となるスジをカッターで入れる。次に、それを祭りの屋台の型抜きのように割って抜き取る。最後に断面を研磨して仕上げとなる。坂東機工では、この工程を一度で行え、かつ自社プログラミングによるNC機械を開発してきた。処理能力の向上にはこだわりつつ、従来は単体機でラインを組んでいたものを集約させて省スペース化の実現化もした。このような製品価値が評価され、業界からの信頼を非常に厚くしている。直近では、時間のかかる研磨作

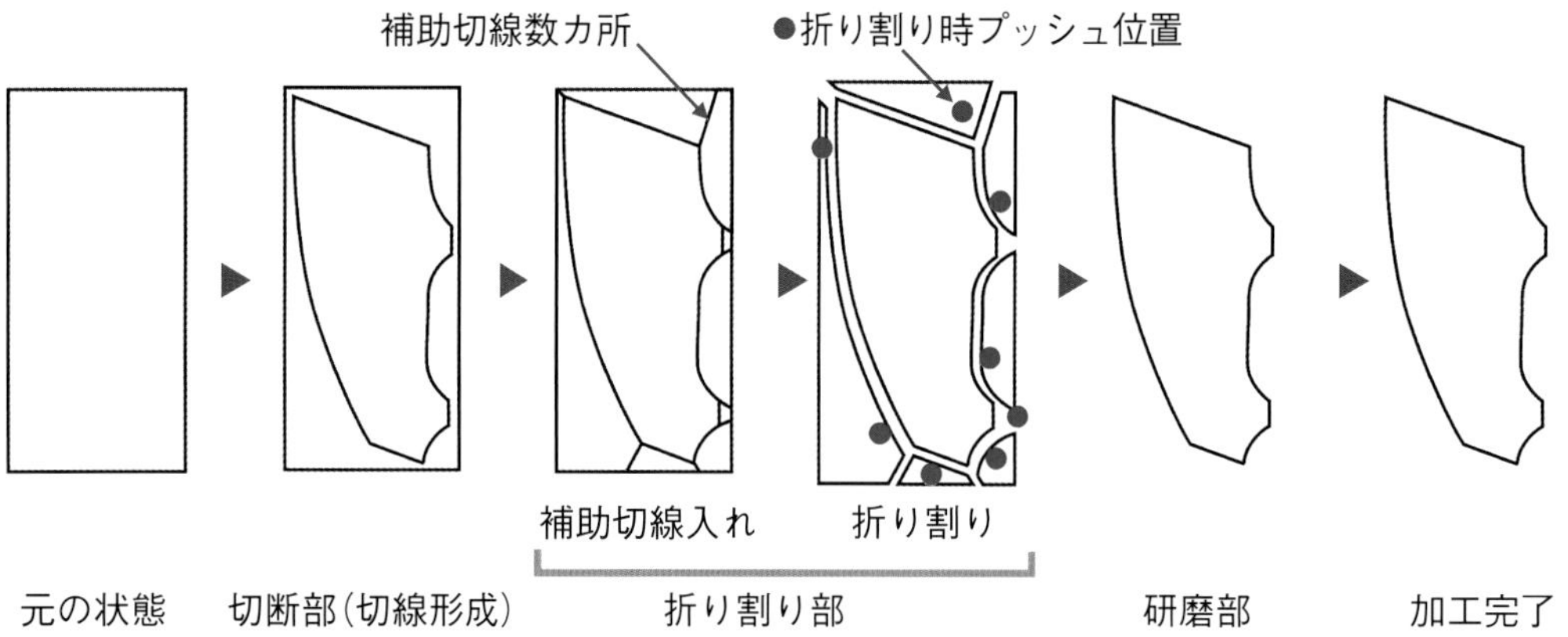

▲ガラスの切り方の一例

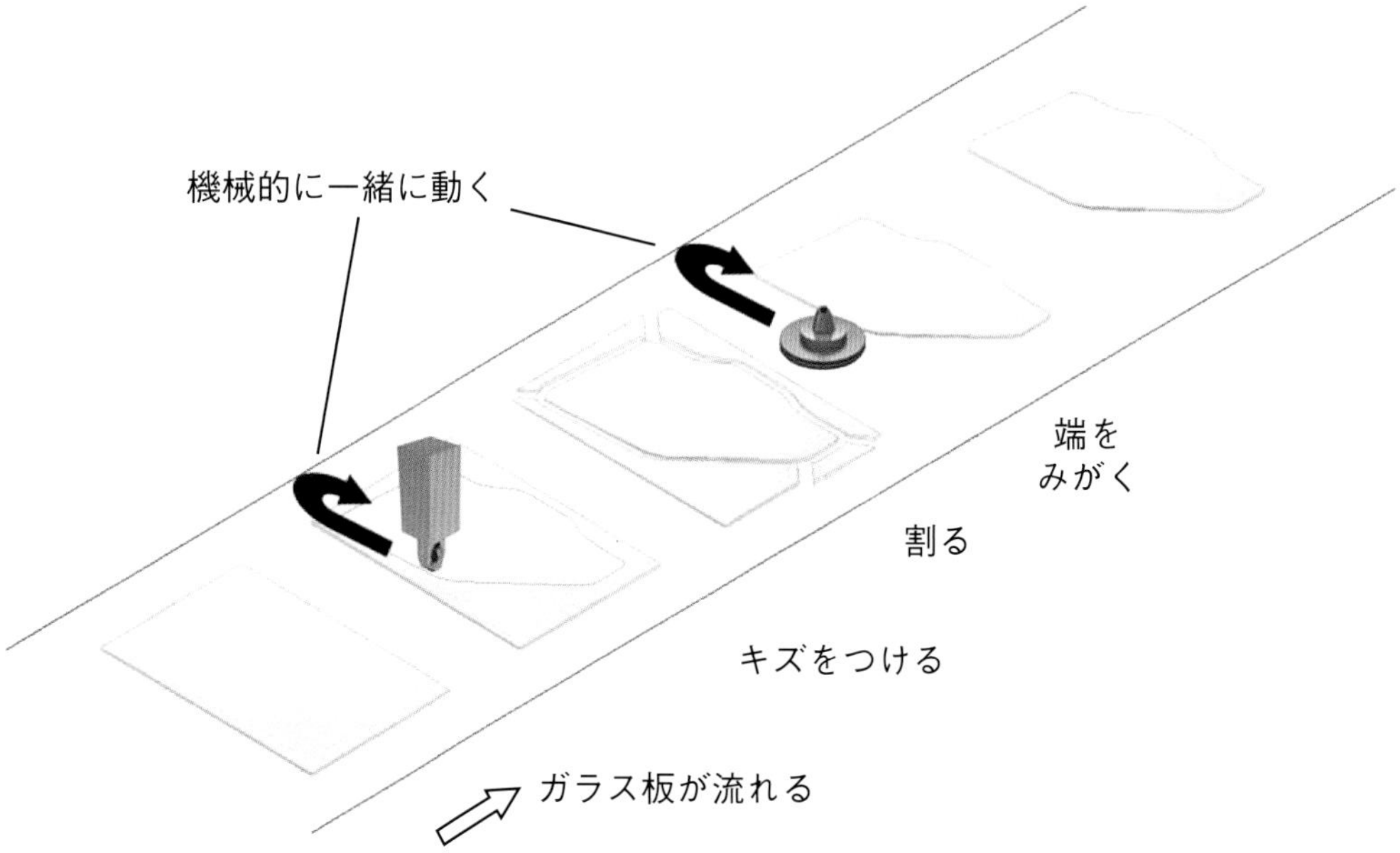

▲ガラスの切断と加工が同時に行える特許を有する

業をさらに半分の時間で加工できるよう改良した製品を開発。「世界最速の処理能力を持つ自動車用ガラス加工機」と銘打ち、販売も好調だ。

ユーザーに良い製品を提供することを重視しているが、坂東機工は、何より社員を大事にしている。「〈利益は社員に還元。ご家族も安心できる職場環境・財務状況〉を実現すべく取り組んでいる。努力している社員や、成果には目に見えるかたちで還元する」（坂東眞己子人事本部長）と、社員のモチベーションにも気を配る。顧客からの評判や、社内体制の充実化など評価され、「グローバルトップニッチ企業100選」「四国産業技術大賞」「四国で一番大切にしたい会社大賞」を受賞するなど、世の中にないものを届けるべく次世代を見すえた会社を目指している。

多様な製品は多様な人材から

坂東機工は創業当初から世界進出にも力を入れており、40年前に参加したガラス加工の本場であるヨーロッパでの展示会に出展し、フランスの企業と成約した。そこから北米、アジア、アフリカと続き、現在では60カ国で取引を広げている。これに伴い売上も増大し、海外が全体の70～80％を占めるに至っている。

このように諸外国で展開している同社だが、その取引は、すべて代理店などは通さず、直販で対応できる体制を構築しているのも独特だ。そのほかNC機械の自社内プログラミングなども内製しているが、それらを可能にしている要素がある。それは柔軟な社内風土と人員配置から生まれる多様な人材によるものだ。「やりたいという熱意を応援する」（坂東専務）。個々の能力にもよるが、例え営業職で入社しても開発や設計に興味があり、自ら手をあげれば、一度は担当させる。適正があえばそのまま配属する。一方、技術職でも海外案件を担当としたければ海外営業部門にと、社員の意見はできるだけ尊重するなど、他社ではあまりない人事配置で人材の可能性を見い出すのも同社の特徴だ。そのためにも実地

▲2020年竣工の第8工場

▲徳島市にある本社

「機械の信頼性を追求し、顧客の生産性に寄与する」

坂東和明

研修の強化や、語学やコミュニケーション教室開催などバックアップは惜しまない。参加希望者も常に多く、社員の意識も年々高くなっている。「徳島というローカルに構える小さな会社でありながら世界的企業という特徴がある。その仕事のおもしろさや社員の魅力をぜひ学生にも伝えたい」（坂東本部長）と、共に働く若者にメッセージを送る。

モノづくりから始まるストーリー

メーカーである坂東機工だが、メンテナンスにも力を入れている。「永久メンテナンス」という独自のサービスで、機械が稼働しているかぎり保守サービスを行う体制を構築している。どのような場所でも出向き、メンテナンスを行い、顧客へのフォローに取り組む。顧客からは、面倒見のよい会社と好評だ。

「機械性能向上はもちろん、それ以上に求められているのは機械の信頼性向上。お客さまが、一番避けたいのは、突発的なライン停止、特に設備メーカーでないとコントロールできないトラブルがライン稼働率に大きく影響する。ゆえに、当社は設備の高信頼性は当然、設備のブラックボックス化（制御関係など）やMTBF（Mean Time Between Failure）を大事にし、平均故障間隔の重要性を十分理解した設計開発を行い、お客さまと密接に連携して、モノづくりに取り組んでいる」と、坂東和明社長の思いは熱い。

今後の展望として、発展途上国での一層の開拓を検討しているという。その第一歩が、ビッグデータを活用することで顧客のニーズに合わせた製品を提案していく。「何を実現するにも、一番は社員が挑戦しやすい環境づくり」（坂東専務）と語るなど、全社員で研さんの毎日を送り続け、徳島から世界を支えていく。

COMPANY HISTORY

1968年	坂東機工株式会社設立
1974年	「自動車用ガラス加工機」の製造・販売を開始スタート
1991年	「FPD用ガラス加工機」の製造と販売を開始
2007年	中小企業庁「元気なモノ作り中小企業300社」に選出
2013年	四国産業技術大賞「産業振興貢献賞」（四国地域イノベーション創出協議会）を受賞
2014年	経済産業省が選ぶ「グローバルニッチトップ企業100選」に選出
2015年	経済産業省「ものづくり日本大賞」優秀賞を受賞
2016年	「四国でいちばん大切にしたい会社大賞最優秀賞」四国イノベーション協議会
2016年	「局長特別表彰」（功績評価）四国経済産業局
2017年	「地域未来牽引企業」経済産業省選定
2020年	仏CSR審査機関エコバディスからブロンズ賞を受賞

COMPANY PROFILE

●代表者　代表取締役社長　坂東　和明
●住　所　〒770-0871
徳島県徳島市金沢2丁目4-60
●設　立　1968年6月
●資本金　3,600万円
●事業内容
ガラスの切断、折割、研磨を全自動で行う機器などの企画、開発、製造、販売
● URL：http://www.bandoj.com

NDC 335

令和時代を切り拓く！
日本のリーディングカンパニー【関西・中国・四国編】

2021年4月10日　初版1刷発行　　定価はカバーに表示してあります。

Ⓒ編　者　日刊工業新聞特別取材班
発行者　井水治博
発行所　日刊工業新聞社　〒103-8548 東京都中央区日本橋小網町14番1号
書籍編集部　電話 03-5644-7490
販売・管理部　電話 03-5644-7410
FAX　03-5644-7400
振替口座　00190-2-186076
URL　https://pub.nikkan.co.jp/
e-mail　info@media.nikkan.co.jp

カバーデザイン　志岐デザイン事務所
印刷・製本　新日本印刷（株）

2021 Printed in Japan　落丁・乱丁本はお取り替えいたします。
ISBN　978-4-526-08135-4　C3034